Prozessmodernisierung in der öffentlichen Verwaltung

Nina Ferreira da Costa

Prozessmodernisierung in der öffentlichen Verwaltung

Prozesse selbst analysieren, optimieren, digitalisieren. Praxisnah mit zahlreichen Leitfäden

Nina Ferreira da Costa
ShiftDigital Government Solutions GmbH
Bochum, Nordrhein-Westfalen, Deutschland

ISBN 978-3-658-41994-3   ISBN 978-3-658-41995-0 (eBook)
https://doi.org/10.1007/978-3-658-41995-0

Die Deutsche Nationalbibliothek verzeichnet diese Publikation in der Deutschen Nationalbibliografie; detaillierte bibliografische Daten sind im Internet über http://dnb.d-nb.de abrufbar.

© ShiftDigital Government Solutions GmbH 2023

Das Werk einschließlich aller seiner Teile ist urheberrechtlich geschützt. Jede Verwertung, die nicht ausdrücklich vom Urheberrechtsgesetz zugelassen ist, bedarf der vorherigen Zustimmung des Verlags. Das gilt insbesondere für Vervielfältigungen, Bearbeitungen, Übersetzungen, Mikroverfilmungen und die Einspeicherung und Verarbeitung in elektronischen Systemen.
Die Wiedergabe von allgemein beschreibenden Bezeichnungen, Marken, Unternehmensnamen etc. in diesem Werk bedeutet nicht, dass diese frei durch jedermann benutzt werden dürfen. Die Berechtigung zur Benutzung unterliegt, auch ohne gesonderten Hinweis hierzu, den Regeln des Markenrechts. Die Rechte des jeweiligen Zeicheninhabers sind zu beachten.
Der Verlag, die Autoren und die Herausgeber gehen davon aus, dass die Angaben und Informationen in diesem Werk zum Zeitpunkt der Veröffentlichung vollständig und korrekt sind. Weder der Verlag noch die Autoren oder die Herausgeber übernehmen, ausdrücklich oder implizit, Gewähr für den Inhalt des Werkes, etwaige Fehler oder Äußerungen. Der Verlag bleibt im Hinblick auf geografische Zuordnungen und Gebietsbezeichnungen in veröffentlichten Karten und Institutionsadressen neutral.

Planung/Lektorat: Rolf-Günther Hobbeling
Springer Gabler ist ein Imprint der eingetragenen Gesellschaft Springer Fachmedien Wiesbaden GmbH und ist ein Teil von Springer Nature.
Die Anschrift der Gesellschaft ist: Abraham-Lincoln-Str. 46, 65189 Wiesbaden, Germany

Das Papier dieses Produkts ist recyclebar.

Vorwort: Was dieses Buch leisten kann

Wir von ShiftDigital sind ein Unternehmen, das von der Stadtverwaltung Bochum gegründet wurde, um innovative Lösungen für die Digitalisierung in der Verwaltung zu entwickeln. Eines der Ergebnisse ist eine Software zur eigenständigen Digitalisierung von Verwaltungsprozessen (mehr dazu in Kap. 1). Um dieses Programm so zu entwickeln, dass es den Bedürfnissen der Kommunalverwaltung gerecht wird, haben wir eng mit Beschäftigten aus verschiedenen Fachbereichen zusammengearbeitet. Unser Fokus lag darauf, ihre Prozesse bestmöglich zu verstehen und an die Bedingungen und Vorteile der Digitalisierung anzupassen. Durch diese intensive Auseinandersetzung konnten wir nicht nur viel über die Prozesse, sondern auch über die Herausforderungen, Strukturen und die Kultur in der Verwaltung lernen.

In diesem Buch möchten wir unsere Erfahrungen mit der Prozessoptimierung und -digitalisierung teilen. So können wir hoffentlich erreichen, dass die Leser:innen von unseren Erkenntnissen profitieren und Fehler vermeiden, die uns unterlaufen sind. Zudem bringen wir einen Blick von außen mit, der es uns manchmal leichter macht, neue Ansätze zu entwickeln, als es für Beschäftigte möglich ist. Da sie Teil des „Systems Verwaltung" sind, fällt es ihnen meist schwerer, Bestehendes zu hinterfragen, weil es sich nach einer Weile ganz selbstverständlich anfühlt. Deshalb möchten wir sie darin unterstützen, ihre Prozesse kritisch zu betrachten und deren Modernisierung selbst in die Hand zu nehmen.

Unsere Erfahrungen sind sicher nicht eins zu eins auf jede Kommune oder städtische Einrichtung übertragbar. Deshalb sind die Inhalte dieses Buchs als Empfehlungen zu verstehen, die ganz oder teilweise übernommen oder an die eigenen Bedürfnisse angepasst werden können. Vielleicht inspirieren einige Tipps die Leser:innen auch dazu, andere Herangehensweisen zu entwickeln. Das Ziel dieses Buches ist es, einen Einstieg in die Prozessoptimierung zu bieten. Der Fokus liegt dabei auf der Anwendbarkeit in der Praxis, nicht auf der Theorie. Uns ist bewusst, dass bestimmte Empfehlungen in manchen Städten so nicht umsetzbar sind. Es wäre zum Beispiel wünschenswert, dass die städtische IT ihre Fachbereiche tatkräftig bei der Suche nach geeigneter Software unterstützt. Nun kann es aber sein, dass die Mitarbeitenden der IT dies ablehnen – etwa, weil zu viele andere Aufgaben bei ihnen liegen. In einer anderen Stadt kann eine solche Zusammenarbeit bei der Beschaffung hingegen sehr gut funktionieren. Auch wenn manche Empfehlungen nicht für jede:n einfach in die Praxis übertragbar sind, so können sie doch eine Orientierung bieten. Auf einen ersten Schritt in eine bestimmte Richtung kann schließlich noch ein zweiter folgen – selbst wenn dieser vielleicht noch ein wenig warten muss.

Im Folgenden möchten wir zeigen, wie Städte intern die nötige Expertise für die Überarbeitung ihrer Prozesse aufbauen können. Wir möchten Anleitungen dafür geben, wie sie die Fachbereiche in ihrer Eigenständigkeit unterstützen und so Flaschenhälse in IT, Prozessmanagement und Projektteams minimieren können. Wir möchten sie darin unterstützen, Ziele, Arbeitsschritte und Beteiligte im Kern zu verstehen. So wird die Digitalisierung von Prozessen nicht zum Selbstzweck, sondern es geht stattdessen darum, diese mithilfe digitaler Mittel so schlank und nutzerfreundlich wie möglich zu gestalten.

In Kap. 1 und 2 geht es darum, warum alle Kommunen von der Digitalisierung ihrer Prozesse profitieren, welche Abläufe sich dafür eignen und auf welche Vorteile man abzielen kann. Kap. 3 erläutert, warum es sinnvoll ist, ein eigenes Team für die Prozessdigitalisierung zu etablieren und wie es die Fachbereiche bei der Erhebung und Abbildung ihrer Prozesse unterstützen kann. In Kap. 4 gibt es grundlegende Tipps und Hinweise dazu, worauf man bei der Prozessdigitalisierung achten sollte.

Mit einem ganzheitlichen Leitfaden für die Prozessanalyse wird in Kap. 5 gezeigt, wie man die einzelnen Aspekte eines Prozesses auf ihre Sinnhaftigkeit hin untersucht. In Kap. 6 folgt eine ausführliche Erklärung, wie man einen Workshop gestalten kann, in dem die Prozessbeteiligten gemeinsam Verbesserungen entwickeln. Dabei gibt es unter anderem Vorschläge dafür, wen man einladen sollte, wie eine Agenda aussehen könnte und wie man im Nachgang einen Anforderungskatalog für eine geeignete Software erarbeitet. Abschließend wird in Kap. 7 darauf eingegangen, aus welchen Gründen Widerstände gegen die Veränderung entstehen und wie man einen Umgang mit ihnen finden kann.

Obwohl es in den folgenden Kapiteln auch um Prozessdigitalisierung geht, wird es leider keine Anleitungen dazu geben, wie man die Digitalisierung selbst umsetzt (also die Überführung des optimierten Prozesses in eine Software). Das hat mehrere Gründe. Zunächst soll dieses Buch keine Werbung sein: Da wir selbst Software für Prozessdigitalisierung anbieten, wäre unsere Meinung immer subjektiv eingefärbt. Auch haben Kommunen viele verschiedene Fachverfahren im Einsatz, die teils stadtweit, teils nur in einzelnen Fachbereichen Anwendung finden. Regelmäßig werden vorhandene Verfahren für zusätzliche Zwecke eingesetzt, weitere kommen neu dazu und wieder andere werden abgeschafft. Die Softwarelandschaft innerhalb einer einzelnen Kommune ist damit sehr komplex und stets im Wandel. Zwar gibt es über die Kommunen hinweg gerade bei großen Programmen Überschneidungen (z. B. bei Dokumentenmanagementsystemen – kurz DMS, Formular-Servern oder Zahlungssystemen), doch werden diese meist unterschiedlich eingesetzt und bespielt. Es ist uns nicht möglich, allgemeingültig zu beurteilen, welche Lösungen für die jeweiligen Bedürfnisse am besten geeignet sind. Auch kennen sich die Mitarbeitenden der Kommunen mit den vorhandenen Programmen viel besser aus als wir, weil sie tatsächlich mit ihnen arbeiten. Sie haben gute Erfahrungen mit dem einen und schlechte mit dem anderen Anbieter gemacht. Und das kann in der nächsten Kommune genau andersherum aussehen.

Es gibt derzeit keine Lösungen am Markt, die alle Bedürfnisse einer flächendeckend digitalen Verwaltung abdecken (einer der Gründe, weshalb wir mit der Entwicklung einer solchen begonnen haben). Wirtschaftlich gesehen ist eine gewisse Spezialisierung sinnvoll, um eine Nische am Markt zu besetzen. Viele entscheiden sich daher, lieber eine Sache sehr gut zu machen, als viele Probleme auf einmal zu lösen. Somit können wir hier keine Software empfehlen, die in sämtlichen Fachbereichen aller Kommunen für die Digitalisierung all ihrer Prozesse geeignet wäre.

Stattdessen hat jede Software ihre Stärken und Schwächen. Manche DMS bieten zum Beispiel zusätzlich zur digitalen Aktenablage auch Workflows an, etwa für die Signatur von Dokumenten. Sie legen ihren Fokus dabei aber auf Funktionalität und nicht auf Benutzerfreundlichkeit. So sind sie zwar für die Abbildung von Unterschriftswegen nutzbar, aber selten leicht zu bedienen und zugleich aufwendig in der Wartung. Formular-Server eignen sich hingegen bestens für die Erstellung digitaler Formulare, diese müssen aber für gewöhnlich programmiert werden und sind somit zeit- und kostenintensiv.

Die Softwarebranche entwickelt sich mit ungeheurer Geschwindigkeit weiter. Eine Lösung, die letztes Jahr noch auf Verwaltung ausgelegt war, kann im nächsten Jahr auf den Verkauf an Privatunternehmen umgemünzt werden. Unternehmen fusionieren, nehmen Produkte aus dem Angebot, treffen falsche Entscheidungen, die ihre Lösungen plötzlich für bestimmte Szenarien unbrauchbar machen, oder sie geben schlichtweg den Betrieb auf.

Aus diesen Gründen ist es uns leider nicht möglich, Empfehlungen auszusprechen, die den Leser:innen tatsächlich weiterhelfen, eine konkrete Software auszuwählen. Trotz dieser Schwierigkeit finden sich am Ende von Kap. 6 einige Tipps dazu, wie man von den jeweiligen Eigenheiten des Prozesses einen Anforderungskatalog ableiten und die Suche nach einer Lösung angehen kann.

Obwohl es in diesem Buch nicht um die perfekte Software geht, kann es Interessierte bei der Prozessdigitalisierung unterstützen: Es bietet jede Menge Tipps, wie man die Vorteile der Digitalisierung ausschöpfen kann, sowie Hilfestellungen und Anleitungen dazu, wie man Prozesse von Anfang bis Ende analysiert und überarbeitet. Dadurch kann ein so gutes Verständnis der Anforderungen entstehen, dass die Prozessmanager:innen selbst in der Lage sein werden, sich für die jeweils bestmögliche Lösung zu entscheiden. Dann spielt es nämlich keine Rolle mehr, welche Software jeweils zum Einsatz kommt – solange die Beteiligten von den Vorteilen des optimierten Prozesses profitieren.

Nina Ferreira da Costa

Danksagung

Mit Dank an:
    Chantal für das Schöne,
    Björn für den Mut und die Expertise,
    Silvia und Josef für alles.

Inhaltsverzeichnis

1	**Digitalisierung: Problem oder Lösung?**		1
1.1	Eine neue Herangehensweise für Verwaltungsdigitalisierung		1
	1.1.1	„Wir brauchen eine neue Webseite."	1
	1.1.2	Ein städtisches Start-up	2
	1.1.3	Gute Idee, aber…	3
1.2	Herausforderungen in der Verwaltung		4
	1.2.1	Online-Zugangsgesetz	4
	1.2.2	E-Akte	7
	1.2.3	Fachkräftemangel	8
	1.2.4	Digitalisierung?	9
1.3	Mit der Verwaltung für die Verwaltung		11
	1.3.1	Ein Werkzeugkasten für die Prozessdigitalisierung	11
	1.3.2	Der lange Weg zur Prozess-Software	11
2	**Prozessdigitalisierung: Voraussetzungen und Potenziale**		13
2.1	Ein Schritt zurück: Was sind Prozesse?		13
	2.1.1	Was Prozesse ausmacht	14
	2.1.2	Reproduzierbarkeit als Basis für Standardisierung	15
2.2	Vorteile der Prozessdigitalisierung – Lohnt sich der Aufwand?		16
	2.2.1	Vorteil 1: Prozesse zurück in die Hände der Beschäftigten geben	17
	2.2.2	Vorteil 2: Gleichzeitigkeit der Bearbeitung und Informationsaustausch in Echtzeit	18
	2.2.3	Vorteil 3: Ortsunabhängiges Arbeiten	19
	2.2.4	Vorteil 4: Erhöhung der Transparenz	20
	2.2.5	Vorteil 5: Wiederverwertbarkeit von Daten	21
	2.2.6	Die Vorteile in der praktischen Umsetzung	22
2.3	Welche Prozesse können digitalisiert werden?		24
	2.3.1	Digitalisierung ist kein Selbstzweck	24
	2.3.2	Wann ist ein Verwaltungsprozess digitalisierbar?	25

3 Verantwortung statt Zuständigkeit: ein Prozessteam etablieren und Prozesse abbilden ... 27
- 3.1 Warum ist ein eigenes Prozessmanagement nötig? ... 28
  - 3.1.1 Fachwissen und Prozesskompetenz zusammenbringen ... 28
  - 3.1.2 Der neutrale Blick von außen ... 32
  - 3.1.3 Dezentral digitalisieren, zentral unterstützen ... 34
  - 3.1.4 Steuerung und Strategie ... 35
- 3.2 Das Team zusammenstellen ... 39
  - 3.2.1 Wie fügt sich das Team in die Organisationsstruktur ein? ... 39
  - 3.2.2 Eine geeignete Teamleitung finden ... 39
  - 3.2.3 Das Team zusammenstellen ... 41
  - 3.2.4 Ressourcen bereitstellen ... 42
  - 3.2.5 Eigenständigkeit fördern ... 45
- 3.3 Wenn die Verwaltung wüsste, was die Verwaltung weiß: Prozesserhebung ... 46
  - 3.3.1 Ein Prozess in vielen Köpfen ... 46
  - 3.3.2 Wer sollte wann an der Prozesserhebung beteiligt werden? ... 47
  - 3.3.3 Prozessabbildung: Gründlichkeit oder Fokus? ... 50

4 Better done than perfect: Grundlegende Tipps zur Prozessoptimierung ... 53
- 4.1 Schlechte analoge = schlechte digitale Prozesse ... 54
- 4.2 Fachneutral denken: Was Verwaltungsprozesse gemein haben ... 56
- 4.3 Raus aus den Gewohnheiten: Kreativität fördern ... 59
- 4.4 Was ist eigentlich ein Formular? Daten verstehen ... 59
- 4.5 Perfektionismus adé: in Optimierungsgraden denken ... 63

5 Wer macht wann was, und warum? Prozessanalyse von A bis Z ... 67
- 5.1 Die Beteiligten ... 70
  - 5.1.1 Die auslösende Person ... 71
  - 5.1.2 Hauptverantwortliche:r Bearbeiter:in ... 74
  - 5.1.3 Weitere Beteiligte ... 79
- 5.2 Dokumente und Daten ... 80
- 5.3 Arbeitsschritte ... 84
- 5.4 Organisatorisches ... 87
  - 5.4.1 Unterschriften, Sichtvermerke, Kenntnisnahmen ... 87
  - 5.4.2 Fristen ... 89
  - 5.4.3 Transparenz ... 89
  - 5.4.4 Aufbewahrung/Archivierung ... 91
- 5.5 Kleiner Exkurs zum Datenschutz ... 92
  - 5.5.1 Fragen zum Datenschutz ... 92
  - 5.5.2 Datenschutz-Folgenabschätzungen ... 94
- 5.6 Kurzversion des Fragenkatalogs ... 95

Inhaltsverzeichnis

6 Optimierung und Digitalisierung: Prozessworkshop und Software-Suche 99
  6.1 Wer, wann, wo, wie, was? Organisatorisches 99
    6.1.1 Wer sollte am Workshop teilnehmen? 100
    6.1.2 Wann und wie lange sollte der Workshop stattfinden? 102
    6.1.3 Wo sollte der Workshop stattfinden? 103
    6.1.4 Wie wird eingeladen? 104
    6.1.5 Vorbereitungen treffen – Inhalte und Methoden 104
  6.2 Vorschlag für den Aufbau eines Prozessworkshops 106
    6.2.1 Intro und Check-In (10 min) 106
    6.2.2 Verteilung von Rollen (5 min) 107
    6.2.3 Commitment auf gemeinsame Ziele und Regeln (5 min) 111
    6.2.4 Individueller Prozessbericht: Was ist gut, was geht besser? (20 min) 115
    6.2.5 Den Prozess gemeinsam durchsprechen (1–2 Std.) 115
    6.2.6 Verteilung von Aufgaben (10 min) 118
    6.2.7 Check-Out und Feedback (10 min) 119
  6.3 Nachbereitung des Workshops 121
    6.3.1 Offene Probleme lösen und Fragen klären 121
    6.3.2 Erste Verbesserungen umsetzen 122
  6.4 Zeit für Digitalisierung: vom optimierten zum digitalen Prozess 123
    6.4.1 Was muss die Software können? Anforderungen formulieren 124
    6.4.2 Vorhandene Lösungen auf Einsetzbarkeit untersuchen 128
    6.4.3 Weitere Optionen zur Suche nach einer Software 130

7 „Das haben wir schon immer so gemacht" – Widerständen begegnen 135
  7.1 Widerstand ist ganz normal – und hat verständliche Gründe 136
    7.1.1 Angst vor mehr Arbeit 138
    7.1.2 Angst davor, Fehler zu machen 138
    7.1.3 Angst vor Bedeutungsverlust 139
    7.1.4 Das Gefühl, die bisherige Arbeit wird nicht wertgeschätzt 139
    7.1.5 Angst vor Kontrollverlust 140
    7.1.6 Das Bedürfnis, andere zu schützen 140
  7.2 Mit welchen Widerständen zu rechnen ist und wie man ihnen begegnen kann 141
    7.2.1 Widerstände aus emotionalen Gründen 142
    7.2.2 Prozessbezogene Widerstände 149
  7.3 Widerständen vorbeugen – Miteinbeziehung und Wertschätzung 157
    7.3.1 Verständnis erzeugen – warum machen wir das? 157
    7.3.2 Beteiligte zur Mitgestaltung motivieren – was habt ihr davon? ... 158
    7.3.3 Mit motivierten Beschäftigten anfangen 158
    7.3.4 Offene Kommunikation und Erwartungsmanagement 160

		7.3.5	Kennzahlen erheben und Verbesserungen messen	161
		7.3.6	Wertschätzung zeigen – Erfolge feiern	162
8	**Fazit: Verwaltungsmodernisierung durch Prozessoptimierung**			165

Über die Autorin

Nina Ferreira da Costa beschäftigt sich seit vielen Jahren mit den Themenkomplexen Wandel und Digitalisierung. Nach einem Studium der Philosophie und Theaterwissenschaft arbeitete sie zunächst als E-Learning-Redakteurin und entwickelte dabei Weiterbildungsformate in den Bereichen Neue Technologien, digitale Zusammenarbeit und moderne Unternehmenskultur. Seit 2019 optimiert und digitalisiert sie im GovTech-Unternehmen ShiftDigital gemeinsam mit Beschäftigten Verwaltungsprozesse in der Software Shift Studio.

Abbildungsverzeichnis

Abb. 1.1	Reifegradmodell des Online-Zugangsgesetzes. (Quelle: Bundesministerium des Innern und für Heimat)	5
Abb. 1.2	Altersstruktur der Beschäftigten im öffentlichen Dienst, 2020. (Quelle: Statistisches Bundesamt; Berechnungen: Bundesinstitut für Bevölkerungsforschung, 2021)	9
Abb. 2.1	Grundlegende Bestandteile eines Prozesses	14
Abb. 2.2	Suchanfragen zum Begriff „Digitalisierung" zwischen 2004 und 2022. (Datenquelle: Google Trends (https://www.google.com/trends))	24
Abb. 3.1	Aufgabenverteilung zwischen Prozessteam und Fachbereichen	29
Abb. 3.2	Vereinfachte Darstellung eines Flussdiagramms mit mehreren Schritten und Abzweigungen. Zum besseren Verständnis wurde auf die Darstellung von Details verzichtet	30
Abb. 3.3	Beispiel für Prozesssteckbriefe. Die einzelnen Punkte können als Tabelle aufgebaut werden und so als Prozesskatalog dienen	37
Abb. 3.4	Beispiel für die Verteilung von Prozesswissen unter den Beteiligten. (Vereinfachte Darstellung)	47
Abb. 4.1	Beispiel für die fachneutrale Betrachtung fachlich verschiedener Prozesse	57
Abb. 4.2	Ableitung der verschiedenen DIN 476-Formate von DIN A0	60
Abb. 5.1	Beispielhafter Auszug aus einem komplexen Verwaltungsprozesses vor der Optimierung. (Vereinfachte Darstellung)	69
Abb. 5.2	Merksatz zur Reflexion über Prozesse	87
Abb. 6.1	Vorlage für das Protokoll eines Prozessworkshops	112

Abb. 6.2	Vorschlag für einen anonymen Feedback-Fragebogen zum Prozessworkshop	120
Abb. 6.3	Vorlage eines Anforderungskatalogs für die Suche nach einer Software zur Prozessdigitalisierung	127

1 Digitalisierung: Problem oder Lösung?

> **Zusammenfassung**
>
> Der Druck für mehr Verwaltungsdigitalisierung steigt nicht nur durch Vorgaben des Bundes wie das Online-Zugangsgesetz. Bürger:innen erwarten heute Services von ihren Kommunen, die so bequem nutzbar sind wie die Angebote von Privatunternehmen. Gleichzeitig wird der Fachkräftemangel im öffentlichen Sektor immer brisanter, während dessen Attraktivität für Personal aufgrund von veralteten Strukturen und Arbeitsweisen sinkt. Herunterladbare Formulare, die doch wieder ausgedruckt werden müssen und Sitzsäcke in den Büros der Kommunen reichen für grundlegende Veränderungen nicht aus. Um zwischen den komplexen Aufgaben in der Verwaltung für echte Verbesserung zu sorgen, muss mit der Digitalisierung der Arbeit begonnen werden, die täglich in ihr verrichtet wird. In diesem Kapitel wird die Ausgangssituation in Kommunalverwaltungen beschrieben, aus der heraus der Weg der Digitalisierung gestaltet werden kann.

1.1 Eine neue Herangehensweise für Verwaltungsdigitalisierung

1.1.1 „Wir brauchen eine neue Webseite."

Mit diesem Satz beginnen die Digitalisierungsbestrebungen vieler Kommunen[1]. Der Ansatzpunkt ist durchaus verständlich, immerhin sind Internetauftritte oft veraltet und zugleich – neben dem Besuch im Bürgerbüro – der wichtigste Kontaktpunkt der Bürger:innen mit ihrer Kommune. Aber auch ein zweiter Grund für diesen Ansatz darf nicht

---

[1] Siehe z. B. Stadtverwaltung Hof: „Die Stadt Hof schreitet bei dem Thema Digitalisierung stetig voran. Der Dreh- und Angelpunkt dabei ist der Relaunch der städtischen Homepage". https://www.hof.de/hof/hof_deu/aktuelles/digitalisierung-und-e-government-bei-der-stadt-hof.html (letzter Aufruf: 13.05.2022 um 11:14 Uhr).

© ShiftDigital Government Solutions GmbH 2023
N. Ferreira da Costa, *Prozessmodernisierung in der öffentlichen Verwaltung*,
https://doi.org/10.1007/978-3-658-41995-0_1

unterschlagen werden: Eine Webseite ist mit weniger Aufwand modernisiert als etwa ein Bürger-Service oder ein komplexer interner Prozess. Damit liefert eine neue Webseite den Anschein von Modernität, während sie zugleich wenig echten Wandel in der Kommune erfordert (ohne unterschlagen zu wollen, dass die Wartung einer Webseite viel Arbeit in Anspruch nimmt).

Mit dem Anliegen, die eigene Webseite ins 21. Jahrhundert zu bringen, kam 2018 auch die Stadtverwaltung Bochum auf die dort ansässigen Digitalagenturen 9elements[2] und GSVI[3] zu. Ein solcher Auftrag bedeutet viel Arbeit und damit auch gute Einnahmen für die beauftragten Agenturen. Doch statt diesen anzunehmen, reagierten die Unternehmen mit der Erwiderung: „Eine neue Webseite reicht nicht. Ihr braucht mehr." Um eine moderne Verwaltung zu schaffen und die Abhängigkeit von Externen zu minimieren, müsse die Stadt eigene Expertise für die Digitalisierung aufbauen.

1.1.2 Ein städtisches Start-up

So wurde der Stadt der Vorschlag für das Projekt „ShiftDigital"[4] unterbreitet; ein Unterfangen, wie es in Deutschland bisher einzigartig sein dürfte: Die Stadtverwaltung solle ein eigenes Start-up etablieren, das als Innovationslabor für die Verwaltungsdigitalisierung dienen könne. Die Vorteile: Ein solches Unternehmen hätte direkten Zugang zur Verwaltung und somit zu ihrer Expertise und den verbundenen Herausforderungen und Anforderungen. Es könnte auf dieser Basis Lösungen für die Verwaltung entwickeln und dabei schneller, agiler und freier agieren, als es der IT-Abteilung von Kommunen möglich ist.

Nach Klärung der Details stimmte die Stadtspitze dem Vorschlag zu – vermutlich zur Überraschung aller Beteiligten. Immerhin geht eine zurecht eher risikoscheue Kommune mit der Gründung eines Start-ups dasselbe Risiko ein wie alle anderen Gründer:innen auch: Es muss zunächst Geld investiert werden, um die Forschungs- und Entwicklungsphase zu finanzieren. Anschließend braucht es einige Geduld, bis die ersten Einnahmen fließen. Dann dauert es für gewöhnlich noch einmal einige Jahre, bis schwarze Zahlen geschrieben werden, falls es überhaupt je dazu kommt: 9 von 10 Start-ups scheitern bereits in den ersten drei Jahren nach der Gründung.[5]

Im Dezember 2018 war es dann so weit: die ShiftDigital Government Solutions GmbH wurde – mit einem zugegebenermaßen etwas umständlichen Namen – ins Leben gerufen. Die Forschungsphase konnte beginnen. Den Auftrag an das frisch gebackene

---

[2] Webseite von 9elements: https://9elements.com/de/ (letzter Aufruf: 13.05.2022, 11:37 Uhr).
[3] Webseite von GSVI: https://gsvi.de/ (letzter Aufruf: 13.05.2022, 11:39 Uhr).
[4] „Shift": Engl. für Wandel; Wechsel; ShiftDigital ist damit der „Wandel hin zum Digitalen".
[5] Global Start-up Ecosystem Report 2019 von Start-up Genome. https://Start-upgenome.com/reports/global-Start-up-ecosystem-report-2019 (letzter Aufruf: 29.07.2022, 11:21 Uhr).

Unternehmen formulierte die Stadt absichtlich offen: „Entwickelt Lösungen, die Kommunalverwaltungen bei der Digitalisierung unterstützen. Sucht nach Problemen, die ihr für sie lösen könnt."

▶**Definition Start-up:** Ein junges Unternehmen, das eine innovative Geschäftsidee hat – meist im technologischen Bereich – und diese mithilfe von extern eingeworbenem Kapital umsetzen möchte. Start-ups zeichnen sich oft durch schnelle Entwicklungsphasen, agile Arbeitsmethoden und eine ausgeprägte Fehlerkultur aus.[6]

Für Quereinsteiger:innen im Thema Kommunalverwaltung liegt es nahe, sich als erstes mit dem Kontaktpunkt auseinanderzusetzen, den man als Bürger:in mit ihr hat: Wir alle konnten frustrierende Erlebnisse mit Bürger-Services verzeichnen. Diese reichen von langen Wartezeiten über schwer nachvollziehbare Bürokratie bis zu der Tatsache, dass trotz digital verfügbarer Anträge noch jede Menge Papier und Gänge aufs Amt nötig sind. Wir sind mit unseren Erfahrungen keineswegs allein: In den letzten Jahren zeigten zahllose Studien eine hohe Unzufriedenheit der Bürger:innen mit der Qualität der digitalen Angebote. So ergab zum Beispiel eine Umfrage aus dem Jahr 2021, dass von ca. 2000 befragten Bürger:innen nur etwa 8 % angaben, ihre Kommune sei „digital gut aufgestellt".[7] Deshalb begannen wir mit der Entwicklung von Konzepten rund um die digitale Interaktion zwischen Kommune und Bürger:in. Schließlich entwarfen wir 2019 einen Baukasten, mit dem Beschäftigte selbst digitale Kontaktpunkte mit Bürger:innen gestalten konnten. Dazu gehörten zum Beispiel die Erstellung von Umfragen oder Terminvereinbarungen mit einer transparenten Historie bereits erfolgter Termine. So sollte es Beschäftigten ermöglicht werden, ihre Bürger:innen stärker einzubeziehen und die Bürgerbeteiligung voranzutreiben.

1.1.3 Gute Idee, aber...

Dieses Konzept kam bei den Teilhabern des Unternehmens, den befragten Bürger:innen und den Beschäftigten der Stadtverwaltung sehr gut an. Auch aus wirtschaftlicher Sicht ergab das Produkt Sinn. Auf der einen Seite sollte es die Interaktionen zwischen Verwaltung und Bürger:innen verbessern. Auf der anderen konnte es eine Nische zwischen IT-Dienstleistern besetzen, die bereits an der Digitalisierung konkreter Bürger-Services arbeiteten. Also entwickelten wir einen Prototyp, starteten erste Pilotprojekte und stellten

---

[6] Vgl.: Start-up-Unternehmen. Eintrag von Prof. Dr. Dr. Ann-Kristin Achleitner im Gabler Wirtschaftslexikon. https://wirtschaftslexikon.gabler.de/definition/start-unternehmen-42136/version-265490 (letzter Aufruf: 29.07.2022).

[7] Vgl.: Bürger wollen digitale Behörden. Artikel von Wilhelm Greiner auf connect-professional.de. https://www.funkschau.de/markt-trends/buerger-wollen-digitalere-behoerden.189822.html (letzter Aufruf: 13.05.2022, 12:05 Uhr).

sie schließlich der Stadtspitze vor. Ihre Reaktion: „Das ist eine richtig gute Produktidee und sicherlich etwas, das Kommunen sehr gut gebrauchen können. Aber die Beschäftigten können diese zusätzliche Arbeit zurzeit nicht leisten."

Der Stadtdirektor und der Leiter des Oberbürgermeisterbüros erklärten uns: mit all den Herausforderungen, mit denen sich Kommunen konfrontiert sehen, könnten keine Kapazitäten für weitere Aufgaben freigegeben werden. Dazu gehöre auch, obwohl an sich wünschenswert, die Etablierung weiterer digitaler Kontaktpunkte mit den Bürger:innen. Solange es zusätzlich zum Alltagsgeschäft große Themen wie das Online-Zugangsgesetz zu bearbeiten gibt und der Fachkräftemangel immer dringlicher wird, könnten den Beschäftigten keine zusätzlichen Aufgaben zugemutet werden.

1.2 Herausforderungen in der Verwaltung

Nachdem uns verdeutlicht wurde, wie wenig Eigeninitiative den Beschäftigten aufgrund ihrer Auslastung möglich ist, mussten wir uns umorientieren. Unser neuer Fokus wurde die Entlastung der Beschäftigten und ihre Unterstützung bei der Bewältigung bestehender Aufgaben. Dafür mussten wir diese Aufgaben zunächst so gut wie möglich verstehen. Deshalb sprachen wir erneut mit Mitarbeitenden aus verschiedenen Fachbereichen und setzten uns mit den großen Herausforderungen der Verwaltung auseinander. Aus dieser intensiven zweiten Lernphase entstand die Idee für eine Lösung zur Prozessdigitalisierung in der Verwaltung, die wir mittlerweile entwickelt und in die Nutzung gebracht haben. Doch bevor es konkret an das Thema Digitalisierung geht, wird im Folgenden ein kurzer Blick auf die großen Herausforderungen der Kommunalverwaltung geworfen. Ziel ist, sich bewusst zu machen, aus welcher Komplexität heraus die Prozessdigitalisierung gezwungenermaßen angegangen werden muss. So können die Zusammenhänge zwischen den großen Aufgaben der Verwaltung und den Vorteilen der Digitalisierung besser verstanden werden.

1.2.1 Online-Zugangsgesetz

Das Online-Zugangsgesetz (kurz OZG) von 2017 gibt vor, dass die insgesamt 575 Bündel von Verwaltungsleistungen digital verfügbar gemacht werden sollen, die Bund, Länder und Kommunen ihren Bürger:innen anbieten.[8] Ein Bündel umfasst dabei alle Leistungen eines Typs, zum Beispiel alle Anträge auf Anerkennung von Berufsqualifikationen – von

---

[8] Was ist das Onlinezugangsgesetz (OZG)? Bundesministerium des Innern und für Heimat. https://www.onlinezugangsgesetz.de/Webs/OZG/DE/grundlagen/info-ozg/info-ozg-node.html (letzter Aufruf: 08.07.2022, 14:26 Uhr).

1.2 Herausforderungen in der Verwaltung

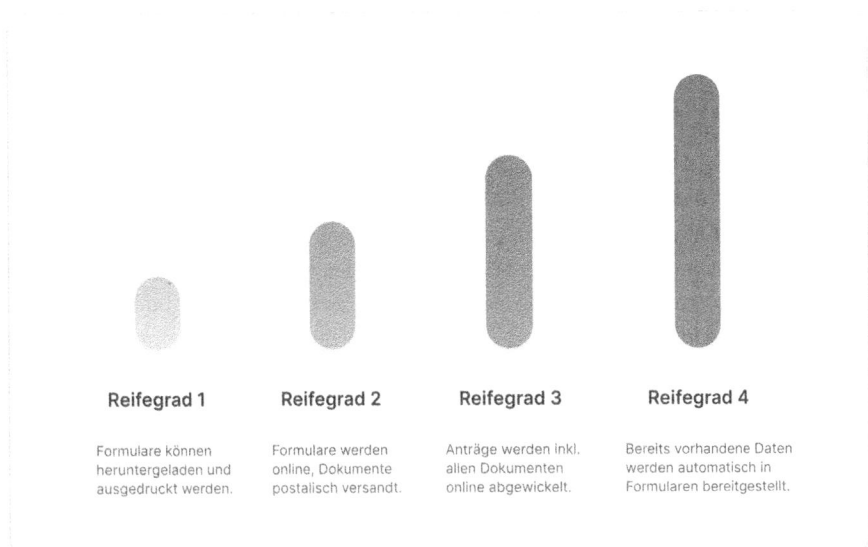

Abb. 1.1 Reifegradmodell des Online-Zugangsgesetzes. (Quelle: Bundesministerium des Innern und für Heimat)

der Wirtschaftsprüfung über die Pädagogik bis zum Kanalbau.[9] Für viele der Services sind die Kommunen zuständig. Diese müssen nun also zusätzlich zum eigentlichen Alltagsgeschäft dafür sorgen, dass Bürger:innen ihre Anträge auch digital einreichen können. Dabei wird in sogenannten Reifegraden vorgegangen (siehe auch Abb. 1.1).

- Reifegrad 1: Die zum Service gehörigen Formulare (sowie weitere Informationen zum Antrag) sind online verfügbar und können als PDF heruntergeladen werden.
- Reifegrad 2: Anträge können online abgeschickt werden. Nachweise und Bescheide werden nach wie vor postalisch versandt.
- Reifegrad 3: Anträge können komplett online abgewickelt werden, inklusive der digitalen Einreichung von Nachweisen und der Zustellung von Bescheiden.

---

[9] Was sind OZG-Leistungen? Bundesministerium des Innern und für Heimat. https://www.onlinezugangsgesetz.de/Webs/OZG/DE/grundlagen/info-ozg/info-leistungen/info-leistungen-node.html (letzter Aufruf: 08.07.2022, 14:53 Uhr).

- Reifegrad 4: Alle Daten, die Bürger:innen in der Vergangenheit angegeben haben, werden automatisch in den Anträgen bereitgestellt. So müssen nur noch Angaben gemacht werden, die der Verwaltung noch nicht vorliegen.[10]

Aus Sicht der Bürger:innen wäre auch noch eine fünfte Stufe denkbar, in der viele Services gar nicht mehr selbst beantragt werden müssen. Wenn meine Kommune bereits weiß, wann mein Ausweis abläuft, könnte sie mir den neuen nicht direkt zuschicken oder von sich aus den Antragsprozess dazu anstoßen? Könnte die Geburtsurkunde meines Kindes nicht als automatischer Auslöser für die Zahlungen von Kindergeld dienen? Es sind viele Szenarien denkbar, in denen die Verwaltung die ihr vorliegenden Informationen nutzen kann, um Bürgeranliegen vorherzusagen und zu erfüllen. Vermutlich liegt eine solche fünfte Stufe noch in ferner Zukunft. Schließlich müssen erst noch die entsprechenden rechtlichen Grundlagen und angemessenen Konzepte zum Schutz der involvierten Daten geschaffen werden. Jedoch ist eines sicher: Eine Verwaltung, die sich proaktiv um die Bedürfnisse ihrer Bürger:innen kümmert, dürfte auf große Zustimmung stoßen.

Doch wieder von dem, was sein könnte, zurück zu dem, was ist: Die OZG-Umsetzung schreitet zwar stetig voran, doch sind die Fortschritte zäh und die etablierten Lösungen ein großer Flickenteppich. Eine Leistung gilt bereits als online zugänglich, wenn „für mindestens eine zugehörige Verwaltungsleistung ein Onlineservice (…) umgesetzt wurde", der „mindestens dem Reifegrad 2 [entspricht] und (…) in mindestens einer Kommune angeboten [wird]".[11] Aus Sicht des Bundes genügt es also zunächst, wenn man in mindestens einer Kommunalverwaltung das Antragsformular online abschicken kann. Dies muss nicht einmal für die zugehörigen Nachweise gelten, da diese oft noch per Post eingesandt werden müssen. Dabei kann keineswegs von einem digitalen Prozess die Rede sein – vor allem deshalb, weil die Bearbeitung in der Verwaltung meist noch auf Papier erledigt und der Bescheid als Brief verschickt wird. Hier soll noch erwähnt werden, dass für die Schaffung der nötigen Voraussetzungen einer komplett digitalen Bearbeitung auch der Gesetzgeber gefragt ist: Regelungen, die händische Unterschriften fordern, müssen an einigen Stellen noch an die modernen Gegebenheiten angepasst werden.

Die Bearbeitung der Anträge wird durch die Umsetzung des OZG also keineswegs transparenter, schneller oder einfacher. Die Beschäftigten erhalten Formulare nun auf verschiedenen Wegen und in unterschiedlichen Formaten, was sogar für einen höheren Arbeitsaufwand sorgen kann. Das soll nicht heißen, dass es kein sinnvoller Schritt ist, Bürger-Services online zugänglich zu machen. Spätestens seit der Corona-Pandemie ist klar, dass der Gang zum Amt nicht länger die einzige Option sein kann. Aber wenn

---

[10] Was ist das Reifegradmodell? Bundesministerium des Innern und für Heimat. https://www.onlinezugangsgesetz.de/Webs/OZG/DE/grundlagen/info-ozg/info-reifegradmodell/info-reifegradmodell-node.html (letzter Aufruf: 08.07.2022, 14:23 Uhr).

[11] Dashboard Digitale Verwaltung. Webseite des Bundesministeriums des Innern und für Heimat. Siehe Button „Details" im Abschnitt „Entwicklungsstand von im Digitalisierungsprogramm aktiven OZG-Leistungen". https://dashboard.ozg-umsetzung.de/ (letzter Aufruf: 23.09.2022, 15:02 Uhr).

1.2.2 E-Akte

Während es beim Online-Zugangsgesetz darum geht, den Anfang eines Bürger-Services zu digitalisieren, soll die Umsetzung des E-Government-Gesetzes von 2013 dasselbe für das Ende eines Prozesses ermöglichen. So legt es unter anderem fest, dass Kommunen von der analogen auf die elektronische Aktenführung umstellen müssen.[12] Auch dies ist ein wichtiger Schritt in der Modernisierung der Verwaltung – und zugleich eine weitere gigantische Aufgabe für jede Kommune. Immerhin wurden sämtliche Akten in der Vergangenheit auf Papier geführt und müssen teilweise jahrzehntelang aufbewahrt werden. Kommunen sind also nicht nur dazu verpflichtet, ein System für die E-Akten auszuwählen, einzukaufen, einzuführen und für die verschiedenen Fachbereiche einzurichten. Es gilt zusätzlich, die vorhandenen Papierakten entsprechend der Vorgaben des Bundes einzuscannen und in die E-Akte zu legen. Dabei muss jeweils sogar noch geprüft werden, ob das gesetzlich überhaupt erlaubt ist. Mit der anschließenden Vernichtung der Tonnen an Papier – von der Digitalisierung und Vernichtung von Schimmelakten mal ganz abgesehen – bedeutet dies einen enormen Verwaltungsaufwand.

Die Kommunen haben zwar schon vor Jahren mit der Einführung der E-Akte begonnen, doch ist für die wenigsten ein Ende dieser zusätzlichen Arbeit in Sicht. Meist können nicht alle Fachbereiche zugleich auf die E-Akte umgestellt werden, da ein solcher Vorgang (wie alle Themen im Bereich Wandel) viel Zeit und Unterstützung der Beschäftigten erfordert. So haben manche bereits Zugang, während andere noch ein paar Jahre warten und mit Papier arbeiten müssen. Nun arbeitet aber kein Fachbereich vollkommen isoliert von den anderen. Vielmehr wird die verstärkte Zusammenarbeit über Fachbereiche hinweg immer mehr gefordert und auch umgesetzt. Wie soll man aber effizient zusammenarbeiten, wenn die Digitalisierungsgrade zwischen den Fachbereichen so massiv schwanken?

Was fehlt, ist die flächendeckende Digitalisierung der Verwaltung über die „Pflichtübungen" OZG und E-Akte hinaus. Es fehlt die Digitalisierung der Bearbeitung zwischen digitalen Dokumenten und Akten. Dies ist nur möglich, wenn die Beschäftigten ermächtigt werden, datenbasiert zu arbeiten, ihre Prozesse zu verschlanken und sich so zu einer Organisation zu entwickeln, die nicht nur digital agiert, sondern sich im Digitalen wohlfühlt. Das ist jedoch leichter gesagt als getan, nicht zuletzt deshalb, weil es schon am Personal für das Alltagsgeschäft und die Umsetzung der erwähnten Gesetze mangelt.

---

[12] Vgl.: §6 Elektronische Aktenführung. Eintrag auf der Webseite des Bundesministeriums der Justiz. https://www.gesetze-im-internet.de/egovg/__6.html (letzter Aufruf: 24.04.2023, 21:03 Uhr).

1.2.3 Fachkräftemangel

2030 werden dem öffentlichen Sektor laut einer Studie der Wirtschaftsprüfungsgesellschaft PwC über eine Million Fachkräfte fehlen.[13] Dabei handelt es sich um das optimistische Szenario, in dem davon ausgegangen wird, dass der Bedarf an Fachkräften über die Jahre gleichbleibt. Auf der pessimistischen, aber realistischen Seite steht das Prognos-Modell, welches besagt, dass die Arbeitsnachfrage mit jedem Jahr steigen wird. Damit werden 2030 sogar über 1,6 Mio. Fachkräfte fehlen, womit sich das Defizit im Vergleich zu heute verdreifacht.[14] Ein Großteil des künftig fehlenden Personals kommt daher, dass die Babyboomer-Generation ins Rentenalter eintritt. Ca. 31 % der Beschäftigten in der politischen Führung und der zentralen Verwaltung waren 2020 über 55 Jahre alt und werden damit altersbedingt bis 2030 aus dem Dienst ausscheiden (siehe Abb. 1.2).

Aus dem Fachkräftemangel ergeben sich gleich mehrere Probleme. Zum einen verlässt mit den älteren Generationen eine große Menge an Wissen die Verwaltung. Die meisten Kommunen haben in den letzten Jahren erkannt, wie wichtig deshalb ein möglichst umfassendes Wissensmanagement ist. Trotzdem sind die Erhebung und die Abbildung dieses Wissens sehr zeitintensiv und selten abgeschlossen, bevor die Beschäftigten gehen. Die Abbildung des Wissens reicht zudem nicht aus: es muss von denjenigen erlernt werden, die es später anwenden sollen. Doch oft fehlt die Zeit für eine angemessene Übergabe. Auch bleibt der Nachwuchs zunehmend aus. Um dies zu ändern, müsse der öffentliche Sektor laut Empfehlung von PwC „teils tief verankerte Strukturen und Arbeitsweisen überdenken, zum Beispiel im Hinblick auf Hierarchie vs. Agilität, Linienorganisation vs. projektbasiertes Arbeiten, aufwendige Mitzeichnung vs. dezentrale Entscheidungskompetenz".[15] Doch dies sind grundlegende Umwälzungen, die Zeit benötigen und oft nicht einmal angestoßen sind.

Je weniger Personal es gibt, desto mehr Arbeit muss von den verbliebenen Beschäftigten übernommen werden, und desto mehr wird die Verwaltung wiederum an Attraktivität einbüßen. Eine stetig steigende Arbeitslast bei gleichbleibend umständlichen Prozessen und ohne angemessenen Ausgleich wird selbst die treuesten Mitarbeitenden in die freie Wirtschaft treiben, wo zum Beispiel bessere Bezahlung und angenehmere Arbeitsbedingungen auf sie warten.

---

[13] Vgl.: Fachkräftemangel im öffentlichen Sektor. Warum wir dringend handeln müssen. Studie der PricewaterhouseCoopers GmbH, S. 6; https://www.pwc.de/de/branchen-und-markte/oeffentlicher-sektor/pwc-fachkraeftemangel-im-oeffentlichen-sektor.pdf (letzter Aufruf: 05.08.2022, 11:55 Uhr).
[14] Vgl. Ebd.
[15] Ebd. S. 13.

1.2 Herausforderungen in der Verwaltung

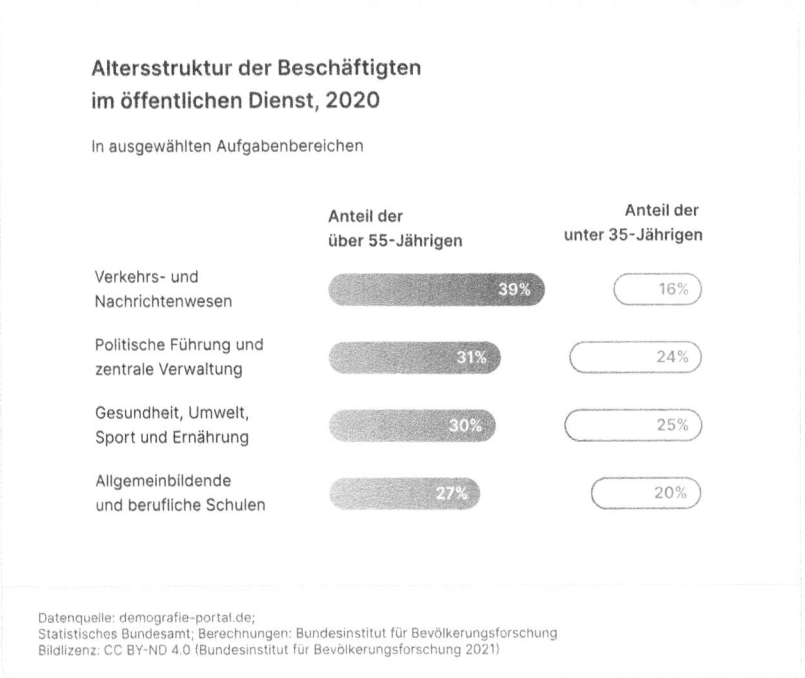

Abb. 1.2 Altersstruktur der Beschäftigten im öffentlichen Dienst, 2020. (Quelle: Statistisches Bundesamt; Berechnungen: Bundesinstitut für Bevölkerungsforschung, 2021)

1.2.4 Digitalisierung?

Die oben aufgeführten Herausforderungen – OZG, E-Akte, Personalmangel – sind natürlich nur drei der Themenwelten, mit denen sich Verwaltungen zusätzlich zum eigentlichen Tagesgeschäft auseinandersetzen müssen. Als weitere Beispiele, die noch lange Zeit Mehraufwände mit sich bringen werden, seien hier nur kurz der Klimawandel (z. B. Anpassung der Kanalsysteme an zunehmende Starkregen-Events, nachhaltiger Städtebau für weniger versiegelte Flächen) und der russische Angriffskrieg gegen die Ukraine (z. B. Aufnahme und Betreuung der Geflüchteten) genannt.

Auch liegt die Umsetzung vieler Gesetze, die vom Bund erlassen werden, in der Verantwortung der Kommunen. So müssen sie zum Beispiel dem Rechtsanspruch auf „einen Betreuungsplatz für alle Kinder ab dem vollendeten ersten Lebensjahr"[16] von 2013

---

[16] Kinderförderungsgesetz (KiföG). Eintrag auf dem Deutschen Bildungsserver. https://www.bildungsserver.de/onlineressource.html?onlineressourcen_id=40431 (letzter Aufruf: 10.04.2023, 11:04 Uhr).

und auf Ganztagsbetreuung in der Grundschule (voraussichtlich ab 2026)[17] entsprechen. Beides sind sinnvolle Ansätze, doch deren Umsetzung muss zusätzlich zu den anderen Aufgaben von den Beschäftigten vor Ort sichergestellt werden – und das meist, ohne dass dafür ausreichend Personal zur Verfügung stünde.

Oftmals stolpert man in Artikeln und Beiträgen immer wieder über eine weitere, große Herausforderung, welche die Verwaltung vor Probleme stellt: Digitalisierung. Hier zeigt sich, wie sehr die Perspektive bestimmt, was man zu erkennen in der Lage ist. Während die einen Digitalisierung nämlich als unnötige Gängelei sehen, erkennen andere sie zugleich als vielfältigen Lösungsansatz für die angesprochenen Herausforderungen. Denn sobald ein Vorgang oder Datensatz digitalisiert ist, stehen der Verwaltung die verschiedensten Hilfsmittel zu deren Bearbeitung zur Verfügung: Bescheide für Bürger:innen können automatisiert verschickt und Akten per Knopfdruck erstellt und archiviert werden. Prozesse können vereinfacht, verschlankt und teil-automatisiert werden, sodass die Aufgabenlast sinkt und weniger Personalbedarf besteht. Zugleich ermöglicht die digitale Bearbeitung mehr Transparenz sowie zeit- und ortsunabhängige Arbeit und somit eine flexiblere Gestaltung des Arbeitsalltags der Beschäftigten. Nachfolgend zur Verdeutlichung ein paar Beispiele dafür, wie die Digitalisierung von Prozessen die Bewältigung der oben aufgeführten Verwaltungsaufgaben erleichtern kann:

- Automatisiert bzw. digital erhobene Daten können bei der Analyse von durch den Klimawandel gefährdeten Kanälen und Stadtbereichen helfen, sowie bei der Erfassung von Infektionszahlen im Pandemiefall. Die digitale Antragstellung und Bearbeitung kommen der beschleunigten Unterstützung von Geflüchteten zugute.
- Komplexe Aufgaben können von verschiedenen Fachbereichen bearbeitet, Informationen ausgetauscht und gemeinsame Lösungsansätze entwickelt werden. Auch ihr Wissen kann über die Bereiche hinaus besser zugänglich gemacht werden.
- Die Expertise, die in den Beschäftigten schlummert und aufgrund der Dringlichkeit der Aufgaben nicht zum Vorschein kommt, kann geteilt und sinnvoll eingesetzt werden. Man stelle sich etwa ein Portal vor, in dem auf der einen Seite Beschäftigte ihre Erfahrungen, Stärken und Interessen teilen, und auf der anderen Projektverantwortliche ihre Projekte. Dies könnte beide Parteien auf Basis von Motivation und Passgenauigkeit zusammenbringen, was die Qualität der Ergebnisse und die Mitarbeiterzufriedenheit erhöhen kann. Selbst wenn dieser Vorschlag in der Verwaltung so nicht funktionieren würde, kann ein derartiger Ansatz die vorhandenen Fähigkeiten und Aufgaben für alle sichtbar machen und so die Transparenz erhöhen.

---

[17] Vgl. z. B.: Ganztagsschule – die wichtigsten Fragen und Antworten. Artikel von Florentine Anders auf der Webseite des deutschen Schulportals der Robert Bosch Stiftung. https://deutsches-schulportal.de/bildungswesen/rechtsanspruch-auf-ganztagsbetreuung-ist-das-zu-schaffen/#ab-wann-tritt-der-rechtsanspruch-auf-ganztagsbetreuung-in-der-grundschule-in-kraft (letzter Aufruf: 10.04.2023, 11:16 Uhr).

Doch Vorsicht: Es klingt zurecht zu gut, um wahr zu sein, dass etwas, das man für ein Problem hielt, auf einmal selbst alle anderen Probleme lösen sollte. Digitalisierung ist kein magisches Allheilmittel. Ihre strategische Verankerung, die Umsetzung einzelner Aspekte oder ganzer Bereiche, die Mitnahme der Beschäftigten, die Anschaffung, Einführung und Wartung von Hard- und Software-Lösungen (um nur einige der begleitenden Aufgaben zu nennen) sind zunächst mit Mehraufwänden und hohen Kosten verbunden. Wenn man jedoch damit anfängt, die eigenen Abläufe zu digitalisieren, wird man feststellen, wie viele Vorteile sich daraus ergeben. Wie in Kap. 2 noch detaillierter zu lesen sein wird, können Vorgänge im Digitalen zum Beispiel von Automatisierung, erhöhter Transparenz oder der gleichzeitigen Bearbeitung von Daten profitieren. Und so bleibt nur das Schwierigste zu tun: der Anfang. Aber wie können Verwaltungen mit der Digitalisierung so beginnen, dass möglichst schnell Mehrwerte entstehen?

1.3 Mit der Verwaltung für die Verwaltung

1.3.1 Ein Werkzeugkasten für die Prozessdigitalisierung

Wie beginnen – das fragten wir uns auch bei ShiftDigital, nachdem unser Vorschlag für eine Software zur Gestaltung digitaler Bürgerkontakte abgelehnt wurde. Es dauerte nicht lange, bis uns auffiel, dass in der Absage für das eine Produkt eine gute Idee für ein anderes steckte: Wie soll eine Verwaltung komplett digitale Bürger-Services anbieten, wenn sie im Inneren noch mit Papierakten, Laufmappen und Faxen zu kämpfen hat? Wie sollen komplexe Projekte wie klimafreundliche Stadtgestaltung zeitnah in die Umsetzung kommen, wenn Kommunikation und Zusammenarbeit über Fachbereiche hinweg eine große Herausforderung darstellen? Also entschieden wir uns, mit der neuen Lösung direkt in der Verwaltung anzusetzen: Das Shift Studio ist ein Produkt, mit dem Kommunen ihre Prozesse eigenständig digitalisieren können – und das ganz ohne Programmierkenntnisse. Dieser fachneutrale Werkzeugkasten erfüllt grundlegende digitale Bedürfnisse der Verwaltung: digitale Signaturen per Knopfdruck, automatische Erinnerungen an Fristen, ein eingebautes Wissensmanagement und vieles mehr. Wir stellten das Konzept erneut der Stadtspitze vor, und dieses Mal kam die Zusage: dieses Produkt könne echte Probleme lösen.

1.3.2 Der lange Weg zur Prozess-Software

Bei der Konzeptionierung der Software haben wir eng mit Expert:innen der Stadtverwaltung zusammengearbeitet und ihre Erfahrungen, Probleme, Anforderungen und ihr Feedback direkt in die Entwicklung einbezogen. Dabei konnten wir verschiedene Prozesse analysieren und die Erkenntnisse in Funktionen übertragen. Wir haben nach Optimierungsmöglichkeiten für Verwaltungsabläufe gesucht und mit den Verantwortlichen über die wichtigsten Aspekte der Bearbeitung gesprochen. Auch fand ein enger Austausch mit weiteren wichtigen Bereichen wie IT-Sicherheits- und Datenschutzbeauftragten, Archiv, Personalrat und Stadtspitze statt.

Doch die Auseinandersetzung mit Verwaltungsprozessen ist keineswegs immer einfach oder zielführend. Nicht selten stehen Widerstände, persönliche Befindlichkeiten oder der Unwille im Weg, Veränderungen zu akzeptieren. Prozesse sind oft nicht dokumentiert und das entsprechende Wissen liegt in mehreren Köpfen, und das in unterschiedlicher Ausführung. Daher gibt es bei der Erhebung immer wieder Uneinigkeiten über den tatsächlichen Ablauf. Auch kann es schwierig sein, Aspekte eines Prozesses zu hinterfragen, dessen Ablauf über Jahre organisch gewachsen ist. Sachbearbeiter:innen und Führungskräfte nehmen immer wieder kleine Veränderungen vor, deren Begründungen der nächsten Generation nicht mitgeliefert werden. Man sucht vergeblich nach Personen, die für die Erhebung der Prozesse verantwortlich gemacht werden können. Schließlich ist das zeitintensive Arbeit, die selten zusätzlich zum Alltagsgeschäft übernommen werden kann. Aber ohne zu wissen, wie ein Vorgang bearbeitet wird, kann man ihn kaum optimieren, geschweige denn digitalisieren. All dies sind Anfangsschwierigkeiten, mit denen zu rechnen ist. Zugleich machen genau diese Auseinandersetzung mit dem Bestehenden, die Erhebung des Prozesswissens und die Etablierung einer sinnvollen Vorgehensweise den ersten großen Schritt aus. Denn nur, wenn die Beteiligten involviert werden, ihre Expertise wertgeschätzt und ihnen gezeigt wird, dass es langfristig um die Erleichterung ihrer Arbeit geht, können die Abläufe zielführend optimiert werden.

Auch wir bei ShiftDigital konnten durch die Konfrontation mit diesen Herausforderungen viel darüber lernen, wie man die Verbesserung und Digitalisierung von Prozessen angeht und die Bereitschaft zum Wandel erhöht. Denn eine Software macht noch keine digitalen Prozesse. Sie ist nur ein Werkzeug, das benutzt und eine Plattform, die gefüllt werden kann. Damit Lösungen dieser Art sinnvoll eingesetzt werden können, müssen die Mitarbeitenden in die Lage versetzt werden, ihre Prozesse zu verbessern. Dieses Buch soll deshalb dazu beitragen, Beschäftigten die Kontrolle über ihre Arbeit zurückzugeben.

2 Prozessdigitalisierung: Voraussetzungen und Potenziale

Zusammenfassung

Kommunalverwaltungen sind für die Erfüllung der stadtbezogenen Bedürfnisse ihrer Bürger:innen zuständig. Den wenigsten von diesen ist jedoch bewusst, wie viele der städtischen Aufgaben mit ihren eigenen Anliegen nichts zu tun haben. Der Kern der Arbeit läuft, abgesehen von ein paar Baustellen und Artikeln in Lokalzeitungen, für sie unsichtbar im Hintergrund. Aufgaben wie Kanalwartung, Stadtplanung und Budgetverwaltung fressen aufgrund ihrer schieren Menge und Komplexität viele Ressourcen. Umso wichtiger ist es, mit der Digitalisierung dieser Prozesse im Inneren der Verwaltung zu beginnen, um die Beschäftigten zu entlasten und die Kommunen zukunftsfähig aufzustellen. Aber was zählt überhaupt als Prozess? Was muss ein Vorgang in der Verwaltung mitbringen, um für die ganzheitliche oder auch nur teilweise Digitalisierung infrage zu kommen? Und welche Vorteile bringt es überhaupt mit sich, wenn Verwaltungsarbeit digital erledigt werden kann? Antworten finden sich in diesem Kapitel.

2.1 Ein Schritt zurück: Was sind Prozesse?

Bei dem Wort „Prozess" liegt der Gedanke an große Projekte oder komplexe Bürger-Services wie Bauanträge nahe. Aber wie steht es mit einer Laufmappe, die zur Genehmigung auf dem Dienstweg durch das Haus wandert? Mit einer Beteiligung des Personalrates an der Software-Beschaffung? Mit einem Antrag auf Änderung der Dienstzeit? Vielen Beschäftigten ist gar nicht bewusst, dass sie Prozesse bearbeiten. Sie erledigen ihre Aufgaben, ohne sich Gedanken über den Kontext zu machen, in den sie eingebettet sind. Diese Sichtweise ist vor allem dann verständlich, wenn man sich noch nie mit Prozessmanagement auseinandergesetzt hat. Und warum sollten Beschäftigte das auch von sich aus

Abb. 2.1 Grundlegende Bestandteile eines Prozesses

tun? Schließlich beschäftigen sich (zum Glück!) nicht alle Mitarbeitenden mit Strategie und Organisation. Außerdem haben viele Verwaltungen bisher keinen Fokus daraufgelegt, Abläufe zu untersuchen und zu verbessern. Bei all den vielfältigen und komplexen Aufgaben war es viel wichtiger, dass die Arbeit erledigt wird, als über diese zu reflektieren. Das fehlende Bewusstsein dafür, welche Abläufe in die Kategorie der Prozesse fallen, verhindert allerdings auch deren Optimierung. Denn dann wird oftmals davon ausgegangen, dass die Bearbeitung einer Aufgabe spontan erfolgt und ganz im Ermessen der jeweiligen Sachbearbeitung liegt. Damit wäre der grundlegende Ablauf eines Vorgangs aber nicht reproduzierbar, nicht dokumentierbar und auch nicht erlernbar. Nur die Einzelperson könnte dann die Aufgabe erledigen, und eine Verbesserung könnte nur erfolgen, wenn diese Person ihre Arbeit besser macht. Versteht man die Prüfung einer Projektskizze oder eines Antrags hingegen als Prozess, kann der Vorgang dokumentiert, untersucht, verbessert und schließlich digitalisiert werden. Deshalb ist es ein wichtiger erster Schritt, sich bewusst zu machen, bei welchen Abläufen es sich um Prozesse handelt.

2.1.1 Was Prozesse ausmacht

Ein Prozess beginnt immer, sobald ein bestimmter Auslöser („Trigger") erfolgt (Abb. 2.1). Bei einem Antrag ist dies zum Beispiel die Einreichung eines ausgefüllten Formulars. Die Person möchte etwa eine Dienstreise oder einen Parkausweis beantragen und teilt durch die Übergabe der benötigten Informationen ihr Bedürfnis mit. So wird der Prozess angestoßen. Derselbe Prozess kann oftmals durch verschiedene Trigger ausgelöst werden, z. B. wird eine Bürgerbeschwerde per Telefon, Brief, E-Mail oder persönlich an die Verwaltung herangetragen. Die Form, in welcher die Daten (Name, Adresse, Beschwerde) zur verantwortlichen Sachbearbeitung kommen, mag variieren, doch alle lösen denselben Prozess aus, nämlich die Bearbeitung der Beschwerde.

▶ **Definition Prozess:** eine festgelegte Abfolge von Aktionen, die zu einem bestimmten Ergebnis führen soll und im Kern vier Komponenten beinhaltet: den Trigger, den Input, die Leistung und den Output.[1]

---

[1] Vgl.: Prozess. Definition und Erklärung von Frank Ahlrichs im ControllingWiki des Internationalen Controlling Vereins IVC. https://www.controlling-wiki.com/de/index.php/Prozess (letzter Aufruf: 06.08.2022, 17:50 Uhr).

Ein eingereichtes Formular ist zugleich ein sogenannter Input. Dabei handelt es sich um Daten oder Dokumente, die im Laufe des Prozesses verändert oder ergänzt werden, um das Anliegen zu bearbeiten. Der Input könnte etwa eine Frage sein, die beantwortet, oder der Entwurf eines Dokuments, der geprüft werden soll. Der Ablauf des Prozesses ist die Leistung, die erbracht wird: die Arbeitsschritte und Aufgaben, die erledigt werden müssen, um aus dem Input ein Ergebnis zu erzeugen. Dieses Ergebnis ist der Output des Prozesses, der diesen zugleich abschließt. Ein Output kann zum Beispiel die Genehmigung oder Ablehnung eines Antrags, die Antwort auf eine Frage oder die Aufforderung zur Überarbeitung eines Dokuments sein.

Nach diesem Verständnis sind fast alle Aufgaben, die im Arbeitsalltag erledigt werden, Prozesse. Ruft man zum Beispiel eine Kollegin an und stellt eine Frage, löst man einen Prozess aus (Trigger: Anruf; Input: Frage). Die Person am anderen Ende verarbeitet den Input und erbringt eine Leistung, indem sie nach einer Antwort sucht. Selbst wenn sie die Frage nicht beantworten kann, liefert sie einen Output, und zwar den Hinweis, dass sie nicht weiterhelfen kann. Der Prozess ist abgeschlossen oder es wird ein neuer Prozess ausgelöst, nämlich die Suche nach der Person, die weiterhelfen kann. Auch können E-Mail-Programme als kleine, aber sehr nutzerfreundliche und effiziente Workflow-Tools gesehen werden: Dateien werden mit Bitte um Sichtung verschickt, durch andere geprüft und mit Anmerkungen zurückgesendet. Personen versuchen, einen gemeinsamen Termin für ein Meeting zu finden. Es wird nach einer Lösung für ein Problem gesucht. Vorgänge sind also Prozesse, wenn sie Trigger, Input, Leistung und Output beinhalten. Doch um sie erheben, optimieren und digitalisieren zu können, brauchen sie eine weitere Eigenschaft: Reproduzierbarkeit.

2.1.2 Reproduzierbarkeit als Basis für Standardisierung

Nur ein Prozess, der reproduzierbar ist, also in seinen Grundzügen immer ähnlich abläuft, kann sinnvoll verbessert werden. Sieht ein Vorgang jedes Mal komplett anders aus, kann er nicht abgebildet und damit nicht als Ganzes betrachtet, auf Schwachstellen untersucht und standardisiert werden. Das bedeutet auch, dass Vorgänge, bei denen die Einzelfälle stark voneinander abweichen, schwer zu optimieren und zu digitalisieren sind. Ein gutes Beispiel für solche Prozesse ist der Bochum-Fonds, ein Projekt der Stadtverwaltung Bochum, bei dem pro Einwohner:in jährlich ein Euro für die Förderung von Bürgerprojekten bereitgestellt wird.[2] Bürger:innen reichen Ideen für Projekte ein, die von der Veranstaltung einer historischen Stadtwanderung über die Etablierung einer insektenfreundlichen Wiese bis zur Anschaffung von Lastenrädern reichen können.[3]

---

[2] Bochum-Fonds: https://www.bochum-fonds.de/ (letzter Aufruf: 23.09.2022, 18:13 Uhr).
[3] Übersicht der geförderten Projekte des Bochum-Fonds: https://www.bochum-fonds.de/projekte (letzter Aufruf: 23.09.2022, 18:16 Uhr).

Die Erfahrungen der Bürger:innen mit Finanzplänen, Förderrichtlinien und Genehmigungen sind sehr unterschiedlich, sodass auch die eingereichten Projektideen von unterschiedlicher Qualität sind. Die Beratungsleistungen der Verantwortlichen des Bochum-Fonds variieren deshalb bei jedem Projektantrag. Auch müssen sie jeweils unterschiedliche Beteiligte hinzuziehen (z. B. Vereine, die bei der Umsetzung helfen können oder Gremien zur Genehmigung von Vorhaben) und häufig verschiedene Arbeitsschritte erledigen, um zum gewünschten Ziel zu gelangen – der Förderung und Umsetzung des Projektes. Dieser Prozess ist damit so abhängig vom Einzelfall, dass eine Standardisierung kaum möglich ist. Auch würde die Qualität der Unterstützung unter einer Vereinheitlichung leiden: Bürger:innen würden Beratung erhalten, die nicht auf ihre jeweiligen Bedürfnisse zugeschnitten ist, und es könnten dadurch weniger Projekte gefördert und umgesetzt werden.

Damit ein Prozess abgebildet, verbessert und digitalisiert werden kann, muss er also jedes Mal einen ähnlichen Ablauf haben. Dies gilt auch für Prozesse, die verschiedene, aber wiederkehrende Ablaufszenarien aufweisen. Kann ein Antrag zum Beispiel genehmigt oder abgelehnt werden, sind beide Pfade Teil des Standardprozesses. Abweichende Einzelfälle, die sich selten oder gar nicht wiederholen, würden hingegen nicht zum Standardprozess zählen. Gewiss können auch stark variierende Prozesse verbessert werden, zum Beispiel durch Best Practices wie „Effizienz dem Perfektionismus vorziehen" oder „Nur Personen involvieren, die zum erfolgreichen Abschluss beitragen." Doch muss in Szenarien, die dem Bochum-Fonds ähneln, immer anhand des Einzelfalls entschieden werden, welche Handlungen jeweils nötig sind. Deshalb wird sich dieses Buch im Folgenden auf Prozesse fokussieren, die in ihrer Grundform reproduzierbar und damit standardisierbar sind.

2.2 Vorteile der Prozessdigitalisierung – Lohnt sich der Aufwand?

Um die Antwort direkt vorwegzunehmen: Ja, der Aufwand lohnt sich. Trotzdem ist die Modernisierung von Verwaltungsprozessen mit einem nicht zu verachtenden Aufwand verbunden. Die Vorgänge müssen gemeinsam mit den Beteiligten erhoben und dokumentiert werden. Dann werden sie auf Schwachstellen und Verbesserungsmöglichkeiten hin untersucht. Dabei müssen Kompromisse zwischen den verschiedenen Prozessbeteiligten ausgehandelt werden, weil diese unterschiedliche Bedürfnisse und Ziele haben. Und soll der Prozess digitalisiert werden, stehen die Suche einer Lösung, die Implementierung der Software und die Schulung der Beschäftigten an. Dabei bietet der angepasste Prozess zu Beginn oft nur minimale Verbesserungen oder bedeutet sogar einen initialen Mehraufwand: Die Beschäftigten müssen den Umgang mit neuer Software lernen oder sich an die neuen Abläufe gewöhnen. Auch müssen oft Widerstände verschiedenster Art überwunden werden. Einige sperren sich nicht nur gegen Veränderungen, sondern arbeiten aktiv dagegen an und erschweren die Arbeit für alle anderen. Anderen fehlt die nötige Erfahrung im Umgang mit digitalen Lösungen – sie wollen, aber können (noch) nicht.

Wer bereit ist, sich mit diesem Buch auseinanderzusetzen, wird die Digitalisierung von Prozessen höchstwahrscheinlich für sinnvoll halten. Trotzdem lohnt es sich, sich die Gründe für das Mammutprojekt Verwaltungsmodernisierung noch einmal ins Bewusstsein zu rufen, bevor es an die Überarbeitung der Prozesse geht. Denn an diesen Vorteilen zeigt sich, wie Prozesse neu gedacht werden können, um von der Digitalisierung zu profitieren.

2.2.1 Vorteil 1: Prozesse zurück in die Hände der Beschäftigten geben

Eines kann man mit Sicherheit sagen: die Abläufe in der Verwaltung mögen langsam, intransparent und verbürokratisiert sein, doch sie funktionieren. Die Zahnräder der Fach- und Aufgabenbereiche greifen ineinander, die Maschine läuft. Sie kommt gelegentlich ins Stocken, wenn sich eine unerwartete Krise auftut, wie etwa eine globale Pandemie. Doch Krisen dieser Art bringen uns alle ins Stocken. Man fängt sich und findet einen Umgang mit der neuen Situation. Die Maschine läuft weiter. Auf viele Beschäftigte wirkt der Druck zur Modernisierung sicherlich wie ein Angriff. Es mag sich anfühlen, als würden die Öffentlichkeit und die motivierten Kolleg:innen ihre Arbeit kritisieren, die sie doch seit Jahren gewissenhaft erledigen. Deshalb sollten sich Enthusiast:innen der Veränderung bewusst machen, dass keiner der bestehenden Prozesse von Natur aus oder gar absichtlich schlecht konstruiert ist. Sie sind immer so gut, wie sie mit den vorhandenen Mitteln, innerhalb der vorhandenen Strukturen und im Kontext der jeweils beteiligten Personen sein können.

Auf Papier haben die Beschäftigten ihre Arbeit und ihre Prozesse noch selbst in der Hand. Deren Umgestaltung geschieht zwar in kleinen Schritten, doch sie geschieht: hier wird zum Vordruck für ein Formular ein Informationstext ergänzt, um den Einreicher:innen beim Ausfüllen zu helfen. Dort wird ein Verteiler oder eine Seite im Intranet aufgesetzt, um für mehr Transparenz zu sorgen. Mittlerweile gibt es kaum noch Beschäftigte, die nicht zumindest einen Teil ihrer Arbeit am Computer erledigen. Selbst Mitarbeitende im Außendienst kommen für die Dokumentation ihrer Tätigkeiten ins Büro und setzen sich an den Rechner. Es ist selbstverständlich geworden, dass Kommunikation über E-Mails erfolgt, dass Statistiken und Bescheide in Tabellen- und Textprogrammen erstellt und Akten zunehmend digital abgelegt werden. Diese Veränderungen basieren nicht auf Entscheidungen der Prozessverantwortlichen, aber sie müssen sich trotzdem mit ihnen arrangieren. Dadurch werden immer größere Teile der Prozesse über verschiedene Lösungen abgewickelt, ohne jemals dafür konzipiert worden zu sein. Ein Flickenteppich aus Programmen entsteht, den kaum noch jemand zu überblicken vermag – und zugleich läuft die Bearbeitung weiterhin so ab, wie es einst für den Papierweg erdacht wurde.

Ein gutes Beispiel hierfür ist die Digitalisierung von Bürger-Services im zweiten Reifegrad: Bürger:innen können Formulare online ausfüllen und abschicken. Diese gehen digital bei den Beschäftigten ein und müssen dann geprüft und zum Beispiel von der Führungskraft unterschrieben werden. Also wird das Formular ausgedruckt, damit die Person es signieren kann. Das Formular wird eingescannt und an die nächste Stelle weitergegeben, die mit einzelnen Daten daraus weiterarbeitet. Also wird das Dokument erneut ausgedruckt, vor den Bildschirm gelegt und in ein anderes System abgetippt. Die Daten werden bearbeitet und das Dokument muss erneut unterzeichnet werden. Und so wird es wieder ausgedruckt, unterschrieben und für die Ablage in der E-Akte eingescannt. Die Beteiligten haben sich diese umständliche und ineffiziente Bearbeitungsweise nicht ausgesucht. Sie werden vermutlich auch nicht um mehr Digitalisierung bitten, weil die bisherige Digitalisierung ihre Arbeit oftmals erschwert hat.

Je mehr Arbeit über von anderen vorgegebene Programme und Formate erfolgt, desto weniger Kontrolle können Beschäftigte über ihre Prozesse bewahren. Das Ziel ihrer Optimierung und Digitalisierung muss es deshalb langfristig sein, die Prozesse zurück in die Hände derjenigen zu geben, die sich mit ihnen am besten auskennen. Sie sollten nicht Stück für Stück in unterschiedliche Systeme übertragen werden, weil diese gerade stadtweit ausgerollt werden. Stattdessen sollte man sie gezielt und ganzheitlich auf die Digitalisierung vorbereiten, sodass sie auch im Digitalen Sinn ergeben und dadurch verbessert werden.

Eine Person, die seit 15 Jahren Anmeldungen von Personalbedarf entgegennimmt, weiß sehr genau, worauf es bei der Bearbeitung ankommt, wo die Stolpersteine liegen, und welche Daten vorliegen müssen, um zu einem guten Output zu gelangen. Genau diese Person sollte auch befähigt werden, den Prozess stetig weiterzuentwickeln. Nicht, weil er vorher schlecht war, sondern weil er heute besser sein kann.

2.2.2 Vorteil 2: Gleichzeitigkeit der Bearbeitung und Informationsaustausch in Echtzeit

Ein Dokument existiert auf Papier genau einmal. Natürlich kann man es kopieren und so zum Beispiel die gleichzeitige Bearbeitung durch mehrere Personen ermöglichen. Doch entsteht so das Problem, dass es nicht mehr eine Version gibt, die über alle Exemplare hinweg gleich ist. Auch ist die vorherige Bearbeitung oft die Voraussetzung dafür, dass nachfolgende Beteiligte ihre Aufgaben sinnvoll erledigen können. Also wird meistens doch ein Dokument verwendet, auf dem alle nacheinander ihre Arbeit erledigen. Ein physisches Objekt durch die Verwaltung zu schicken, kostet viel Zeit. Es wird in die Hauspost gegeben, die aber nicht sofort jedes Schriftstück an die adressierte Person ausliefert, sondern geplante Runden durchs Haus macht. Dann landet es nach Stunden oder Tagen auf dem Schreibtisch der ersten beteiligten Person, die allerdings viele andere Akten auf dem Tisch hat. Es bleibt also liegen, wird schließlich unterzeichnet und wieder in die Hauspost gegeben – die eben kommt, wenn sie kommt. So kann eine Reihe von Sichtvermerken für einen internen Antrag schnell länger als eine Woche in Anspruch nehmen.

Liegt ein Dokument digital vor, kann es in Sekundenschnelle an die adressierte Person geschickt werden, und diese kann es nach der Bearbeitung genauso schnell weitergeben. Gibt es die Möglichkeit, digital zu signieren, muss das Dokument nicht einmal ausgedruckt und wieder eingescannt werden. Alle Beteiligten sparen Zeit. Kann die Bearbeitung gleichzeitig erfolgen, entsteht noch weniger Wartezeit, denn niemand muss auf die vorige Person warten. Alle können ihre Aktion tätigen, sobald sie Zeit dafür haben.

2.2.3 Vorteil 3: Ortsunabhängiges Arbeiten

Liegen Informationen nicht mehr als physisches Dokument vor, sondern als digitale Daten, spielt es keine Rolle mehr, von wo aus sie bearbeitet werden. Die Corona-Pandemie hat diesen Vorteil deutlicher hervorgehoben als je zuvor: Beschäftigte wurden reihenweise ins Home Office geschickt, Systeme für Video-Meetings aufgesetzt und neue Strukturen für die Arbeitsorganisation entwickelt. All das war sicherlich nicht leicht für die Verwaltung und ihre Angestellten. Schwierigkeiten oder Verzögerungen ergaben sich oft aus der Überwindung von Widerwillen oder der Notwendigkeit einer intensiven Auseinandersetzung mit bestimmten Themen (z. B. Datenschutz). Doch wo die Verwaltung tatsächlich an ihre Grenzen stieß, war die Bearbeitung von Dokumenten. Führungskräfte fuhren ins Büro, nur um Unterschriften zu tätigen. Sachbearbeiter:innen waren hin- und hergerissen zwischen der datenschutztechnisch heiklen Entscheidung, Papierakten mit ins Home Office zu nehmen, und der Notwendigkeit, die Vorgänge zu bearbeiten. Hätten die Dokumente und Vorgänge digital vorgelegen, wäre die Arbeit im Home Office sicherlich einfacher gewesen.

Aber nicht nur in Pandemie-Zeiten ist die Option zur digitalen Fallbearbeitung sinnvoll. Viele Beschäftigte reisen mit öffentlichen Verkehrsmitteln an und würden sich wünschen, unterwegs mit der Arbeit beginnen zu können, um durch die Anfahrt nicht unnötig Freizeit einzubüßen. Wer nicht im direkten Bürgerkontakt arbeitet, oder aus sonstigen Gründen nicht vor Ort arbeiten muss, könnte etwa in einem anderen Land sitzen und trotzdem für die Stadtverwaltung arbeiten. Diese Möglichkeit hat sich durch die Pandemie für viele in der Privatwirtschaft aufgetan; warum nicht auch für die Verwaltung? Die eigene Lebensgestaltung wird viel flexibler möglich, wenn die Arbeit nicht mehr ortsgebunden ist. Vielen fällt es außerdem im Home Office leichter, konzentriert zu arbeiten, weil es meist ruhiger ist und weniger Störungen gibt. Und auch für die Auslöser:innen der Prozesse – seien es Bürger:innen oder Beschäftigte – wird die ortsunabhängige Interaktion mit ihren Anliegen möglich: Anträge können digital eingereicht und Arbeitsstände und Ergebnisse schnell und einfach eingesehen werden, sobald sie verfügbar sind.

2.2.4 Vorteil 4: Erhöhung der Transparenz

Vorweg ein Kommentar zur Begrifflichkeit: Wenn von „Transparenz" gesprochen wird, ist meistens die Erhöhung der Sichtbarkeit bestimmter Informationen gemeint. Es geht also nicht darum, dass jeder alles sehen kann, sondern dass Beteiligten die für sie relevanten Informationen zugänglich gemacht werden. Diese Unterscheidung ist wichtig, weil mehr Transparenz nur bis zu einem gewissen Punkt auch für mehr Sichtbarkeit sorgt.[4] Ab einem gewissen Maß an Transparenz sinkt sogar die Sichtbarkeit der relevanten Informationen, da diese in einem Wust von irrelevanten Informationen untergehen. Sascha Friesike, Professor für Design digitaler Innovationen, und Johanna Sprondel, Professorin für Medien, Marketing und Kommunikation erklären die Sachlage in ihrem Buch „Träge Transformation" wie folgt:

> „Ein gutes Beispiel im Digitalen sind ‚Online-Privacy-Policies', die uns in Novellenlänge und in hellgrauer, kleinster Schrift auf weißem Grund darüber informieren, welche Rechte sich ein Unternehmen an unseren Daten einräumt, wenn wir seinen Dienst nutzen. Wir alle kennen diese Texte, und wir alle haben zugestimmt und angeklickt, dass wir den Text nicht nur gelesen, sondern ihn sogar verstanden hätten."[5]

Die Unternehmen stellen so zwar ein großes Maß an Transparenz her. Schließlich werden ausführliche Beschreibungen sämtlicher Rechte und Verwendungszwecke bereitgestellt. Dadurch können aber auch „viele Informationen in der Transparenz versteckt werden (…), da wir nicht die Kapazitäten haben, sie für uns sichtbar zu machen"[6]. Es kommt damit der Punkt, an dem mehr Transparenz die Sichtbarkeit relevanter Informationen nicht mehr fördert, sondern sogar reduziert, weil sie in einer Informationsflut untergehen. Wie verhindert man, dass durch die Erhöhung der Transparenz versehentlich das Gegenteil von dem erreicht wird, was man erreichen möchte? Auch dafür haben Friesike und Sprondel Tipps.

> „[Man] muss sich mit den Motivationen jener Menschen auseinandersetzen, die am Ende von der Transparenz profitieren sollen. Werden die Informationen in dem Augenblick, in dem man sie braucht, auch tatsächlich gefunden und auch verstanden? Kann nachvollzogen werden, was diese Informationen in der jeweiligen Situation bedeuten? Kann ich mir in angemessener Zeit ein eigenes Bild machen?"[7]

Wird in diesem Buch von Transparenz gesprochen, geht es also stets um mehr Sichtbarkeit. Wenn diese Unterscheidung beachtet wird, kann die digitale Abwicklung von

---

[4] Vgl. Kap. 7, S. 53–57 „Transparenz führt zu mehr Sichtbarkeit" in: Träge Transformation. Welche Denkfehler den digitalen Wandel blockieren. Sascha Friesike, Johanna Sprondel. 2022, Reclam, Philipp, jun. GmbH, Verlag.

[5] Ebd. S. 56.

[6] Ebd. S. 57.

[7] Ebd. S. 58.

Prozessen genutzt werden, um die Transparenz bestimmter Informationen zu erhöhen. Denn sobald Daten nicht mehr in Papierform vorliegen, können sie, wie oben bereits erwähnt, nicht nur von einer Person zugleich bearbeitet und eingesehen werden. Die digitale Bearbeitung ermöglicht eine größere Freigebigkeit mit Daten. So können etwa ohne viel Aufwand oder gar vollautomatisiert Arbeitsstände geteilt werden. Die Zeiten, in denen man seinen Anträgen hinterher telefonieren musste, um herauszufinden, wie lange deren Bearbeitung noch dauert, könnten bald der Vergangenheit angehören.

Auch lassen sich im Digitalen Handlungen mit automatisierten Aktionen verknüpfen. Klickt etwa eine Bearbeiterin einen bestimmten Button (wie z. B. „Bearbeitung abschließen" oder „Weiter") können viele Softwarelösungen mit dem automatisierten Versand einer E-Mail oder der Änderung eines Bearbeitungsstatus reagieren. Schließt die Bearbeiterin die Prüfung eines Antrags ab und geht zur Erstellung des Bescheids über, könnte der/die Antragsteller:in darüber benachrichtigt werden, oder sich ein online einsehbarer Status von „In Prüfung" auf „Vorbereitung des Bescheids" umstellen. Diese Automatisierung ist aber schon der zweite Schritt. Ein erster Schritt, der für mehr Transparenz sorgen könnte, ohne komplexe Verknüpfungen schaffen zu müssen, wäre die händische Umstellung eines einsehbaren Status. Auch einfachere Projektmanagement- oder Kanban-Tools bieten etwa die Möglichkeit, Bearbeitungsstatus zu erstellen und eine Aufgabe so als „In Bearbeitung" oder „Abgeschlossen" zu markieren.

Dadurch erhalten nicht nur Auslöser:innen Einblicke in den Bearbeitungsfortschritt, auch weitere Beteiligte können besser einschätzen, ob und wann ihre Hilfe benötigt wird oder ihre Aufgabe an der Reihe ist. In einem solchen ersten Schritt der händischen Benachrichtigung mag mehr Transparenz zunächst auch mehr Arbeit für die zuständige Sachbearbeitung bedeuten. Zugleich steigt aber auch die Nachvollziehbarkeit des Prozesses für alle anderen und damit die Zufriedenheit mit dem Vorgang. Zudem ließen sich die Störungen der Bearbeiter:innen durch Nachfragen reduzieren.

2.2.5 Vorteil 5: Wiederverwertbarkeit von Daten

Liegen Daten digital vor, kann mit ihnen in anderen Systemen und Kontexten weitergearbeitet werden. Eine Bürgerin füllt etwa ein auf einer Website eingebettetes Formular aus. Ihre Angaben werden dann an ein Workflow-System geschickt. Dort können bestimmte Informationen (z. B. die Adresse) durch verknüpfte Datenbanken überprüft und zur statistischen Erhebung in andere Systeme überführt werden. Auch können aus dem Formular automatisch Dokumente erstellt werden, z. B. ein Bescheid oder eine digitale Akte.

Natürlich kann auch mit einem Papierdokument weitergearbeitet werden, indem es kopiert, gescannt, verschickt und abgetippt wird. Doch all diese Optionen erfordern manuelle Arbeit, die eigentlich längst erledigt wurde: jemand hat die Daten bereits in das Formular eingetragen – nur leider in einem Format, das die weitere Nutzung begrenzt.

Also müssen die Daten erneut angefasst werden, und das im Zweifelsfall mehrmals. Erst, wenn die Daten digital vorliegen, kann automatisiert mit ihnen gearbeitet werden.

Allerdings kann, je nachdem, in welchem Format die Daten vorliegen, mehr oder weniger gut mit ihnen weitergearbeitet werden. Ein eingescanntes Formular kann etwa verschickt und gelesen werden. Aber für den Computer sind die Daten darin kaum lesbar. Es gibt mittlerweile zwar Programme, die Texte in Fotos oder ähnlich fixierten Dateien erkennen und in weiter verarbeitbaren Text umwandeln können. So kann zum Beispiel die Google Translator App[8] auf dem Foto einer Speisekarte die angebotenen Speisen als Worte identifizieren und übersetzen. Für gewöhnliche Systeme ist es aber (noch) schwierig, die in einem Scan oder PDF enthaltenen Daten zu interpretieren. Deshalb ist die Nutzung von diesen Formaten ein erster Schritt in die richtige Richtung. Doch um das Potenzial von digitalen Daten voll auszunutzen, sind andere Formate nötig.

Liegen Daten etwa als CSV-Datei[9] vor, können sie in gängigen Programmen wie Excel verwendet und sogar in fachspezifische Software wie Geoinformationssysteme importiert werden. So könnte etwa auf Basis der Daten eines digitalen Antrags auch Jahre später noch ein Folgeantrag gestellt oder eine Statistik ausgewertet werden. Wird ein Fachverfahren ab- und ein anderes angeschafft, können die bisher erarbeiteten Inhalte außerdem viel besser in die neue Lösung importiert werden.

2.2.6 Die Vorteile in der praktischen Umsetzung

Es ließen sich noch viele weitere Vorteile der Prozessdigitalisierung aufzählen. Ein paar Beispiele sind das vereinfachte Teilen und Ergänzen von Wissen, eine höhere Effizienz von Abläufen und Kommunikation, eine höhere Flexibilität, verschiedene Optionen zur Automatisierung und (nach erhöhtem Erstaufwand) eine Reduktion von Kosten. Würde Digitalisierung weniger Vor- als Nachteile bieten, wäre sie sicherlich nicht in aller Munde. Die Problematik mit der Digitalisierung besteht vielmehr darin, dass meist viel Zeit, Geld und Energie aufgewendet werden muss, um eine erste digitale Variante eines Prozesses zu erstellen – und dass diese erste Variante meist alles andere als perfekt ist. Echte Mehrwerte wie verringerte Arbeitsaufwände und höhere Effizienz zeigen sich leider oft erst nach einer Eingewöhnungsphase oder der Entwicklung einer nächsten, verbesserten Variante. Gerade deshalb lohnt es sich aber, sich die Vorteile, die Digitalisierung langfristig bringen kann, immer wieder bewusst zu machen. Geht man dann in Vorleistung und investiert in

---

[8] „Objekte wie Schilder und Speisekarten kannst du ganz einfach fotografieren – und du erhältst umgehend eine Übersetzung." Deutsche Webseite zum Google Translator. https://translate.google.com/intl/de/about/ (letzter Aufruf: 19.08.2022, 15:20 Uhr).

[9] Steht für Engl. „Comma-separated values". Daten werden getrennt von Kommata aufgelistet und können in diesem Format leicht in verschiedene Systeme importiert und exportiert werden. Siehe z. B. „Was ist eine CSV-Datei?" Artikel von Philipp Liegl. https://ecosio.com/de/blog/was-ist-eine-csv-datei/ (letzter Aufruf: 19.08.2022, 15:35 Uhr).

2.2 Vorteile der Prozessdigitalisierung – Lohnt sich der Aufwand?

Verbesserungen, die möglicherweise erst in der Zukunft richtig spürbar werden, verliert man nicht aus den Augen, wofür man sich die Arbeit eigentlich macht.

Ein gutes Beispiel für die Nutzung dieser Vorteile ist die Anmeldung von Personalbedarf, die in der Stadtverwaltung Bochum mittlerweile digital abgewickelt wird. Der Prozess wurde gemeinsam mit den relevanten Beteiligten (Controlling, Führungskräfte und zuständige Sachbearbeitung) analysiert, verschlankt und anschließend in unsere Lösung Shift Studio übertragen. Durch die Gestaltungsfreiheit und Zusammenarbeit der verschiedenen Parteien wurde zum Beispiel die Datenqualität erhöht: Pflicht- und Informationsfelder sorgen dafür, dass Antragsteller:innen alle nötigen Angaben machen und wissen, wo sie die Informationen finden. Dadurch müssen die Sachbearbeiter:innen weniger Nachforderungen stellen und sparen sich viele Rückfragen. Seit Implementierung des Prozesses wurden außerdem Datenfelder ergänzt, die ihnen die Bearbeitung weiter erleichtern (Vorteil 1: Prozesse zurück in die Hände der Beschäftigten).

Durch die digitale Abwicklung erfolgt der Austausch über den Antrag an einer Stelle, und zwar auf dem digitalen Antragsformular. Haben das Controlling oder die Führungskräfte Rückfragen an die Antragsteller:innen, schreiben sie dort einfach einen Kommentar, über den die Beteiligten automatisch informiert werden und auf den sie direkt antworten können. Können Aufgaben gleichzeitig erledigt werden, ist dies nun auch möglich (Vorteil 2: Gleichzeitigkeit der Bearbeitung und Informationsaustausch in Echtzeit).

Das Ausfüllen des Formulars und dessen Ergänzung und Prüfung erfolgt über eine webbasierte Lösung, in der sich Beschäftigte von überall aus einloggen können. Für die Unterschrift eines Antrags müssen Führungskräfte zum Beispiel nicht mehr extra ins Büro fahren (Vorteil 3: Ortsunabhängiges Arbeiten).

Alle am Prozess Beteiligten haben jederzeit Einblick in den Vorgang. Sie sehen, bei wem der Antrag gerade liegt oder wer noch Rückfragen hat. Bearbeitungsstände müssen somit nicht mehr telefonisch oder per Mail erfragt und die Bearbeiter:innen in ihrem Arbeitsfluss gestört werden. Stattdessen können die Beteiligten die Informationen eigenständig und ohne großen Aufwand einsehen (Vorteil 4: Erhöhung der Transparenz).

Auch liegen der Antrag und der restliche Vorgang nun digital vor. Damit können diese direkt in die E-Akte überführt werden. Auch könnten die Daten zu einem späteren Zeitpunkt verwendet werden, etwa, um einen ähnlichen Antrag zu stellen. Sie können außerdem für Statistiken verwendet werden, um zum Beispiel Durchlaufzeiten zu erheben und weitere Schwachstellen im Prozess zu ermitteln (Vorteil 5: Wiederverwertbarkeit von Daten).

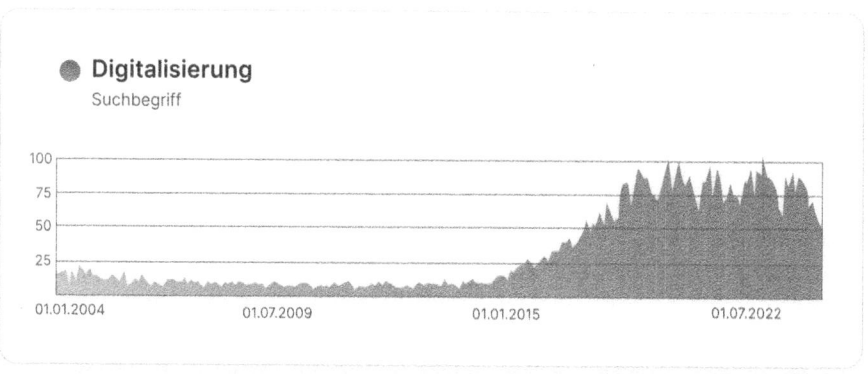

Abb. 2.2 Suchanfragen zum Begriff „Digitalisierung" zwischen 2004 und 2022. (Datenquelle: Google Trends (https://www.google.com/trends)[11])

2.3 Welche Prozesse können digitalisiert werden?

2.3.1 Digitalisierung ist kein Selbstzweck

Gibt man bei Google das Wort Digitalisierung ein, erhält man ca. 203.000.000 Ergebnisse.[10] 2022 wurden etwa zweimal so viele Suchanfragen zu diesem Begriff gestartet wie noch 2016 (siehe Abb. 2.2).

Das Interesse an Digitalisierung wird durch Krisen wie die Corona-Pandemie nur noch befeuert. Sie hat verdeutlicht, wie viel Erleichterung dank des Internets und der verfügbaren Online-Services möglich ist. Ohne Videotelefonie wäre die Zusammenarbeit für viele nur schwer möglich gewesen. Menschen in Quarantäne konnten sich über Nachbarschaftsportale Hilfe für den Einkauf suchen oder Lieferdienste nutzen. Digitale Terminvereinbarungen ermöglichten die Buchung von Impfterminen. Durch diese Entwicklungen ist auch der Druck auf die Verwaltung gewachsen, ihre Services digital anzubieten und sich für Krisen widerstandsfähiger aufzustellen.

Da viel von der Unausweichlichkeit gesprochen wird, mit der sich sämtliche Branchen in Richtung Digitalisierung entwickeln müssen, um überlebensfähig zu bleiben, ist die Reaktion von vielen ein etwas panischer Aktionismus: Alles digitalisieren, sofort und um jeden Preis. Doch im Grunde ist Digitalisierung nur ein Werkzeug, das dabei helfen soll, besser, schneller und einfacher zu erreichen, was den Menschen wichtig ist. Etwas zu digitalisieren, nur weil es möglich ist und erwartet wird, wird aber in den seltensten Fällen

---

[10] Eingabe von „Digitalisierung" auf www.google.de (letzte Suchanfrage: 26.08.2022).
[11] Der Wert 100 drückt den Zeitpunkt des höchsten Interesses am Suchbegriff aus; alle anderen Werte orientieren sich an diesem.

für tatsächliche Verbesserungen sorgen. Das sollte man stets im Hinterkopf behalten, denn nur so lässt sich verhindern, dass Digitalisierung zum Selbstzweck wird und man sie nur vorantreibt, damit man sagen kann, dass man „auch Digitalisierung macht".

Wann immer man ein solches Vorhaben angeht, sollte man deshalb sicherstellen, dass es…

- klare Ziele verfolgt (was möchte man mit der Digitalisierung erreichen?).
- konkrete Mehrwerte liefert (höhere Transparenz, Effizienz, Verschlankung).
- nach initialen Kosten Ressourcen einspart (finanzielle, personelle, zeitliche).
- auf die Beteiligten ausgelegt ist (Nutzerfreundlichkeit, Fokus auf ihre Bedürfnisse).

Beschäftigt man sich jedes Mal vorher mit diesen Punkten und hat man auf alle eine befriedigende Antwort, steigt die Wahrscheinlichkeit, dass man am Schluss nicht nur einen digitalen, sondern auch einen besseren Prozess geschaffen hat.

2.3.2 Wann ist ein Verwaltungsprozess digitalisierbar?

Etwas vom Analogen ins Digitale zu übertragen bedeutet, es maschinenlesbar zu machen, also dafür zu sorgen, dass Computer die Daten speichern, verarbeiten und anzeigen können. Das bedeutet auch, dass alles zumindest teilweise digitalisiert werden kann, das auf Daten basiert. So werden aus Büchern, Zeitschriften und Zeitungen eBooks und ePaper, aus Forschungsergebnissen Weiterbildungsplattformen, Datenbanken und Wikis, aus Briefen und Telefonaten Instant Messaging und E-Mails und aus Finanzen Online-Banking; um nur einige revolutionierte Branchen zu nennen.

> Sobald Informationen digital vorliegen, können sie …
>
> - mit minimalem Ressourcenverbrauch bearbeitet, gelöscht, gespeichert und durchsucht werden.
> - in Sekundenschnelle verarbeitet, vervielfältigt und verschickt werden.
> - verschlüsselt, schreibgeschützt und mit Passwörtern versehen werden (mehr zum Thema Datenschutz in Abschn. 5.5).
> - in andere Formate und Systeme übertragen und dort weiterverarbeitet werden.
> - in abwärtskompatible Formate übertragen und zurück in analoge Prozesse gespeist werden.

Sobald man sich bewusst macht, wie viele Tätigkeiten und Interaktionen mit dem Austausch, der Bearbeitung oder Speicherung von Daten zu tun haben, realisiert man, wie viel mit der Digitalisierung möglich ist – und wie vieles, was gerade noch analog ist, digital ablaufen könnte. Und dies trifft auch auf die Verwaltung zu. Betrachtet man digitalisierte Prozesse egal welcher Branche oder Art, kann man bestimmte Aktionen und Vorgänge beobachten, die ihnen allen gemein sind.

Digitalisierte Prozesse beinhalten...

- die Anforderung von Daten (z. B. Datei-Uploads, Eingabemasken).
- die Erstellung und Bereitstellung von Daten (z. B. Einträge in Eingabemasken, Versand von E-Mails, Upload von Dateien).
- die Sichtung und Bearbeitung von Daten (z. B. Abgleich mit Datenbanken, Ergänzung, Veränderung, Löschung, Versionierung).
- die Erzeugung von Metadaten (z. B. Eingangs- und Ausgangsdatum, Dokumentation von Veränderungen).
- das Teilen von Daten (z. B. Veröffentlichung auf Plattformen, geteilte Dokumente).
- die Speicherung von Daten (z. B. Export in verschiedenen Dateiformaten, Einspeisung in bestehende Datenbanken).
- die Auswertung von Daten und die Erstellung von Prognosen.

Fast alle Verwaltungsprozesse beinhalten...

- die Erstellung und Bereitstellung von Daten (z. B. Formulare, Dokumente, E-Mails, Laufmappen).
- die Anforderung von Daten (z. B. postalische Bitte um Nachweise, Bereitstellung von Formularen, Bitten um Stellungnahmen).
- die Sichtung und Bearbeitung von Daten (z. B. Ergänzung, Veränderung, Löschung, Versionierung).
- die Erzeugung von Metadaten (z. B. Unterschriften auf Formularen, Eingangsstempel, Notizen und Vermerke).
- das Teilen von Daten (z. B. Versand per Post, Hauspost, E-Mail).
- die Speicherung von Daten (z. B. Archivierung in Papier- oder E-Akte).

Wann immer Arbeit mit Daten zu tun hat, kann sie auch digital erfolgen. Damit sind fast alle Verwaltungsprozesse ganz oder teilweise digitalisierbar. Zudem können viele Aufgaben, die bei der Bearbeitung erledigt werden müssen, automatisiert werden, wie etwa die Erhebung von Metadaten. Ein System kann so ohne Mehraufwand erfassen, wann Informationen eingegangen sind, wer sie bearbeitet hat oder welche Version zurzeit vorliegt. Wie bereits angesprochen heißt das nicht automatisch, dass alle Prozesse digitalisiert werden müssen. Viele Schritte sollen gar nicht automatisiert werden, zum Beispiel, wenn die Aufgaben stark vom Einzelfall abhängen und lieber von Menschenhand bearbeitet werden sollten. Manche Prozesse laufen auch analog effizient ab – zum Beispiel, wenn es gilt, die Unterschrift einer Person einzuholen, die im selben Raum sitzt. Trotzdem zeigt die Auflistung der digitalisierbaren Tätigkeiten hoffentlich, dass in Verwaltungsprozessen mehr Potenzial für die Digitalisierung steckt, als man vielleicht denkt.

3. Verantwortung statt Zuständigkeit: ein Prozessteam etablieren und Prozesse abbilden

Zusammenfassung

Das Wissen über den Ablauf und die Schwachstellen von Prozessen liegt in den dafür zuständigen Fachbereichen. Nun erfordert die Verbesserung und Digitalisierung von Prozessen eine Vielzahl an Kompetenzen, die nicht von allen Beschäftigten erwartet werden kann. Um trotzdem eine flächendeckende Prozessoptimierung zu ermöglichen, empfiehlt sich die Etablierung eines Prozessteams. Dieses kann in der strategischen Planung, der Analyse von Prozessen und der Durchführung von Workshops ausgebildet werden, um die Fachbereiche systematisch darin zu unterstützen. Der erste Schritt dieser Zusammenarbeit ist die Erhebung und Abbildung der Prozesse, denn nur, wenn ihr Ablauf bekannt und sichtbar ist, kann er auch verbessert werden. Dieses Kapitel zeigt, wie Prozesse mit der Unterstützung von Prozessteams erfolgreich aufgesetzt werden können.

Viele Kommunen haben in den letzten Jahren ein Prozessmanagement oder eine Geschäftsprozessoptimierung aufgebaut. Ihr Ziel ist es, die eigenen Verwaltungsprozesse zu analysieren und zu verbessern. Die Mitglieder dieser Einheiten sind an der täglichen Bearbeitung der Abläufe selten selbst beteiligt, sondern dienen als zentrale Anlaufstelle für die Fachbereiche der Verwaltung. Aber warum kümmern sich die Fachbereiche nicht selbst um die Überarbeitung ihrer Prozesse? Immerhin kennen sie diese am besten und sind mit ihren Schwachstellen, Anforderungen und Voraussetzungen bestens vertraut. Warum ist es sinnvoll, stattdessen eine eigene Instanz wie ein Prozessmanagement zu schaffen?

3.1 Warum ist ein eigenes Prozessmanagement nötig?

3.1.1 Fachwissen und Prozesskompetenz zusammenbringen

Für die Erhebung, Analyse, Optimierung und Digitalisierung von Prozessen ist eine Vielzahl an Kompetenzen nötig. Eine davon ist die fachliche, also das Wissen darüber, welche Schritte im Prozess wann von wem erledigt werden müssen. Oftmals wurde dieses Wissen aber noch nicht dokumentiert, liegt also „in den Köpfen" der verschiedenen Beteiligten und muss erst erhoben werden (mehr dazu später in diesem Kapitel).

Eine Person, die für einen Prozessteil verantwortlich ist, wird Schwierigkeiten haben, alle wichtigen Aspekte auf einmal zu nennen. Immerhin werden viele davon für sie selbstverständlich wirken, während sie anderen Beteiligten gar nicht bekannt sind. Bei der Abbildung eines Prozesses bei ShiftDigital hat sich zum Beispiel herausgestellt, dass ein Beteiligter die Angaben eines anderen prüft und korrigiert. Dies war der Person, die die Angaben getätigt hat, bis zu diesem Zeitpunkt gar nicht bewusst – obwohl beide den Prozess viele Jahre lang gemeinsam bearbeitet haben.

Bei der systematischen Erhebung der einzelnen Schritte eines Prozesses kann ein Prozessteam die Fachbereiche gut unterstützen: Als nicht am Prozess beteiligte Instanz fällt den Mitgliedern eher auf, wenn etwas fehlt oder widersprüchlich ist, weil es im Gegensatz zu den Prozessbeteiligten für sie nicht selbstverständlich ist. Auch können sie einen Fragenkatalog entwickeln, der dabei hilft, möglichst viele Details ans Licht zu bringen (siehe Abb. 3.1).

Um allen Beteiligten einen Überblick über den tatsächlichen Ablauf zu verschaffen, muss der Prozess nicht nur erhoben, sondern auch verständlich und einheitlich dokumentiert werden. Aufgaben müssen klar formuliert, für die Bearbeitung benötigte Daten angegeben und mögliche Pfade (z. B. Genehmigung oder Ablehnung) inkludiert werden. Die Schritte eines Prozesses können dazu in einer Tabelle aufgelistet und mit Hinweisen zu den Verantwortlichen, Dokumenten und weiteren Details versehen werden. Es empfiehlt sich die Abbildung in einem Business Process Model System (kurz BPMN), in dem digitale Flussdiagramme „aufgemalt" werden können (siehe Abb. 3.2). Hier kann genau angegeben werden, wann bzw. unter welchen Voraussetzungen der Prozess bei wem landet und wie die Arbeitsschritte zueinander im Verhältnis stehen. Genauso gut kann der Prozess aber auch auf einem Whiteboard oder einer Pinnwand abgebildet werden. Eine solche physische Visualisierung eignet sich besonders gut für Workshops zur Prozessoptimierung: Beteiligte können zum Beispiel schnell und einfach Arbeitsschritte umhängen und so die Auswirkungen einzelner Änderungen sichtbar machen.

Eine solche Abbildung von Prozessen kann sehr zeitintensiv sein, wenn dies nicht bereits zuvor erlernt und geübt wurde. Hier wird eine zweite Kompetenz nötig, nämlich der Umgang mit geeigneten Mitteln zur Darstellung des Prozesses. Diese Fähigkeit ist recht schnell erlernbar, und im Angesicht der großen Menge von Prozessen kann es sicherlich nicht schaden, wenn möglichst viele Beschäftigte darin versiert sind. Trotzdem

3.1 Warum ist ein eigenes Prozessmanagement nötig?

Prozessteam

- Prozesswissen gezielt erfragen und dokumentieren
- Prozess kritisch analysieren (neutraler Blick)
- Moderieren, anleiten
- Zwischen Beteiligten vermitteln
- Softwarelösung suchen

Fachbereiche

- Fachwissen zum Prozess
- Absprachen im Fachbereich
- Schwachstellen identifizieren
- Test und Umsetzung der Verbesserungen

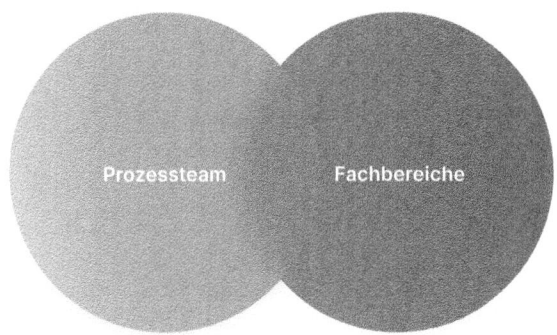

Gemeinsam

- Prozess erheben
- Prozess in Abbildung überführen
- Verbesserungen und Lösungen erarbeiten
- Offene Fragen klären
- Verbesserungen aus Praxis ableiten

Abb. 3.1 Aufgabenverteilung zwischen Prozessteam und Fachbereichen

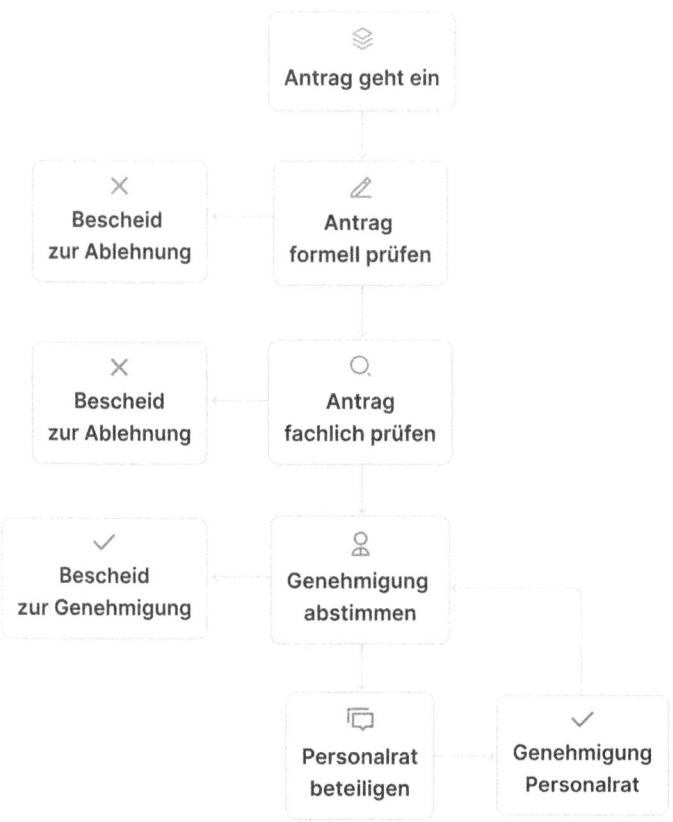

Abb. 3.2 Vereinfachte Darstellung eines Flussdiagramms mit mehreren Schritten und Abzweigungen. Zum besseren Verständnis wurde auf die Darstellung von Details verzichtet

kann das Fehlen dieser Kompetenz eine Hürde für die Erhebung der Prozesse darstellen und somit die flächendeckende Prozessoptimierung ausbremsen. Hier kann ein zentrales Prozessteam Abhilfe schaffen.

Die Analyse und Verbesserung von Prozessen verlangt ein anderes Spektrum an Fähigkeiten. Die verschiedenen Arbeitsschritte müssen untersucht und auf ihre Notwendigkeit hin geprüft werden. Die Personen, welche die Prozesse hauptsächlich bearbeiten, können eine solche neutrale Perspektive oft gar nicht einnehmen: Sie bearbeiten die Aufgabe teilweise seit Jahren oder gar Jahrzehnten auf dieselbe Art und werden sozusagen betriebsblind. Entsprechend können sie wesentlich weniger kritisch an eine Überarbeitung herangehen, als es einem unbeteiligten Prozessteam möglich ist.

Auch das Wissen darüber, wie man die Verbesserung eines Prozesses strategisch angeht, ist eine wichtige Kompetenz. Natürlich können Prozessbeteiligte bekannte

Schwachstellen manchmal selbst angehen, ohne weitere Fähigkeiten zu benötigen. Doch bei der ganzheitlichen Erarbeitung von Verbesserungen und deren Umsetzung im Arbeitsalltag sollten die Fachbereiche und Beteiligten nicht alleine gelassen werden. Stattdessen brauchen sie ein Team, das ihnen bei der systematischen Verbesserung hilft, ohne dass tagelange Workshops nötig sind. Sie brauchen Kolleg:innen, die sie dabei unterstützen, strukturiert und effizient vorzugehen, ohne ein persönliches Interesse am Prozess zu haben, weil sie selbst nicht daran beteiligt sind.

In diesem Kontext ist auch eine gewisse Vermittlungskompetenz gefragt: An einem Prozess ist nie nur eine Person beteiligt. Entsprechend müssen mehrere Personen oder Gruppen mit verschiedenen Hintergründen (z. B. Sachbearbeitung, Führungskräfte, Controlling) und Zielen (z. B. schnelle Bearbeitung, strategische Ausrichtung, Einhaltung des Budgets) in die Überarbeitung eines Prozesses einbezogen werden. Dabei ist das Potenzial für gegenläufige Meinungen und schwierige Entscheidungsfindungen groß. Ohne Personen, die moderieren und verschiedene Methoden zur Lösungs-, Entscheidungs- und Kompromissfindung mitbringen, kann die Verbesserung eines Prozesses sehr zäh werden. Die nötigen Soft Skills zu entwickeln und effektiv einzubringen, stellt damit eine weitere wichtige Kompetenz bei der Prozessoptimierung und -digitalisierung dar.

▶ **Definition Soft Skills** „Eine nicht abschließend definierte Vielzahl persönlicher Werte (z. B. Fairness, Respekt, Verlässlichkeit), persönlicher Eigenschaften (z. B. Gelassenheit, Geduld, Freundlichkeit), individueller Fähigkeiten (z. B. Kritikfähigkeit, Zuhören, Begeisterungsfähigkeit) und sozialer Kompetenzen (Umgang mit anderen Menschen: Teamfähigkeit, Empathie, Kommunikationsfähigkeit) von Führungskräften und Mitarbeitern, die die Kooperation und Motivation im Unternehmen begünstigen".[1]

Zu guter Letzt ist für die anschließende Digitalisierung des Prozesses ein gutes Verständnis davon nötig, wie man Arbeitsschritte, Verantwortlichkeiten und Dokumente in zusammenhängende Funktionen übersetzt. Wer Erfahrung mit Software und ihren Funktionsweisen hat, kann viel besser einschätzen, was möglich, realistisch und wirklich nötig ist, als jemand, dessen Kompetenzen in einem anderen Fachgebiet liegen. Wünschen sich Prozessverantwortliche etwa automatische Erinnerungen an Fristen, ist dies technisch durchaus umsetzbar, wirft aber Rückfragen auf: Wer darf die Fristen setzen, bearbeiten oder löschen? Sollen Fristen für jede Aufgabe oder abhängig vom Einzelfall gesetzt werden? Wann sollen die Verantwortlichen an die Fristen erinnert werden? Dieses beispielhafte Bedürfnis nach einer vermeintlich einfachen Funktion dürfte gut aufzeigen, wie viele Aspekte bei der Digitalisierung von Abläufen zu bedenken sind. Wer selbst nie tiefergehend mit Software gearbeitet oder sich mit verschiedenen Lösungen auseinandergesetzt

---

[1] Soft Skills. Ausführliche Definition im Online-Lexikon. Prof. Dr. Jan Lies. Gabler Wirtschaftslexikon. https://wirtschaftslexikon.gabler.de/definition/soft-skills-53994 (letzter Aufruf: 21.10.2022, 12:36 Uhr).

hat, kann meist nur schwer einschätzen, wie man die digitale Umsetzung eines Prozesses sinnvoll vorbereiten kann.

Indem man ein Team etabliert, das die Verantwortung für die strukturierte Prozessarbeit übernimmt und mit den nötigen Methoden und Fähigkeiten ausgestattet ist, schafft man eine gute Ergänzung zur fachlichen Kompetenz der Prozessbeteiligten. So können diese sich stattdessen auf den Kern der Unternehmung fokussieren, nämlich auf den Prozess, seine Schwachstellen und Potenziale.

3.1.2 Der neutrale Blick von außen

Zum Einstieg in diesen Abschnitt kurz ein fiktives, aber realistisches Szenario: Anna arbeitet seit 16 Jahren bei der Stadtverwaltung und ist für die Bearbeitung der Anträge auf Dienstreisen und Sonderurlaub zuständig. Diese Prozesse haben in den letzten Jahren viele Veränderungen erfahren. So erfolgt die Kommunikation bei Rückfragen nicht mehr nur über das Telefon, sondern auch per E-Mail oder ein internes Chat-Programm. Manche Anträge gehen auf Papier ein, andere als PDF. In manchen Fachbereichen wollen höhere Führungsebenen in diese Vorgänge involviert werden, in anderen aber nicht.

Nun mag man vermuten, dass Anna froh darüber wäre, diese Prozesse kritisch zu hinterfragen und zu verbessern. Was man dabei aber nicht vergessen darf: Anna hat die Prozesse, so wie sie jetzt ablaufen, nicht selbst aufgebaut. Vielmehr wurde von anderen entschieden, dass Anträge nun auch per Mail geschickt werden dürfen, oder die Beschäftigten sind von sich aus dazu übergegangen. Führungskräfte haben bestimmt, dass der Unterschriftsweg in ihren Fachbereichen geändert werden soll, und das Gesetz gibt vor, dass die Ablage der Dokumente nun in der E-Akte zu erfolgen hat. Unsere beispielhafte Sachbearbeiterin hat sich daran gewöhnt, die Prozesse so zu bearbeiten und weiß, dass alle Beteiligten mit dem aktuellen Ablauf zurechtkommen – immerhin funktioniert er ja seit einiger Zeit auf diese Art. Auch weiß sie genau, welchen Schritt sie wann erledigen und wen sie wann einbeziehen muss und kennt alle Werkzeuge, die sie dafür benötigt.

Jetzt wird davon gesprochen, die Prozesse neu aufzusetzen, die Anna verantwortet und die einen Großteil ihres Arbeitsalltags ausmachen. Alle Arbeitsschritte sollen auseinandergenommen, neu zusammengesetzt und ggf. noch in Software übertragen werden. Dieser Impuls kommt nicht von Anna, aber sie ist am Ende diejenige, die sich mit den Änderungen abfinden und den Prozess weiterhin durchführen soll. Die Prozessverbesserungen versprechen aus ihrer Sicht damit eine Umstellung ihrer Arbeitsabläufe und eine anstrengende Eingewöhnungsphase. Auch muss sie sich mit den anderen Prozessbeteiligten auseinandersetzen, die sie als ihre Anlaufstelle für Rückfragen oder Beschwerden identifizieren. Man kann also kaum erwarten, dass Anna federführend Vorschläge dafür macht, wie man den Prozess möglichst effizient gestalten kann. Denn Effizienz wird aus ihrer Sicht kein allzu relevanter Punkt sein: sicherlich möchte sie ihre Arbeit gut machen, aber sie wird sich wesentlich mehr dafür interessieren, selbst möglichst wenig Arbeit damit zu haben. Und das dürfte eine gut nachvollziehbare Perspektive sein.

Der Impuls einer hauptverantwortlichen Person wird es kaum sein, ihren Prozess komplett zu hinterfragen und umzukrempeln. Immerhin durfte sie diesen bisher kaum selbst gestalten, ist sie die erste Anlaufstelle bei Fragen und erfährt bei Ablaufänderungen eine große Umstellung ihres Arbeitsalltags. Vielmehr wird sie sich wünschen, dass der Prozess lieber so bleibt, wie er gerade ist – abgesehen davon, dass ihr eigener Anteil daran möglichst erleichtert oder verringert wird.

Auch eine Führungskraft, die Dienstreiseanträge ihrer Beschäftigten genehmigt, kann dies recht schnell und einfach tun, da es im aktuellen Ablauf keine offenen Fragen mehr gibt: Sie weiß genau, wie sie jeweils vorgehen muss. Entsprechend wird auch bei ihr das Interesse bestehen, so wenig wie möglich am Prozess zu verändern. Er darf gerne im Ablauf ähnlich bleiben. Eine Verbesserung ist es aus Sicht der Prozessbeteiligten meist nur dann, wenn ihre jeweilige Arbeitslast dadurch verringert wird. Veränderungen, die auf andere Vorteile abzielen, bedeuten für sie eher Stress, weil sie sich umgewöhnen müssen. Der Blick der Beteiligten ist damit gezwungenermaßen subjektiv eingefärbt. Erfolgt die Analyse des Prozesses nur durch sie, wird dieser wahrscheinlich nicht tiefergehend reflektiert, und die verschiedenen Parteien werden es hauptsächlich auf die Erleichterung ihrer eigenen Beteiligung absehen. Eine objektive Prozessverbesserung wird es so kaum geben.

Hinzu kommt, dass es schwierig ist, einen Prozess kritisch zu hinterfragen, den man lange auf dieselbe Art bearbeitet hat. So mag es etwa möglich sein, sich zu fragen, ob wirklich alle Unterschriften auf dem Dienstweg nötig sind, oder nicht zum Beispiel die Dezernatsleitung weggelassen werden könnte. Der Gedanke, einen Antrag gar nicht mehr auf dem Dienstweg zu signieren, sondern nur die direkte Führungskraft einzubeziehen, mag hingegen gar nicht erst aufkommen – eben, weil er so lange auf dem Dienstweg signiert wurde. Um auch radikalere Verbesserungen zu ermöglichen, ist es also sinnvoll, die Überarbeitung nicht allein den Prozessbeteiligten zu überlassen. Um einen Prozess zu verschlanken oder über Fachbereiche hinweg zu vereinheitlichen, braucht es deshalb eine neutrale Moderation. Diese sollte nicht selbst am Prozess beteiligt sein und damit eine objektive Einstellung mitbringen.

An dieser Stelle soll noch kurz erwähnt werden, dass es natürlich keine komplett objektive Sichtweise gibt: Auch Mitglieder eines Prozessteams werden immer bestimmte Meinungen und Perspektiven mitbringen – wie Menschen es nun mal tun. Trotzdem können Personen, die nicht persönlich von Veränderungen betroffen sind, diese meistens neutraler gestalten. Sie können sich deshalb besser darauf fokussieren, den Prozess ganzheitlich zu analysieren, auch schwierige oder unbequeme Fragen stellen, Kompromisse anstreben und eine grundsätzliche Verbesserung vorantreiben.

3.1.3 Dezentral digitalisieren, zentral unterstützen

Durch die Etablierung eines Prozessteams können die nötigen Kompetenzen aufgebaut und eine neutrale Perspektive und Moderation für die Prozessoptimierung bereitgestellt werden. Statt von den Beschäftigten zu verlangen, sich die Expertise für Workshop-Durchführung, Prozessanalyse usw. selbst anzueignen, können sich die Fachbereiche auf das konzentrieren, was sie am besten können: ihre Arbeit. Geht es an die Überarbeitung und Digitalisierung ihrer Prozesse, finden sie im städtischen Prozessteam eine kompetente Unterstützung, weil es die nötige Erfahrung, Methodenkompetenz und Neutralität mitbringt, um größtmögliche Optimierungen anzustreben. Damit dies funktioniert, können die Fachbereiche auch die Prozesserhebung gemeinsam mit dem Prozessteam durchführen. Dieses kann sie dabei unterstützen, alle relevanten Punkte zu dokumentieren und bereits bekannte Schwachstellen und Lösungsvorschläge zu notieren.

Das Prozessteam kann dann helfen, den erhobenen Prozess in eine verständliche Abbildung zu überführen, die als Grundlage für einen Workshop zur Prozessoptimierung dienen kann. Auch in diesem übernimmt das Team als Leitung und Moderation eine wichtige Rolle. Gemeinsam mit den Beteiligten wird dort der Ist-Prozess in seiner Ganzheit betrachtet und eine erste verbesserte Version abgeleitet. Das Team kann die Änderungen direkt in der Prozessabbildung umsetzen, sodass sie für alle sichtbar werden. Können die Verbesserungen oder Teile davon mit den vorhandenen Mitteln schon umgesetzt werden, unterstützt das Prozessmanagement auch dabei, indem es Hürden beseitigt, offene Fragen klärt und den Beteiligten bei Problemen zur Seite steht. Soll der Prozess digitalisiert werden, kann das Prozessteam eine Anforderungsliste erstellen und gemeinsam mit IT und Beschaffung auf die Suche nach einer geeigneten Software gehen. Wird eine Lösung eingekauft, unterstützt es die Beteiligten bei der Einführung, hilft bei Testdurchläufen und steht als Vermittler zwischen den Parteien bereit. Im Anschluss an die erste Testphase holt das Team Feedback von den Beteiligten ein und leitet gemeinsam mit ihnen die nächste, wiederum verbesserte Version des Prozesses ab. Aus diesen Erfahrungen kann es Best Practices für die künftige Arbeit an der Prozessoptimierung erarbeiten.

Natürlich wird hier ein ideales Bild eines vielfältig ausgebildeten Teams gezeichnet, das für die Fachbereiche eine Vielzahl an Aufgaben übernimmt. Doch muss ein Prozessteam gar nicht all diese Fähigkeiten besitzen, um als zentrale Anlaufstelle zu fungieren. Es ist schon eine große Hilfestellung, wenn die Mitglieder ein wenig Erfahrung mit Workshops und kreativen Arbeitsmethoden mitbringen oder als neutrale Moderation zwischen den Prozessbeteiligten agieren. So können sie diese in ihrem Vorhaben unterstützen und die Arbeit am Prozess in produktive Bahnen lenken. Mit der Zeit eignen sie sich durch die praktischen Erfahrungen dann automatisch weitere Fähigkeiten an und werden immer souveräner in der Begleitung der Fachbereiche. Welche der aufgeführten Punkte ein Prozessteam leisten kann, hängt ganz von den jeweiligen Mitgliedern und den Rollen ab, auf die man sich bei der Etablierung des Teams einigt. Es sind schließlich auch weitere oder andere Formen der Unterstützung denkbar, die hier keine Erwähnung gefunden haben. Eine klare strategische Ausrichtung und Definition der Aufgabenbereiche sollte deshalb möglichst früh erfolgen. Die eigentliche Gestaltung des Teams liegt damit bei denjenigen, die es etablieren und verantworten, und natürlich bei seinen Mitgliedern. Auch wird sich das Aufgabengebiet mit der Zeit wandeln und erweitern. Das Wichtigste ist, dass das Team als zentrale Anlaufstelle dient und dadurch eine dezentrale Herangehensweise für die flächendeckende Prozessoptimierung ermöglicht.

3.1.4 Steuerung und Strategie

Ein weiteres Argument für die Etablierung eines Prozessteams liegt in der Notwendigkeit, einen Überblick über die Optimierungs- und Digitalisierungsvorhaben zu behalten und diese strategisch aufzustellen. Natürlich ist schon einiges gewonnen, wenn Fachbereiche selbständig ihre Prozesse überarbeiten. Tun Sie dies jedoch abgeschottet voneinander, können viel Wissen und Potenziale zur Zusammenarbeit verloren gehen. Schließlich können aus jedem überarbeiteten Prozess neue Erkenntnisse gewonnen und Best Practices abgeleitet werden. Lernt ein Fachbereich etwa, dass die späte Einbeziehung der Führungskräfte das Vorhaben verzögert und ein anderer, dass deren frühe Einbeziehung die Erfolgschancen erhöht, sollten diese Einsichten dokumentiert und geteilt werden. Gibt es ein zentrales Team, das die Erfahrungen der Beschäftigten aufnimmt und die Prozessarbeit begleitet, können alle Fachbereiche davon profitieren.

Auch ist eine zentrale Steuerung wichtig, um einen Überblick über bereits überarbeitete Prozesse zu ermöglichen. Viele Abläufe sind über die Fachbereiche hinweg zwar leicht verschieden, im Kern aber ähnlich. Hat etwa das Gesundheitsamt den Onboarding-Prozess für neue Mitarbeitende verbessert, sodass benötigte Arbeitsmaterialien nun rechtzeitig zum Stellenantritt zur Verfügung stehen, mag dieser Prozess nicht eins zu eins auf das Tiefbauamt übertragbar sein. Immerhin dürften hier andere Zugänge zu Wikis und Anwendungen nötig sein. Trotzdem müssen auch dort durch Stellen wie Gebäudemanagement und IT bestimmte Besorgungen erledigt werden. Das Tiefbauamt könnte den verbesserten und getesteten Prozess des Gesundheitsamtes als Vorlage nehmen, an die eigenen Bedürfnisse anpassen und sich so viel Arbeit sparen.

Wie erfährt das Tiefbauamt davon, dass diese Arbeit schon einmal erledigt wurde? Was soll verhindern, dass die Beschäftigten einen ähnlichen Prozess noch einmal abbilden, analysieren und optimieren? Ein zentrales Team kann Abhilfe schaffen, indem es bereits optimierte Prozesse in Steckbriefen oder in einem Prozesskatalog dokumentiert. Über diesen können die Beschäftigten sich einerseits einen Überblick verschaffen, und andererseits kann das Prozessteam mit seiner Hilfe die Fachbereiche besser beraten.

Wie könnte ein solcher Katalog aussehen? Es genügt eine Excelliste, in der z. B. jeweils der Prozessname, der zuständige Fachbereich, Stichpunkte zu Schwachstellen und umgesetzten Optimierungen und eine Auflistung der dafür eingesetzten Software aufgeführt sind. Es empfiehlt sich außerdem, dabei mit sog. Tags zu arbeiten, um eine Einordnung und Kategorisierung der Prozesse zu ermöglichen.

▶ **Definition Tags** Engl. für Etikett; in diesem Kontext auch „Schlagwort". Kurze, prägnante Beschreibung von Texten oder Inhalten. Ermöglicht eine schnelle Einordnung der Relevanz und die Vergleichbarkeit verschiedener Inhalte, ohne sie im Detail einsehen zu müssen.[2]

Ein Prozess kann zum Beispiel mit einem Tag über den jeweiligen Typ versehen werden, indem man ihn als internen Antrag (auf Urlaub, Änderung der Dienstzeit), Abstimmung (Beteiligung des Personalrats, Entscheidung über Projekte), Bürgeranfrage (Beratung, Beschwerde, Service) oder Bericht markiert. Tags können auch verwendet werden, um einzugrenzen, ob es sich bei den Prozessen um technische oder organisatorische Aufgaben handelt oder sichtbar zu machen, ob sie nur für einen oder für mehrere Fachbereiche relevant sind. Um dabei den Überblick nicht zu verlieren, lohnt es sich, eine aktuelle Liste aller Tags zu pflegen, damit die Beteiligten wissen, nach welchen Kategorien sie suchen können. Möchte eine Person herausfinden, welche Prozesse mit bestimmten Eigenschaften schon umgesetzt wurden, kann sie den Prozesskatalog (mithilfe der Tastenkombination Strg. + F bzw. Cmd. + F) nicht nur nach Prozessnamen, sondern auch nach für sie relevanten Tags durchsuchen. Ihr werden dann alle Ergebnisse markiert, die ihre Eingabe enthalten. Siehe Abb. 3.3 für Beispiele von Prozesssteckbriefen, auf deren Basis ein Katalog aufgebaut werden kann.

Auch für die stadtweite Digitalisierungsstrategie ist es von großem Vorteil, wenn es einen konkreten Ansprechpartner für Fragen und eine zentrale Stelle gibt, die die Koordination übernimmt. Soll eine Software eingekauft werden, müssen z. B. IT, Beschaffung, Datenschutz, IT-Sicherheit und/oder der Personalrat einbezogen werden. Soll ein Prozess stadtweit verändert werden, müssen Führungskräfte und andere Beteiligte abgeholt und einbezogen werden. Das Prozessteam kann dabei zwischen den verschiedenen Parteien vermitteln und einen bestmöglichen Informationsfluss sicherstellen. Auch kann das Team über verschiedene Bereiche hinweg Kennzahlen erheben und der Stadtspitze einen ganzheitlichen Überblick über die Optimierungs- und Digitalisierungsbestrebungen ermöglichen.

Das Prozessteam kann somit als zentrale Anlaufstelle für Fragen und Probleme rund um das Thema Prozesse fungieren, Erkenntnisse sammeln, aufbereiten und weitergeben, in die Strategie der Stadtverwaltung einzahlen und die Fachbereiche aktiv unterstützen. Ganz nebenbei lernen die Teammitglieder mit jedem Prozess dazu, sodass ihre Unterstützung immer effizienter und erfolgreicher ablaufen kann. So entwickelt sich mit der Zeit eine praxisbewährte Strategie, mit der das Prozessteam Prozesse flächendeckend und dezentral modernisieren kann.

---

[2] Vgl.: Was sind Tags? Online-Artikel von techfacts.de. https://www.techfacts.de/ratgeber/was-sind-tags/ (letzter Aufruf: 28.10.2022, 11.06 Uhr).

Prozessname	Anmeldung von Personalbedarf
Fachbereich(e)	Personalamt
Auslöser:in	Führungskraft
Beteiligte Parteien	Führungskräfte a.d.D., Controlling, Personaleinsatz
Ansprechperson Fachbereich	Britta Beispiel
Umgesetzt (Zeitraum)	01.02.2021
Zuletzt überarbeitet	01.12.2021
Prozessbeschreibung	Führungskraft füllt Antrag aus; Prüfung der Budgetangaben durch Controlling; Unterschrift a.d.D.; Prüfung durch Personalamt, Übergabe an Personaleinsatz.
Ursprüngliche Schwachstellen	Viele Kommunikationswege für Rückfragen und Absprachen zwischen den Beteiligten; fehlende oder falsche Angaben im Formular.
Verbesserungen der Schwachstellen	Digitale Abbildung ermöglicht Kommentare in Echtzeit und gesammelt an einem Ort; Pflichtfelder und zusätzliche Informationen minimieren Nachforderungen.
Eingesetzte Software mit jeweiligem Szenario	Shift Studio für Bearbeitung, Access für Erstellung des Datenblatts.
Schlagworte	Personal, intern, a.d.D., Führung, Controlling, Budget, Personalbedarf, Pesonalamt, Personaleinsatz, Antrag

Abb. 3.3 Beispiel für Prozesssteckbriefe. Die einzelnen Punkte können als Tabelle aufgebaut werden und so als Prozesskatalog dienen

Prozessname	Internes Ideenmanagement
Fachbereich(e)	Veränderungsmanagement
Auslöser:in	Beschäftigte:r
Beteiligte Parteien	Ideengeber:in, Ideenmanagement, Führungskräfte und Expert:in zuständiger Fachbereich
Ansprechperson Fachbereich	Max Mustermann
Umgesetzt (Zeitraum)	Mai 2022
Zuletzt überarbeitet	September 2022
Prozessbeschreibung	Verbesserungsidee geht ein; Ideenmanagement-Team prüft sie formell; Ablehnung oder Stellungnahme durch zuständigen Fachbereich; Veröffentlichung und Zu- oder Absage; falls Zusage folgt die Umsetzung der Idee.
Ursprüngliche Schwachstellen	Einreichung über Briefkasten im Rathaus (schwer zugänglich); lange Dauer der Bearbeitung; Fokus auf Prämierung statt auf Umsetzung; geringe Transparenz; geringe Teilnahme.
Verbesserungen der Schwachstellen	Einreichung über Online-Formular jederzeit möglich; Transparenz durch Veröffentlichung auf Webseite; schnellere Bearbeitung durch digitalen Workflow; Fokus auf Umsetzung statt auf Prämierung; dadurch höhere Teilnahme.
Eingesetzte Software mit jeweiligem Szenario	Webseite für Veröffentlichung, Shift Studio für Bearbeitung, E-Mail-Programm für Versand von Bestätigung und Absage.
Schlagworte	Intern, Wandel, Verbesserung, Stellungnahme, Mitatbeiterbeteiligung, Ideenmanagement, Beteiligung, Feedback.

Abb. 3.3 (Fortsetzung)

3.2 Das Team zusammenstellen

3.2.1 Wie fügt sich das Team in die Organisationsstruktur ein?

Möchte man ein Prozessteam etablieren, stellt sich zunächst die Frage, wo man dieses innerhalb der Organisationsstruktur verortet. Es empfiehlt sich die Etablierung einer eigenen Stabsstelle, die weit oben in der Hierarchie angesiedelt und evtl. direkt dem Bürgermeisterbüro unterstellt ist. Das Team sollte so eigenständig und agil wie möglich agieren. Je mehr Führungsebenen in Entscheidungen einbezogen werden müssen, desto langsamer und ineffizienter wird die Arbeit des Teams. Auch sollte vermieden werden, dass die Subjektivität eines Fachbereichs die Entscheidungen im Prozessmanagement beeinflusst. Würde das Prozessteam etwa Teil des Personalamtes, würden seine Mitarbeitenden wahrscheinlich erwarten, bevorzugt behandelt zu werden. Eine unabhängige Ansiedlung weit oben in der Hierarchie ermöglicht hingegen eine dezentrale, zielgerichtete Unterstützung aller Fachbereiche. So kann das Prozessteam selbst entscheiden, wer zuerst bei der Prozessarbeit unterstützt wird, und zwar auf Basis der größtmöglichen Mehrwerte oder von Dringlichkeit – nicht nach den Bedürfnissen der eigenen Führungskräfte.

Gibt es bereits eine Stabsstelle für Digitalisierung und/oder einen CDO (Chief Digital Officer[3]), ist dies ein hervorragender Anknüpfungspunkt für ein zentrales Prozessteam. Beide Instanzen sind meist weit oben in der Hierarchie verortet, haben keine langen Entscheidungswege und stehen im engen Austausch mit relevanten Akteur:innen der Stadtverwaltung (z. B. IT, Datenschutz, Stadtspitze). Auch konnten sie schon einige Erkenntnisse rund um das Thema Digitalisierung sammeln. Wird das Prozessteam dem CDO bzw. dem Fachbereich für Digitalisierung unterstellt oder arbeiten Seite an Seite, können ein reger Austausch und ein gemeinsames Vorantreiben der Digitalisierung erfolgen.

3.2.2 Eine geeignete Teamleitung finden

Wurde die Verortung des Teams innerhalb der Organisationsstruktur geklärt, geht es als nächstes darum, das Team zusammenzustellen. Zunächst einmal braucht dieses eine kompetente Leitung, die sich um die Organisation und Koordination der Aufgaben kümmert. Es kann sinnvoll sein, eine Person zu wählen, die Erfahrung mit der Anleitung von Mitarbeitenden hat. Immerhin ist das Erlernen von Führung in einem bestehenden

---

[3] Für mehr Informationen zur Rolle des Chief Digital Officer in der öffentlichen Verwaltung, siehe z. B.: Der CDO als Transformator der Verwaltung. So gelingt eine menschengerechte Digitalisierung der Öffentlichen Hand. Online-Artikel von Bernhard Walter. Kienbaum. https://www.kienbaum.com/de/blog/so-gelingt-eine-menschengerechte-digitalisierung-der-oeffentlichen-hand/ (letzter Aufruf: 28.10.2022, 11:57 Uhr).

Team leichter, da die Beschäftigten dort schon eine Weile zusammengearbeitet haben und die Aufgaben und Vorgehensweisen etabliert sind. In einem neuen Team gibt es hingegen viele offene Fragen und unklare Strukturen, die erst noch erarbeitet werden müssen. Dies wird einer erfahrenen Führungskraft für gewöhnlich leichter fallen. Zugleich besteht bei einer solchen aber auch die Gefahr, dass sie nicht genug Bereitschaft für und Lust auf Veränderung mitbringt. Gerade Führungskräfte sind schließlich dazu angehalten, „die Maschine am Laufen zu halten". Das macht sie oftmals vorsichtiger oder unwilliger, von etablierten Vorgängen abzuweichen und Neues auszuprobieren. Dies sind zugleich aber wichtige Voraussetzungen für die Arbeit des Prozessteams. Das spricht wiederum für eine Person, die keine oder nur wenig Führungserfahrung hat.

Bei der Auswahl einer Leitung sollte stattdessen eine andere Eigenschaft am höchsten bewertet werden: Motivation. Denn gerade, wenn ein Bereich etabliert wird, der viel Gestaltungsbedarf mit sich bringt und eine hohe Eigeninitiative fordert, sollte man auf Menschen setzen, die tatsächlich Lust auf diese Aufgaben haben. Die Teamleitung sollte deshalb vor allem Interesse am Thema und der Arbeit mitbringen. Der Grund für die hohe Relevanz der intrinsischen Motivation ist, dass sie ein besserer Antrieb ist als äußere Faktoren wie mehr Prestige oder eine Gehaltserhöhung (die nur einen kurzen Motivationsschub auslöst, der schnell wieder abflacht[4]). Deshalb sollte man es vermeiden, eine Person zur Leitung zu machen, die ihre Aufgaben nicht ernst nimmt, keine Antriebskraft aufbringt oder Veränderung gar ausbremst, anstatt sie aktiv zu fördern. Findet die Führungskraft die Arbeit ihres Teams hingegen wichtig, wird sie anders an ihre eigenen Aufgaben herangehen als eine Person, die nur auf eine bessere Position wechseln möchte.

Da eine solche Stelle ausgeschrieben werden muss, kann man sie leider nicht einfach der am besten geeigneten Person anbieten. Umso wichtiger ist es, diejenigen zur Bewerbung auf die Stelle aufzufordern, denen man die Rolle zutrauen würde. Vielleicht haben CDO oder Stadtspitze schon Ideen, wer aufgrund vergangener Projekte dazu passen könnte. Es lohnt auch die Suche in Bereichen, die nah an den Themenkomplexen Veränderung und Digitalisierung sind, wie Geschäftsprozessoptimierung, Projektteams, Veränderungsmanagement, Digital-Lots:innen und andere digital affine Personen. Auch diesen kann man die Bewerbung auf die Stelle der Teamleitung empfehlen. Zuletzt seien noch Beschäftigte genannt, die als „Macher:innen" gelten, schon mal angeeckt sind, weil sie Veränderungen auch gegen Widerstände durchsetzen wollten, oder die als besonders sozial kompetent gelten. In den meisten Verwaltungen dürfte es diese Mitarbeitenden geben, deren Namen im Kontext von Wandel und Mitgestaltung häufig fallen, und deren Motivation im Prozessteam gut aufgehoben wäre. Die Zusammenstellung des restlichen

---

[4] „Der erste Blick auf den neuen Betrag am Gehaltszettel mag noch motivieren. Die meisten Mitarbeiter haben sich jedoch schon im Folgemonat an den höheren Betrag auf dem Gehaltszettel gewöhnt. Ähnlich verhält es sich mit ihrer Motivation im Job: Sie kehrt ebenfalls bald wieder an den Punkt vor der Gehaltssteigerung zurück." Aus: Warum mehr Gehalt nur kurzfristig wirkt. Online-Artikel von Gehaltsexperte Conrad Pramböck. https://www.magazintraining.com/warum-mehr-gehalt-nur-kurzfristig-wirkt/ (letzter Aufruf: 28.10.2022, 13:17 Uhr).

Teams sollte erst erfolgen, wenn eine Führungskraft gefunden wurde, damit diese an der Auswahl der Bewerber:innen beteiligt werden kann.

3.2.3 Das Team zusammenstellen

Für die restlichen Mitglieder des Prozessteams gilt Ähnliches wie für die Leitung: Erfahrungen in verwandten Themengebieten sind wünschenswert, aber der wichtigste Faktor ist die intrinsische Motivation. Schließlich sind die meisten der in Abschn. 3.1 erläuterten Kompetenzen gut erlernbar, wenn ein Interesse daran besteht. Die Abbildung von Prozessen kann man sich recht gut beibringen, indem man bereits abgebildete Prozesse studiert und übt, Prozessbeschreibungen zu visualisieren. Für die Durchführung von Workshops gibt es etliche Schulungsangebote. Auch die Analyse von Prozessen wird einfacher, je öfter man sie betreibt. Kurzum: Der Leitspruch für das Erlernen der meisten Fähigkeiten ist „Learning by doing". Und sicherlich kann auch die Lektüre dieses Buches für eine erste Auseinandersetzung hilfreich sein.

Es gibt allerdings ein paar Kompetenzen, die Voraussetzungen sind, aber schwerer erlernt werden können: die bereits erwähnten Soft Skills. Denn einer der wichtigsten Aspekte bei der Prozessoptimierung ist die Kommunikation mit den verschiedenen Beteiligten. Es ist Aufgabe der Mitglieder des Prozessteams zu moderieren, unparteiisch zu bleiben, Kompromisse zu suchen, Widerständen vorzubeugen und alle Stimmen anzuhören. Ein gewisses Maß an Sozialkompetenz sollten deshalb alle Personen mitbringen, die in das Team aufgenommen werden. Sie sollten in der Lage sein, auch in stressigen Situationen Ruhe und eine entspannte Grundhaltung zu bewahren. Denn in den Prozessworkshops geht es um Veränderungen, die einen großen Einfluss auf den Arbeitsalltag der Beteiligten haben können. Entsprechend werden dort oft lebhafte, wenn nicht gar hitzige Diskussionen geführt. Es ist die Aufgabe der Moderation, alle zu Wort kommen und auch Kritik und Zweifel äußern zu lassen, diese aber in produktive und konstruktive Bahnen zu leiten. Deshalb sollten die Mitglieder des Prozessteams Spaß an Austausch und Diskussion, an der gemeinsamen Problemlösung, am aktiven Zuhören und am Konfliktmanagement haben. Eventuell könnten derartige Hinweise Teil der Ausschreibung sein, sodass die Bewerber:innen eine gute Vorstellung davon haben, was auf sie zukommt, falls sie die Stelle bekommen.

Auch hier kann man Beschäftigte um eine Bewerbung bitten, die in der Vergangenheit Interesse an Verwaltungsmodernisierung gezeigt haben. Jede Kommune dürfte Mitarbeitende haben, die Wandel- und Digitalisierungsthemen vorantreiben möchten, dabei gegen Widerstände vorgehen und auch die Konfrontation nicht scheuen. Bei diesen ist die Wahrscheinlichkeit hoch, dass sie einerseits Lust auf das Aufgabenfeld haben, und andererseits bereit und in der Lage sind, Veränderung voranzutreiben und Neues zu lernen.

Es muss übrigens gar nicht das Ziel sein, ein Team aus Beschäftigten zusammenzustellen, die alle dieselben Kompetenzen mitbringen. Man kann genauso gut andersherum an das Thema herangehen und etwa eine Person suchen, die Erfahrungen mit Workshopmoderation und agilen Methoden hat. Ein weiteres Teammitglied könnte hingegen besonders digital affin sein und damit für den Austausch mit Beschaffung und IT sowie für die digitale Abbildung der Prozesse geeignet sein. Manche Fachbereiche haben bereits eigene Expert:innen fürs Prozessmanagement – auch diese eignen sich gut für das Team. So kann man statt auf Homogenität auch auf die Stärken der Einzelnen setzen. So oder so sollte die Motivation den wichtigsten Faktor ausmachen. Mit dieser Einstellung kann man in vielen Bereichen das Fehlen von Erfahrung und Expertise ausgleichen. Zugleich steht dann das gemeinsame Ziel an oberster Stelle: die Kolleg:innen dabei zu unterstützen, ihre Prozesse und damit die Verwaltung nachhaltig zu verbessern.

3.2.4 Ressourcen bereitstellen

Die Analyse, Überarbeitung und Digitalisierung von Prozessen ist ein zeitintensives Unterfangen. Das liegt vor allem daran, dass viele Absprachen nötig sind, Kompromisse gefunden und Entscheidungen getroffen werden müssen, um Veränderungen auf den Weg zu bringen. Die Aufgaben des Prozessteams sind dabei vielfältig: Sie unterstützen, geben ihr Wissen weiter, stehen für Fragen bereit, planen und steuern die verschiedenen Vorhaben.

Ein oder zwei Tage pro Woche reichen für eine so wichtige und fordernde Rolle nicht aus. Deshalb sollten mindestens zwei Personen in Vollzeit im Prozessteam arbeiten – und je nach Größe der Organisation auch deutlich mehr. Denn je mehr Beschäftigte das Prozessmanagement vorantreiben, desto schneller und erfolgreicher schreitet dieses voran, und desto früher kommen die daraus resultierenden Mehrwerte und Einsparpotenziale zum Tragen. Warum sollte man lieber auf wenige Beschäftigte in Vollzeit als auf viele in Teilzeit setzen? Der Fokus ist damit schlichtweg höher und die Arbeit am Prozess geht nicht in anderen Projekten oder Vorhaben unter. Außerdem ist das Prozessteam für die Fachbereiche so jederzeit erreichbar und kann ihnen zuverlässig zur Seite stehen, wenn sie gerade Hilfe brauchen. Das Prozessteam sollte vor zusätzlichen Aufgaben in anderen Bereichen geschützt werden, damit es den Fachbereichen bei der Prozessoptimierung möglichst viel Arbeit abnehmen kann. Deshalb sind angemessene zeitliche Ressourcen ein wichtiger Faktor für den Erfolg des Prozessmanagements.

Es muss jedoch nicht nur mit Zeit ausgestattet werden. Auch ein Budget für Fortbildungen und die Teilnahme an Veranstaltungen muss bereitgestellt werden. Zudem empfiehlt es sich, dem Team Treffen mit dem Prozessmanagement anderer Kommunen zu ermöglichen. So können sie wichtige Kontakte knüpfen, ihr Wissen ausbauen und Best Practices austauschen. Auch kann dadurch verhindert werden, dass sie Arbeit erneut machen, die andere bereits erledigt haben, oder dass ihnen Fehler unterlaufen, aus denen andere schon gelernt haben. Dieser Austausch ist gerade in der Anfangsphase wichtig, in der die Strategien und Vorgehensweisen noch nicht etabliert sind und die Erfahrungswerte aus anderen Städten wichtige Impulse geben können.

Da es auch um Digitalisierung und damit um Software gehen wird, sollte außerdem möglichst früh eine offizielle Ansprechperson in der IT bestimmt werden, die dem Prozessteam Fragen beantworten oder passende Kontakte in der IT ausfindig machen kann. Eventuell kann es sinnvoll sein, dabei über die Führungskräfte des Prozessteams und der IT zu gehen, um möglichst zeitnah und offiziell zu einem Ergebnis zu kommen.

Eine weitere benötigte Ressource ist die Bereitstellung von geeigneten Räumlichkeiten. Arbeitsplätze für die Mitglieder sollten selbstverständlich vorhanden sein. Zusätzlich sollte ein Raum bereitgestellt werden, in dem Workshops und Gespräche in größeren Runden stattfinden können. Im Idealfall sollte dieser nur für Vorhaben des Prozessteams genutzt werden, sodass er jederzeit dafür zur Verfügung steht. Idealerweise ist er leicht zugänglich, befindet sich also zum Beispiel im Stadtzentrum, sodass er auch für die verschiedenen Fachbereiche gut zu erreichen ist. Es bietet sich zudem an, den Raum abweichend von gewöhnlichen Konferenzräumen einzurichten. Er sollte mit vielseitigen Möbeln ausgestattet werden, die sich – im Gegensatz zu einem schweren Konferenztisch – gut umstellen lassen. Dies ermöglicht eine freie Gestaltung der Workshops, sodass die Teilnehmenden nicht auf das Sitzen am Tisch beschränkt sind, sondern etwa auch in kleineren Gruppen arbeiten können. Mittel zur Visualisierung wie Whiteboards, Flipcharts oder Beamer sollten ebenfalls zur Verfügung stehen. Ein großer Vorteil eines solchen Raums ist, dass er die Anwesenden darin unterstützt, neue Perspektiven einzunehmen. So ist der eigene Schreibtisch zum Beispiel mit Gedanken an die alltägliche Arbeit, noch zu erledigende Aufgaben oder gar Stress verknüpft. Dort fällt es daher oft schwer, neue Ansätze und Ideen zu entwickeln. Klassische Meetings sind hingegen meist darauf ausgelegt, um einen Tisch herum zu sitzen und miteinander zu sprechen. Je größer dabei die Runde, desto seltener kommt man selbst zu Wort. Dadurch sind auch Konferenzräume mit bestimmten Verhaltensmustern verknüpft – etwa mit der passiven Haltung des Zuhörens. Ein Kreativraum kann diese Gewohnheiten aufbrechen, eine aktive Haltung fördern und die gemeinsame Gestaltung und produktive Zusammenarbeit unterstützen. Deshalb lohnt es sich, dem Prozessteam einen solchen zu Beginn seiner Arbeit zur Verfügung zu stellen.

Zusätzlich sollte das Team die Möglichkeit erhalten, an Schulungen zur Durchführung und Moderation von Workshops teilzunehmen. Auch im Einsatz agiler Methoden sollten sie ausgebildet werden. Um einen Prozess kritisch zu hinterfragen, müssen die Beteiligten in die Lage versetzt werden, Abstand von ihrer bisherigen Perspektive zu nehmen und neue Lösungsansätze zu entwickeln. Agile Methoden können dabei helfen, indem sie die freie Assoziation und Ideengenerierung fördern. Um diese zu erlernen und anzuwenden, benötigen die Prozessbeteiligten die Unterstützung des Prozessteams. Nehmen die Mitglieder des Teams an Schulungen teil, können sie dort nicht nur die Methoden erlernen, sondern zugleich erfahren, wie man sie anderen beibringen kann.

Es hängt ganz vom Team ab, welche Techniken jeweils eingesetzt werden. Es kann dies zum Beispiel variabel pro Prozess oder Workshop entscheiden. Was genau Agilität eigentlich ausmacht und wie Design Thinking und Co funktionieren, wurde in anderen Werken bereits ausführlich und anschaulich dargelegt. Deshalb wird hier nur beispielhaft ein kurzer Überblick über drei gängige agile Formate gegeben. Weitere Quellen, denen man verschiedene Methoden entnehmen kann, finden sich in Abschn. 6.1.5.

> **Beispiele für agile Methoden**[5]
>
> - **Kanban**[6]:
>   - Reduktion von Komplexität: Projekte werden in kleine Aufgaben zerteilt
>   - hohe Transparenz: Aufgaben und ihr Bearbeitungsstand werden visualisiert und für alle zugänglich gemacht
>   - „One-Piece-Flow": kein Multitasking – nur eine Aufgabe auf einmal bearbeiten
>   - Selbstorganisation und Eigenverantwortung: jede:r nimmt sich die Aufgaben selbst, je nach Auslastung
> - **Design Thinking**[7]:
>   - Nutzerzentrierung: die Person, für die man die Arbeit macht, steht im Fokus
>   - Inkrementelle Arbeit: Projekte werden in Aufgabenpakete zerteilt und Stück für Stück erarbeitet
>   - Kreative Entwicklung: als Rahmenkonzept für Innovation
>   - Iterative Arbeit: sich wiederholende Arbeitsphasen (Verstehen, Definieren, Ideen generieren, Prototypen entwickeln, Testen)
> - **Lean Coffee**[8]:
>   - „strukturiertes Format für unstrukturierte Meetings"[9]: spontane, offene Gestaltung, die trotzdem auf Regeln basiert
>   - „Lean" = schlank, effizient (geringer Aufwand in der Organisation des Meetings); „Coffee" = entspannte Atmosphäre (vergleichbar mit einer Kaffeepause, bei der man locker und auf Augenhöhe miteinander spricht)
>   - Gemeinsame Entwicklung von Agenda und Ziel während des Treffens

---

[5] Ausführliche Erklärungen zu Agilität, agilen Methoden und deren Einsatz in der Verwaltung in: Agile Verwaltung. Wie der öffentliche Dienst aus der Gegenwart die Zukunft entwickeln kann. Wagner, Ludger (Hrsg.). 2018, Springer Gabler Verlag.

[6] Für weitere Informationen siehe z. B.: Kanban Board: So einfach funktioniert es + Tipps & Vorlagen. Artikel von Jochen Mau auf karrierebibel.de. https://karrierebibel.de/kanban/ (letzter Aufruf: 04.11.2022, 16:05 Uhr).

[7] Für weitere Informationen siehe z. B.: Design Thinking – Mit Methode komplexe Aufgaben lösen und neue Ideen entwickeln. Artikel von Andreas Diehl auf digitaleneuordnung.de. https://digitaleneuordnung.de/blog/design-thinking-methode/ (letzter Aufruf: 04.11.2022, 16:16 Uhr).

3.2.5 Eigenständigkeit fördern

Eine weitere wichtige Voraussetzung für die Etablierung eines erfolgreichen Prozessteams ist, dass dieses unabhängig arbeiten kann. Seine Mitglieder müssen in der Lage sein, spontan zu reagieren, eigenständig zu agieren und Entscheidungen zu treffen. In Abschn. 3.2.1 ging es darum, das Team möglichst weit oben in der Hierarchie anzusiedeln. Einer der Gründe dafür ist, dass nur so die schnelle Absprache zwischen den verschiedenen Parteien (Stadtspitze, IT, Fachbereich, Führungskräfte) möglich wird. Müssen bei jeder Anpassung eines Prozesses erst noch mehrere Führungsebenen involviert werden, kann dies die Entscheidungsfindung stark verlangsamen oder sogar zu unerwünschten Ergebnissen führen. Dies liegt unter anderem daran, dass Personen in eine Entscheidung involviert werden, die sich mit der dahinterliegenden Komplexität gar nicht auskennen. Anstatt die verschiedenen Perspektiven zu bedenken, die in den Workshops betrachtet und in Verbesserungsvorschläge einbezogen wurden, haben besagte Führungskräfte meist nur ihre eigene Sicht auf den Prozess. So werden manchmal Entscheidungen getroffen, die den im Workshop erarbeiteten Verbesserungen im Wege stehen oder diese wieder verwerfen.

Ein Beispiel: In einem Prozessworkshop wird gemeinsam mit den präsenten Führungskräften beschlossen, dass der betroffene Antrag nicht mehr auf dem Dienstweg, sondern nur noch durch die direkte Führungskraft unterzeichnet werden muss. Da diese Entscheidung alle Fachbereiche der Stadtverwaltung betrifft, soll abschließend die Zustimmung der Stadtspitze eingeholt werden. Zwischen dem Prozessteam, das solche Absprachen „nach oben" kommunizieren soll, und der Stadtspitze existieren aber noch drei weitere Führungsebenen. Nun kann es gut sein, dass eine dieser Führungskräfte sich gegen die Veränderung ausspricht, weil sie selbst weiterhin jeden dieser Anträge sehen möchte. Sie entscheidet also, dass diese stadtweite Verschlankung des Prozesses nicht durchgeführt wird. Die Gründe für den Verbesserungsvorschlag und die Vorteile, die sich daraus ergeben (weniger Arbeit für die Führungskräfte, schnellere Bearbeitung), wurden im Workshop gemeinsam und im Detail thematisiert – und wiegen nun weniger als das subjektive Bedürfnis einer einzelnen Person.

Kann das Prozessteam hingegen unabhängiger agieren, könnte eine solche Absprache nur mit einer einzelnen, hoch angesiedelten Führungskraft getroffen werden. Damit sinkt die Wahrscheinlichkeit, dass geplante Verbesserungen nicht genehmigt werden – schlichtweg deshalb, weil weniger Leute involviert werden, denen das tiefere Prozessverständnis fehlt, oder die eventuell sogar gegenläufige Interessen verfolgen. Natürlich sollten der Stadtspitze die Gründe für die Änderungen vorgebracht werden. Gelegentlich hat sie Hinweise oder valide Einwände, die für die Workshop-Teilnehmenden gar nicht ersichtlich waren. Aber nur, wenn den Fachbereichen und dem Prozessteam in ihrer gemeinsamen

---

[8] Für weitere Informationen siehe z. B. Lean Coffee – Ablauf, Vorteile, Tipps & Tricks. Artikel von Lutz Müller auf scrummasterjournal.de. https://www.scrummasterjournal.de/ressourcen-scrum-master/lean-coffee/ (letzter Aufruf: 04.11.2022, 16:36 Uhr).

[9] Ebd.

Arbeit vertraut wird, ist eine wirkliche Prozessoptimierung möglich. Auch können die städtischen Entscheider:innen abschließend zu den Ergebnissen abgeholt werden, ohne selbst viel Arbeit damit zu haben.

3.3 Wenn die Verwaltung wüsste, was die Verwaltung weiß: Prozesserhebung

3.3.1 Ein Prozess in vielen Köpfen

Um mit der Analyse eines Prozesses beginnen zu können, muss zunächst allen Beteiligten klar sein, wie dieser eigentlich aussieht. Zu einem Prozess gehören meist viele verschiedene Komponenten wie Formulare, Dateien, Arbeitsschritte und Beteiligte. Auch ist der Ablauf selten jedes Mal gleich. Meistens gibt es mehrere Szenarien, zum Beispiel wenn manchmal weitere Expert:innen hinzugezogen werden müssen, oder wenn ein Antrag in einer Genehmigung oder in einer Ablehnung münden kann. Damit ein Prozess ganzheitlich betrachtet werden kann, muss er deshalb zunächst erhoben und abgebildet werden.

Das mag erstmal einfach klingen, immerhin wurde der Prozess schon hundert- oder gar tausendfach abgewickelt. Müssten nicht alle Beteiligten längst wissen, was wann passiert? Kann sich nicht etwa die zuständige Sachbearbeitung hinsetzen und schnell aufschreiben, was Schritt für Schritt getan werden muss? Leider ist die Antwort meistens Nein. Die Sachbearbeitung bekommt interne Anträge beispielsweise nur, wenn vorher alle Führungskräfte unterschrieben haben. Lehnt eine Führungskraft die Unterschrift ab oder fordert sie zur Anpassung der Daten auf, wird dies für die späteren Beteiligten gar nicht sichtbar. Auch die hauptverantwortliche Person kennt den Ablauf des Prozesses vor ihrer eigenen Beteiligung oft gar nicht. Ähnlich steht es mit den Schritten danach: man weiß vielleicht noch, an wen die Unterlagen als nächstes gehen oder wie sie aussehen, wenn sie zurückkommen. Aber was die Kolleg:innen damit genau machen, mit welchen Datenbanken oder Prüfkriterien sie diese abgeglichen haben, wer zusätzlich involviert, welche Entscheidungen auf welcher Basis getroffen werden – das weiß diese Person für gewöhnlich nicht (vgl. Abb. 3.4). Um einen Prozess von Anfang bis Ende zu betrachten, muss das Prozesswissen in den verschiedenen Köpfen zusammengeführt und für alle nachvollziehbar visualisiert werden. Diese Abbildung ist dann wiederum die Grundlage für den Workshop, in dem die Beteiligten gemeinsam Optimierungen vornehmen.

Trotzdem ist die für die Bearbeitung hauptverantwortliche Person der beste Startpunkt für eine Erhebung: Sie kennt die Prüfkriterien, die verschiedenen Pfade, die ein Prozess nehmen kann, und auch die seltenen Einzelfälle, die vom Standard abweichen. Sie weiß, wie man mit einer schweren Entscheidung umgeht, wen man im Zweifelsfall zusätzlich einbeziehen muss und welche der Arbeitsschritte einer Verbesserung bedürfen.

3.3 Wenn die Verwaltung wüsste, was die Verwaltung weiß ...

Abb. 3.4 Beispiel für die Verteilung von Prozesswissen unter den Beteiligten. (Vereinfachte Darstellung)

3.3.2 Wer sollte wann an der Prozesserhebung beteiligt werden?

Weil die hauptverantwortliche Person die tiefsten Einblicke in einen Prozess hat, sollte sie zunächst darum gebeten werden, den ihr bekannten Ablauf in Stichpunkten aufzuschreiben. So entsteht ein erster Überblick über den Prozess. Im nächsten Schritt kann ein Mitglied des Prozessteams die Stichpunkte sichten und Rückfragen über unklare Punkte und fehlende Informationen notieren, um darüber mit der zuständigen Sachbearbeitung in den Austausch zu gehen. Diese Kommunikation sollte nicht per Mail, sondern mindestens als Telefonat, lieber noch als Videokonferenz oder Treffen durchgeführt werden. So kann die Besprechung zielführender erfolgen und potenzielle Missverständnisse minimiert werden.

In der Infobox „Fragenkatalog für den Austausch zum Prozess" finden sich einige Fragen, die bei der Vorbereitung und Durchführung des Termins und der weiteren Prozesserhebung hilfreich sein können. Sind diese und andere relevante Fragen rund um den Prozess geklärt, können Sachbearbeitung und Prozessteam die Dokumentation des Prozesses ergänzen. Sind beide Parteien damit zufrieden, kann es zum nächsten Schritt übergegangen werden: der Einbeziehung der anderen relevanten Beteiligten.

Fragenkatalog für den Austausch zum Prozess

- Wer muss wann Unterschriften/Sichtvermerke tätigen?
- Liegt eine Schriftformerfordernis[10] vor?
- Müssen Unterschriften/Sichtvermerke nacheinander oder parallel erfolgen?
- Können Unterschriften auch abgelehnt werden? Falls ja, auf welcher Basis?
- Was passiert bei einer solchen Ablehnung?
- Wer hat hauptsächlich die Verantwortung für die Bearbeitung des Falles?
- Ist dafür immer dieselbe Person oder Gruppe zuständig?
- Welche weiteren Personen werden involviert und warum?
- Gibt es für die Bearbeitung spezifische Prüfkriterien?
- Wie wird die auslösende Person über das Ergebnis des Vorgangs informiert?
- Welche Sonderfälle kommen im Prozess häufig vor? Welche selten?
- Wer darf/muss den Bearbeitungsverlauf bzw. Arbeitsstände sehen?
- Wer darf/muss die Dokumente und Daten des Vorgangs sehen?
- Welche der Daten müssen archiviert werden und wie lange?
- Welche der Daten sind für Statistiken relevant?
- Gibt es ein Aktenzeichen und/oder einen Aktentitel?
- Gibt es Aktenvermerke?
- Gibt es Bearbeitungsfristen? Gibt es Widerspruchsfristen?
- Gibt es Vertretungsregelungen?
- Welche Formulare, Vordrucke, Anhänge usw. werden benötigt?
- Gibt es eine Dienstvereinbarung für den Prozess?
- Gibt es Fachverfahren, die im Prozess zum Einsatz kommen?
- An welcher Stelle im Prozess gibt es Optimierungsbedarf?

- Was sind kritische Punkte im Prozess (z. B. Vollständigkeit der Daten, Anhänge, eingehaltene Fristen)?
- Welche Schritte im Prozess dauern gerade am längsten und warum?
- Gibt es sonstige für die Prozessoptimierung wichtige Punkte?

Ein Hinweis: Es kann auch ein eigener Workshop für die Erhebung und Abbildung des Prozesses durchgeführt werden, anstatt die Dokumentation zeitlich und personell zu verteilen. Dies ist vor allem dann sinnvoll, wenn es wenige Beteiligte gibt und der Prozess eher simpel ist. Denn je mehr Menschen sich äußern und je mehr Punkte besprochen werden müssen, desto länger und weniger zielführend kann ein solcher Workshop werden. Auch fallen den Beteiligten meist ad hoc nicht alle wichtigen Details ein, sodass die Dokumentation im Nachgang immer wieder ergänzt und angepasst werden muss. Deshalb sollte man sich möglichst früh überlegen, ob sich die Mühe lohnt, einen gemeinsamen Termin zu finden, vorzubereiten und durchzuführen. Alternativ kann das Prozessteam einen Fragebogen zum Prozess entwickeln, allen Beteiligten zukommen lassen und die Ergebnisse direkt in einer Abbildung zusammenführen.

Wie wird nun entschieden, wer alles an der Dokumentation des Prozesses beteiligt werden sollte? Für gewöhnlich hat die zuständige Sachbearbeitung einen guten Einblick in die relevanten Prozessbeteiligten. Grundsätzlich sollten sich alle einbringen, die an jedem Vorgang beteiligt sind. Handelt es sich um Prozesse, die auf dem Dienstweg signiert werden, sollten aber nicht sämtliche Führungskräfte der Verwaltung einbezogen werden. Es genügt die Beteiligung einer repräsentativen Person. Das kann entweder eine Führungskraft sein, die stellvertretend für alle anderen agiert, oder Personen aus den jeweiligen Hierarchieebenen. Das Prozessteam kann mit der Stadtspitze abklären, wie in solchen Fällen verfahren werden soll, sodass nicht jedes Mal neu entschieden werden muss. Werden Führungskräfte stellvertretend für alle anderen beteiligt, sollten sie an ihre repräsentative Funktion erinnert werden. So kann sichergestellt werden, dass sie eine möglichst objektive Sicht auf den Prozess einnehmen und aus Sicht der Rolle agieren, nicht nur aus ihrer eigenen Perspektive.

Für die Dokumentation empfiehlt sich ein digital geteiltes Dokument, an dem alle gleichzeitig arbeiten können. Wird die Dokumentation per Mail oder auf Papier herumgeschickt, kann deren Bearbeitung nur nacheinander passieren und die zeitnahe Kommunikation wird schwer möglich. Liegt das Dokument hingegen online vor, wird die Zusammenarbeit erfahrungsgemäß schneller, zielführender und fruchtbarer. Zudem können die Beteiligten so immer dann daran arbeiten, wenn sie gerade Zeit dafür haben.

---

[10] Vgl. zum Beispiel: Was ist die Schriftformerfordernis? Artikel von Manfred Klein auf egovernment.de. https://www.egovernment.de/was-ist-die-schriftformerfordernis-a-639220/ (letzter Aufruf: 14.04.2023, 20:51 Uhr).

Schon während der Prozessdokumentation kann das Prozessteam moderierend tätig werden und Fragen oder Anmerkungen hervorheben oder gezielt an die passende Person adressieren. Sind alle mit der Dokumentation zufrieden, kann das Team diese in eine geordnete, übersichtliche Form bringen, indem es die Ergänzungen einpflegt. Als nächstes kann es die Prozessabbildung umsetzen. Denn wird ein Prozessworkshop auf Basis einer seitenlangen Auflistung durchgeführt, fehlt den Beteiligten die Übersichtlichkeit. Außerdem hilft es für das Verständnis der verschiedenen Aspekte des Prozesses, diese visualisiert vor sich zu sehen. Die Prozessabbildung kann auch durch den zuständigen Fachbereich bzw. die Sachbearbeitung erfolgen, wenn sie Erfahrung damit hat. Falls nicht, kann sich das Prozessteam darum kümmern, oder den Prozess gemeinsam mit der hauptverantwortlichen Person abbilden. So lernt sie den Umgang mit den entsprechenden Werkzeugen, wie z. B. mit der eingesetzten BPMN-Software. Auch kann es gut sein, dass ihr während der Darstellung weitere wichtige Punkte zum Prozess einfallen. Ist die Abbildung fertig, wird sie den Prozessbeteiligten zugeschickt, damit sie sich damit vertraut machen können. Auch sollten sie aufgefordert werden, sich bis zum Prozessworkshop Fragen und Vorschläge zu notieren. Bevor es in den nächsten Kapiteln mit der Analyse und Optimierung des Prozesses weitergeht, folgt noch ein Exkurs zum Thema Prozessabbildung.

3.3.3 Prozessabbildung: Gründlichkeit oder Fokus?

Bildet man einen Prozess ab, stellt sich früher oder später die Frage, ob man sämtliche Szenarien aufnehmen sollte oder sich besser auf die wichtigsten fokussiert. Beides hat seine Vor- und Nachteile. Zunächst ein kurzes Beispiel für einen seltenen Einzelfall, damit klar wird, was gemeint ist: Mitarbeitende können Anträge für die Teilnahme an Fortbildungen stellen. Manchmal lehnt die direkte Führungskraft die Teilnahme ab, weil sie die dort zu erwerbende Kompetenz nicht für notwendig erachtet. Nun kann es passieren, dass die Verwaltung als Ganzes die Fortbildung für sinnvoll hält und deshalb genehmigt, obwohl die direkte Führungskraft sie abgelehnt hat. Dieses Szenario kommt nur sehr selten vor, weil die meisten Fortbildungen direkt genehmigt werden und bei einer Ablehnung für gewöhnlich kein gesamtstädtisches Interesse vorliegt. Trotzdem muss man entscheiden, ob dieses Szenario in die Abbildung aufgenommen werden soll oder nicht.

Möchte man sämtliche Pfade eines Prozesses abbilden, stellt man sicher, dass nichts ausgelassen wird – alle möglichen Szenarien sind dokumentiert. Man erhält eine ganzheitliche Übersicht über den Prozess, kennt seine Stärken und Schwächen sowie alle möglichen Beteiligten. Somit kann man auch alle in die Überarbeitung einbeziehen, die sonst erst später mit bereits beschlossenen Änderungen konfrontiert werden würden. Der Nachteil dieser Herangehensweise ist, dass die fokussierte, zielführende Optimierung des Prozesses zunehmend schwieriger wird, je mehr Szenarien thematisiert werden müssen. Man verzettelt sich schnell in der Diskussion der Ausnahmefälle, verliert sich in Details und vergrößert meist auch die Menge der Teilnehmenden. So kann es passieren, dass Verbesserungen aufgrund seltener Sonderfälle nicht umgesetzt werden oder nicht mehr genug Zeit bleibt, um die dringlichen Probleme zu adressieren.

Fokussiert man sich hingegen auf die häufigeren Szenarien, fällt die Überarbeitung des Kernprozesses leichter. Die Anzahl der Teilnehmenden ist für gewöhnlich geringer, die Zusammenarbeit damit fokussierter und auf die wichtigsten Beteiligten konzentriert. Der Nachteil ist natürlich, dass man seltenere Szenarien bei der Überarbeitung außen vorlässt. Eine Lösung dafür kann es sein, sich gemeinsam auf eine einheitliche Vorgehensweise für alle Sonderfälle zu einigen. Eine solche kann z. B. sein, dass die Sachbearbeitung jeweils entscheidet, wie weiter vorgegangen werden soll und entsprechende Maßnahmen einleitet.

Aus den oben aufgeführten Gründen empfiehlt sich der Ansatz der Fokussierung auf die wichtigsten Szenarien. Er ermöglicht eine effizientere Prozessoptimierung und bringt zugleich nur einen geringen Nachteil mit sich, den man gut ausgleichen kann. Trotzdem wird es vom Prozess und den Beteiligten abhängen, welcher Ansatz wann besser funktioniert. Hier wird sich sicherlich mit der Zeit eine bevorzugte Vorgehensweise herauskristallisieren.

Better done than perfect: Grundlegende Tipps zur Prozessoptimierung

4

> **Zusammenfassung**
>
> Beginnen Prozessmanager:innen mit der Überarbeitung von Prozessen, ist der Impuls verständlich, sich direkt mit seinen bekannten Schwachstellen auseinanderzusetzen und die Teile, die gut laufen, nicht weiter zu betrachten. Es lohnt sich jedoch, zunächst Zeit in eine Strategie für die Prozessoptimierung zu investieren. So können vermeidbare Fallstricke frühzeitig erkannt und Prozesse nicht nur punktuell, sondern in all ihren Aspekten hinterfragt werden. Auch empfiehlt es sich, vor der aktiven Prozessarbeit ein grundlegendes Verständnis davon aufzubauen, wie sich Prozesse bei der Übertragung vom Analogen ins Digitale verändern und die Vorteile der Digitalisierung dabei ausgeschöpft werden können. Derartige Grundlagen für die Prozessoptimierung sind Gegenstand dieses vierten Kapitels.

Während der Entwicklung unserer Software Shift Studio haben wir bei ShiftDigital gemeinsam mit den Beschäftigten viele Prozesse verbessert, im Studio digitalisiert, getestet und wieder verbessert. Über die Jahre und Prozesstypen hinweg haben wir einige Fehler gemacht, aber auch viel aus ihnen gelernt, und konnten beobachten, welche Ansätze fachübergreifend gut funktionieren. Die daraus abgeleiteten Best Practices und Grundlagen möchten wir nachfolgend gerne mit den Leser:innen teilen, bevor es in Kap. 5 um die detaillierte Analyse von Prozessen geht.

4.1 Schlechte analoge = schlechte digitale Prozesse

In diesem Buch wird die Prozessoptimierung immer wieder als nötige Vorbereitung für die anschließende Digitalisierung dargestellt. Aber warum ist eine Optimierung überhaupt nötig? Könnte man sich nicht viel Arbeit sparen, wenn man die erhobenen Prozesse direkt ins Digitale übertragen würde? Immerhin wäre damit doch schon einiges gewonnen. Ist der Prozess dann digitalisiert, hat er jedoch sämtliche Schwächen und Probleme geerbt, die ihn im Analogen umständlich gemacht haben. Was hat man also an dieser Stelle durch die Digitalisierung des Prozesses erreicht?

Die meisten Digitalisierungsbestrebungen entstehen aus denselben Gründen: Lange Liege- und Bearbeitungszeiten sollen verkürzt, die Transparenz erhöht und die Arbeitslast der Beteiligten reduziert werden. Wie in Kap. 2 beschrieben, lassen sich derartige Ziele mit der Digitalisierung von Prozessen durchaus erreichen: Digital vorliegende Daten können von überall aus und bei Bedarf gleichzeitig bearbeitet sowie einfach geteilt und sichtbar gemacht werden. Nun ist der Prozess jedoch auf Basis der bisher verfügbaren Mittel entstanden. Seine Struktur basiert auf der Arbeit mit Papier, dem Versand per Hauspost und damit auf aufeinanderfolgender statt auf gleichzeitiger Bearbeitung. Die einzelnen Arbeitsschritte sind auf diese Regeln und Begrenzungen ausgelegt. Überträgt man einen solchen Prozess 1:1 ins Digitale, übernimmt man auch seine bisherige Schwerfälligkeit und Intransparenz.

Wie viele Vorteile durch die unvorbereitete Digitalisierung eines Prozesses verspielt werden können, wird anhand des Beispiels der Unterschriften auf dem Dienstweg sichtbar. Man stelle sich vor, ein interner Antragsprozess wurde ohne vorherige Anpassung digitalisiert. Ein Beschäftigter füllt nun das Formular aus und schickt es per Mail an seine Vorgesetzte. Hätte man sich damit auseinandergesetzt, wie dieser Vorgang verbessert werden könnte, hätte man den Versand an die richtige Person automatisieren können. Die Führungskraft prüft den Antrag und sieht, dass ein wichtiges Feld nicht ausgefüllt wurde. Hier hätten technisch umgesetzte Pflichtfelder Abhilfe schaffen können. Sie sendet das Formular zurück an den Einreicher und bittet ihn, das Feld auszufüllen. Bei einer Analyse des Prozesses wäre der Bedarf für Rückfragen aufgefallen und hätte zum Beispiel über eine Kommentarfunktion am Vorgang gelöst werden können. So ließe sich die E-Mail-Flut reduzieren und die Kommunikation an einer Stelle konzentrieren. Nun stellt sich heraus, dass der Mitarbeiter das Feld deshalb nicht ausgefüllt hat, weil er gar nicht weiß, wo er die entsprechende Information findet. Derartige Probleme in Formularen sind den Sachbearbeiter:innen normalerweise gut bekannt, da sie die erste Anlaufstelle für Rückfragen sind. Hätte man mit ihnen über bekannte Schwachstellen gesprochen, hätten die entsprechenden Formularfelder durch Hinweise ergänzt werden können. Der Antragsteller schreibt nun seiner Vorgesetzten, dass er nicht weiß, wo er nach den Informationen suchen muss. Sie antwortet, dass sie dies ebenfalls nicht weiß, und er die zuständige Sachbearbeitung fragen soll. Also ruft er diese an, wodurch er sie bei ihrer Arbeit stört, füllt dann das Feld aus und schickt das Formular erneut an die Vorgesetzte. Diese gesamte

4.1 Schlechte analoge = schlechte digitale Prozesse

Kommunikation hätte, wie beschrieben, auf mehrere Arten vermieden oder vereinfacht werden können. Die Vorgesetzte druckt das Formular aus, unterzeichnet es und sendet es an die nächsthöhere Führungsebene. Da wenige interne Anträge der Schriftformerfordernis unterliegen, wäre eine händische Unterschrift gar nicht nötig. Zwar entspricht eine eingescannte Unterschrift der sog. einfachen elektronischen Signatur[1], doch diese ließe sich auch ohne Ausdrucken und Einscannen umsetzen. Dazu könnte zum Beispiel ein „Unterschreiben"-Button dienen, der bei einem Klick den Namen der Person und einen Zeitstempel erfasst. Das Formular kommt bei der nächsten Führungskraft an, die wieder eine Rückfrage an den Antragsteller hat, diesem also eine Mail schreibt usw. Im Zweifelsfall werden noch mehrere Schleifen zwischen dem Antragsteller und den Führungskräften gedreht, bis schließlich alle Unterschriften vorliegen. An diesem Zeitpunkt sind mehrere Tage oder gar Wochen vergangen – und der Antrag wurde noch nicht einmal von der zuständigen Sachbearbeitung geprüft.

Der Prozess läuft zwar nun komplett digital ab, frustriert aber alle Beteiligten, da er sich keineswegs einfacher oder besser anfühlt. Es dürfte schnell die Frage aufkommen, wozu man den Prozess eigentlich digital abwickeln soll, wenn er genauso schwerfällig läuft wie auf Papier. Viele werden sich den analogen Vorgang zurückwünschen, weil sie an diesen gewöhnt sind und dabei wenigstens nicht ständig durch Benachrichtigungen über neue E-Mails gestört werden. Hinzu kommt, dass nicht alle Prozesse auf einmal digitalisiert werden können, wodurch das Gros an Dokumenten erstmal weiterhin analog eingeht. Damit werden die digitalen Prozesse sich wie ein aufwendiger Medienbruch anfühlen. Bringen diese dann nicht wenigstens ein paar Verbesserungen mit sich, wird der Wunsch nach mehr Digitalisierung sich bei den Beteiligten sicherlich in Grenzen halten.

Ist ein Prozess analog schon umständlich, wird er sicherlich nicht automatisch besser, wenn man ihn digital auf dieselbe Art abwickelt. Die Digitalisierung bietet deshalb genau den richtigen Zeitpunkt, um einen Vorgang komplett zu überholen. So schlägt man zwei Fliegen mit einer Klappe: Der Prozess wird vereinfacht und optimiert und kann dabei an die Vorteile der Digitalisierung angepasst werden. Die Analyse, die Entwicklung neuer Ansätze und die Anpassung an moderne Arbeitsweisen sind wesentlich leichter, wenn der Vorgang noch nicht digitalisiert wurde. Denn ist schon eine Lösung angeschafft und der Prozess darin umgesetzt, wird man stets dazu neigen, lieber nur noch kleine Dinge anzupassen, als eine komplette Überarbeitung vorzunehmen.

---

[1] Siehe z. B.: Was ist eine einfache elektronische Signatur? Eintrag im Glossar auf evergabe.de. https://www.evergabe.de/glossar/einfache-elektronische-signatur/ (letzter Aufruf: 15.04.2023, 16:32 Uhr).

4.2 Fachneutral denken: Was Verwaltungsprozesse gemein haben

In einer Verwaltung werden Prozesse verschiedenster Natur bearbeitet. Auch das Fachwissen der Beschäftigten ist entsprechend vielfältig und zugleich sehr spezifiziert: Die Kämmerei ist im Bereich Finanzen hochversiert, kennt sich aber kaum mit der Kanal- oder Straßenunterhaltung aus. Das Personalamt kümmert sich um seine Mitarbeitenden und hat tiefe Kenntnisse im Personalrecht, weiß aber nicht, welche Aufgaben in der IT-Abteilung täglich anstehen. Die einzelnen Fachbereiche sind zurecht stolz auf ihr Spezialwissen und ihre Fähigkeiten. Tatsächlich sind sich die verschiedenen Prozesse innerhalb einer Verwaltung aber viel ähnlicher, als man zunächst vermuten würde. Denn im Kern geht es in allen um dieselben Tätigkeiten: Daten werden angefragt, eingetragen, geprüft, abgeglichen. Unterschriften werden getätigt, Entscheidungen getroffen und Handlungen abgeleitet. Zur Veranschaulichung werden nachfolgend zwei unterschiedliche Prozesse verglichen, und zwar das Onboarding neuer Mitarbeitender und das Auftragsmanagement in der Straßen- und Kanalwartung. Daran kann man gut erkennen, wie ähnlich die Aktionen sind (siehe Abb. 4.1).

Um neue Beschäftigte mit Arbeitsmaterialien zu versorgen, wird beim Onboarding-Prozess zunächst ein Formular mit Daten zur Person und den benötigten Arbeitsmaterialien ausgefüllt (Daten anfragen/erheben). Die Daten werden von der Personalverwaltung auf Richtigkeit und Vollständigkeit geprüft (Daten prüfen/abgleichen). Gibt es Rückfragen, werden diese geklärt (Daten kommentieren/ergänzen/bearbeiten). Die Checkliste mit den benötigten Materialien wird dann an die Fachbereiche weitergeleitet, die für deren Beschaffung und die Einrichtung von Zugängen zuständig sind (Daten teilen). Die Fachbereiche erledigen die Aufgaben und haken sie entsprechend ab (Handlungen ableiten). Ggf. kommentieren sie, wenn es zum Beispiel noch dauert, bis ein Laptop geliefert oder ein anderer Typ bereitgestellt wird, als angefragt wurde (Daten bearbeiten/ergänzen). Ist ihr jeweiliger Aufgabenteil erledigt, unterschreiben sie das Formular (Daten signieren). Sind alle Arbeitsmaterialien beschafft, bekommt die Führungskraft zur Kenntnisnahme die fertige Checkliste (Daten teilen) und die Dokumente werden archiviert (Daten speichern).

Beim Auftragsmanagement in der Straßen- und Kanalwartung geht es zwar fachlich um einen vollkommen anderen Prozess, trotzdem ähneln sich die Tätigkeiten stark. Ein Fachbereich füllt einen Auftrag aus (Daten anfragen/erheben) und sendet ihn an die technischen Betriebe (Daten teilen). Die Betriebsleitung prüft den Auftrag auf Richtigkeit, Vollständigkeit und Umsetzbarkeit (Daten prüfen/abgleichen). Gibt es Rückfragen, werden diese geklärt (Daten kommentieren/ergänzen/bearbeiten). Soll der Auftrag ausgeführt werden, gibt die Betriebsleitung ihn an seine Mitarbeitenden weiter (Daten teilen). Diese führen den Auftrag aus (Handlungen ableiten) und dokumentieren die Umsetzung (Daten ergänzen/bearbeiten). Die Betriebsleitung signiert den Auftrag (Daten signieren) und gibt ihn an den Fachbereich zurück (Daten teilen), der ihn archiviert (Daten speichern).

4.2 Fachneutral denken: Was Verwaltungsprozesse gemein haben

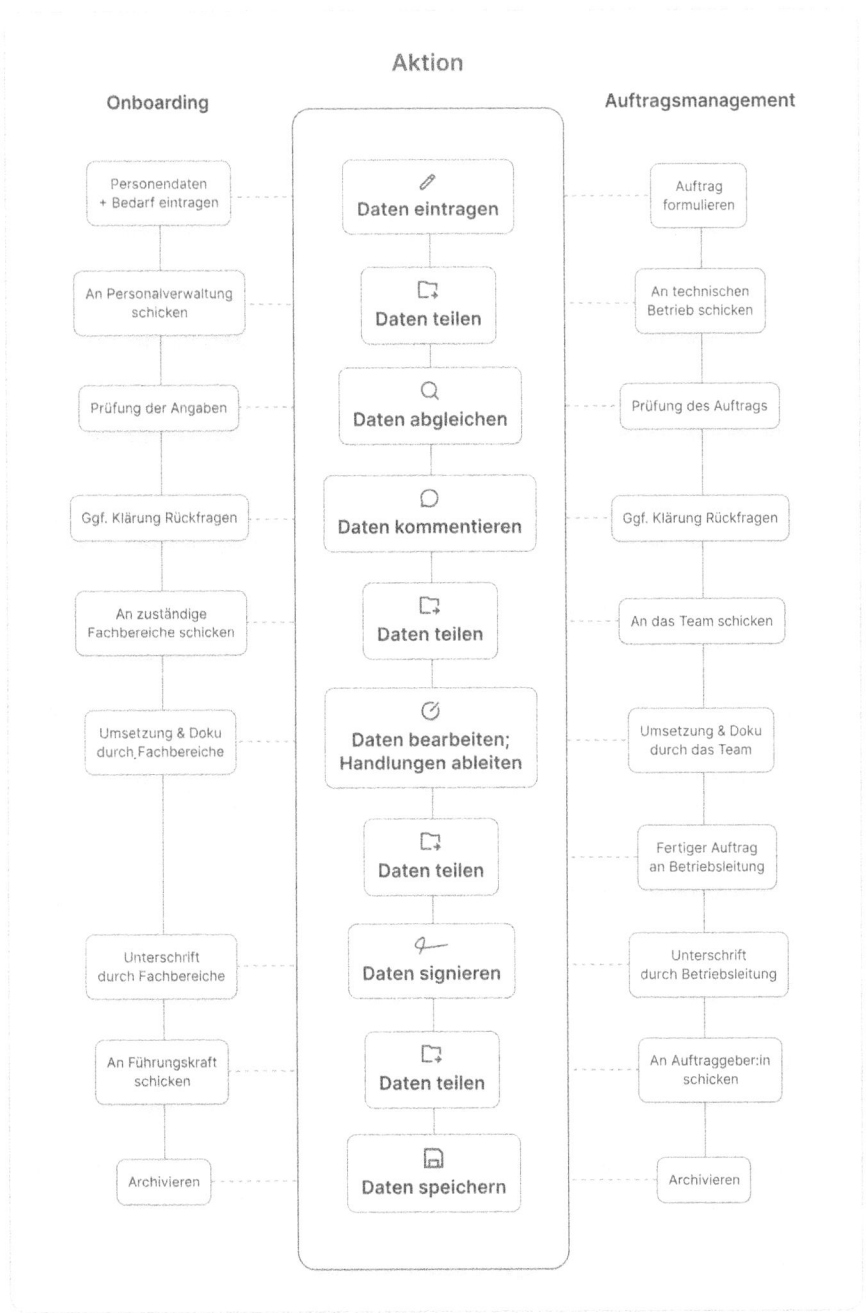

Abb. 4.1 Beispiel für die fachneutrale Betrachtung fachlich verschiedener Prozesse

Dies sind vereinfachte Versionen der tatsächlichen Prozesse, in denen oft noch Rückfragen aufkommen oder Angaben ergänzt werden. Das oben aufgeführte Beispiel soll nur verdeutlichen, dass im Grunde dieselben Aktionen erfolgen, sobald mit Daten gearbeitet wird. Selbstverständlich werden aus den Daten auch Aktionen abgeleitet, die mit Datenbearbeitung nichts zu tun haben. Um beim vorigen Vergleich zu bleiben, wären Beispiele dafür die Reparatur eines Bürgersteigs oder der Druck eines Türschildes für neue Mitarbeitende. Solche Prozessschritte können gar nicht digitalisiert werden. Auch weichen die Inhalte und die eingesetzten Werkzeuge von Prozess zu Prozess ab: Während die Personalverwaltung etwa Prüfkriterien vorliegen hat, anhand derer sie die Checkliste kontrolliert, gleicht die Betriebsleitung die im Auftrag angegebene Straße mit ihrer Datenbank ab. Trotzdem ist die Tätigkeit im Kern dieselbe: Daten werden überprüft.

Welchen Vorteil bringt nun ein solcher Vergleich verschiedener Prozesse und die Erkenntnis ihrer Ähnlichkeit? Wer Prozesse auch auf dieser Ebene betrachtet, der sieht, dass sich die Tätigkeiten in der Verwaltung auch über Fachbereiche hinweg wiederholen. Das bedeutet, dass für deren Digitalisierung immer wieder dieselben (oder zumindest ähnliche) Funktionen benötigt werden. Warum sollten zum Beispiel technisch umgesetzte Pflichtfelder, die das Personalamt benutzt, nicht auch für das Tiefbauamt relevant sein, wo dort doch auch mit Formularen gearbeitet wird? Aber nicht nur Funktionen können wiederverwendet werden: Auch Erkenntnisse aus der Prozessoptimierung eines Fachbereichs können auf die Prozesse eines anderen übertragen werden. Hat es sich zum Beispiel in den Vorgängen des einen bewährt, Unterschriftswege bei bestimmten Antragstypen zu reduzieren, könnte dies eine andere Abteilung davon überzeugen, selbst eine solche Änderung anzustreben. Hier zeigt sich wieder, wie wichtig die Etablierung eines zentralen Prozessteams ist. Dieses kann als Vermittler der Best Practices aus den verschiedenen Fachbereichen dienen und sicherstellen, dass die Erkenntnisse für alle Beschäftigten dokumentiert und zugänglich gemacht werden.

Trotz der Vorteile eines Vergleichs von Prozessen ist es wichtig, sich auch deren Besonderheiten anzuschauen und Wertschätzung für die hoch spezialisierte Arbeit zu zeigen, die die verschiedenen Fachbereiche jeden Tag leisten. Immerhin hört niemand gerne, die eigene Arbeit wäre komplett austauschbar – und das stimmt natürlich auch nicht. Jeder Fachbereich hat seine Existenzberechtigung und bildet damit einen wichtigen Teil einer funktionierenden Stadt. Aber man sollte sich auch nicht davon blenden lassen, dass es in einem Fall um technische Spezifikationen und im anderen um Personendaten geht – wenn doch in beiden Fällen letztlich dieselbe Aktion getätigt wird. Behält man dies im Hinterkopf, können Probleme bei der Verbesserung und Digitalisierung von Prozessen schneller gelöst werden, indem man die Ansätze aus anderen Fachbereichen zu Rate zieht. Erst so kommt die Arbeit eines zentralen Prozessteams richtig zum Tragen und die verschiedenen Fachbereiche können voneinander lernen und profitieren.

4.3 Raus aus den Gewohnheiten: Kreativität fördern

In Kap. 3 wurde bereits auf den Einsatz agiler Methoden wie Kanban oder Design Thinking[2] bei der Prozessoptimierung eingegangen. Deshalb soll dieses Thema nachfolgend nur kurz um ein paar weitere Punkte ergänzt werden. Es gibt mehrere Gründe, weshalb es sinnvoll ist, bei der Analyse von Prozessen agile Methoden und Kreativräume einzusetzen. Zunächst einmal ermöglicht das Verlassen der gewohnten Umgebung es uns Menschen, freier zu denken, als dies zum Beispiel am Arbeitsplatz möglich ist. Vertraute Räume lenken die Gedanken oft auch in vertraute Bahnen. Ein Kreativraum schafft genau die richtige Atmosphäre für flexible Zusammenarbeit und Gestaltung. Agile Methoden unterstützen die Kreativität weiter. Immerhin wurden sie explizit entwickelt, um gemeinsam Lösungen für Probleme zu finden, für die es noch keine gibt.

Es geht bei der Überarbeitung von Prozessen immer auch um einen Schöpfungsprozess, um eine Form der Innovation. Agile Methoden bieten dafür einen vielfältigen Werkzeugkasten und helfen auch Menschen ohne Erfahrung in kreativer Arbeit, schnell und einfach ans „Machen" zu kommen. Zugleich kann das Prozessteam als eine Art Multiplikator für moderne Arbeitsweisen dienen: Die Beschäftigten lernen von ihnen die Methodik und können sie auch in anderen Bereichen ihres Arbeitsalltags einsetzen.

Und zu guter Letzt (und dieser Vorteil sollte nicht unterschätzt werden) macht die Arbeit an Prozessen wesentlich mehr Spaß, wenn man nicht nur in einem Konferenzraum sitzt und eine Agenda abarbeitet. Die aktive Beteiligung der Beschäftigten, die Möglichkeit, Neues auszuprobieren und die Erfahrung, selbst Verbesserungen zu entwickeln: All das sind positive Erlebnisse, die nachwirken können. Geht es zum Beispiel später daran, aus der Testphase einer ersten Prozessversion eine zweite Version abzuleiten, dürften einige der Beteiligten Lust darauf haben, erneut ihre Zeit zu investieren.

Natürlich werden nicht alle Beschäftigten sofort von agilen Methoden begeistert sein. Viele finden es zu Beginn befremdlich, im Kreis zu stehen, Haftklebezettel an einer Wand anzubringen oder die eigenen Ideen frei mit anderen zu teilen, wenn diese noch nicht ausgefeilt sind. Aber auch an diese neuen Arbeitsweisen kann man sich gewöhnen. Erfahrungsgemäß werden sich die meisten mit der Zeit mit der kreativen Arbeit anfreunden – vielleicht allein deshalb, weil sie Spaß macht.

4.4 Was ist eigentlich ein Formular? Daten verstehen

Seit die deutsche Bundesregierung besteht, erfolgt die Abwicklung von Prozessen auf Basis von Dokumenten im DIN A4-Format. Ihre Abmessungen sind kein Zufall: Die Berechnung startet mit DIN A0, für das genau ein Quadratmeter Papier verwendet wird.

---

[2] Ausführliche Erklärungen zu Agilität, agilen Methoden und deren Einsatz in der Verwaltung in: Agile Verwaltung. Wie der öffentliche Dienst aus der Gegenwart die Zukunft entwickeln kann. Wagner, Ludger (Hrsg.). 2018, Springer Gabler Verlag.

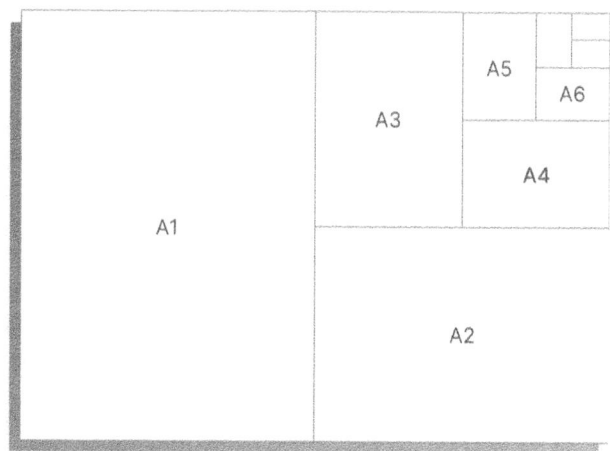

Abb. 4.2 Ableitung der verschiedenen DIN 476-Formate von DIN A0

Halbiert man ein solches Blatt, erhält man zwei Blätter in DIN A1 mit genau denselben Proportionen (siehe Abb. 4.2). Halbiert man dieses erneut, erhält man DIN A2 usw. So lassen sich sämtliche Druckwerke beliebig auf größere oder kleinere Formate übertragen.[3] Seit die DIN 476-Formate 1922 vom Vorläufer des Deutschen Instituts für Normung veröffentlicht wurden, etablierten sie sich innerhalb weniger Jahre als Standard. Auch in den Verwaltungen wurde DIN A4 zur Norm für Formulare und Akten.[4]

Seit Jahrzehnten basiert die Abwicklung von Verwaltungsabläufen also auf Dokumenten in DIN A4-Größe. Auch Schreibmaschinen wurden auf dieses Format ausgelegt und überall da eingesetzt, wo Büroarbeiten zu erledigen waren. Als Computer klein und günstig genug wurden, um am Schreibtisch eingesetzt zu werden, wurde das etablierte Format erneut übernommen. Microsoft Word ist das beste Beispiel: ein Textverarbeitungsprogramm, das als Standardeinstellung ein Din A4-Blatt Papier im Hochformat simuliert – und das, obwohl die Bearbeitung der Texte darin komplett digital erfolgen kann.

Die Leser:innen wundern sich vermutlich über diesen kleinen Exkurs zu DIN A4. Der Hintergrund ist folgender: Wir sind so daran gewöhnt, Daten in diesem Format zu bearbeiten und zu erhalten, dass es uns bisweilen schwerfällt, dieses Denkmuster zu verlassen. Die Anpassung digitaler Sachbearbeitung an das Papier soll gar nicht per se kritisiert

---

[3] Vgl.: Wie kam DIN A4 als Standard-Papierformat zustande? Online-Artikel von Gábor Paál auf swr.de. https://www.swr.de/wissen/1000-antworten/wie-kam-din-a4-als-standard-papierformat-zustande-100.html (letzter Aufruf: 11.11.2022, 15:31 Uhr).

[4] Vgl. 100 Jahre Papierformat DIN A4. Online-Artikel auf mdr.de. https://www.mdr.de/geschichte/ddr/alltag/hundert-jahre-din-a-vier-papierformat-tgl-norm-ddr-format-normierung100.html (letzter Aufruf: 11.11.2022, 15:41 Uhr).

werden. Solange etwas am Ende gedruckt werden soll, ergibt es Sinn, sich daran zu orientieren. Es stellt sich vielmehr die Frage, ob man noch in diesem Format denken sollte, wenn Dokumente bald gar nicht mehr ausgedruckt werden sollen.

Es gibt Softwarelösungen, in denen Formulare sehr gut an die Digitalisierung angepasst werden können: sie bieten Pflichtfelder, ohne deren Ausfüllen ein Formular nicht abgeschickt werden kann, Informationsfelder, die eingeblendet werden können und konditionale Felder, die das Formular je nach Einzelfall anpassen. Es ist sehr sinnvoll, diese Funktionen zu nutzen, wenn es um die digitale Bereitstellung von Antragsformularen geht.

Trotzdem sollten alle Daten, die für die Bearbeitung eines Prozesses erforderlich sind, auch unabhängig vom Papierformat betrachtet werden. Muss eine Person etwa nur zu einzelnen Angaben eine Stellungnahme abgeben, darf die anderen Daten aber nicht einsehen, wird das Festhalten an der Logik des Papierformulars schnell problematisch. Soll nun etwa jemand eine Version des Dokuments erstellen, in der diese anderen Daten geschwärzt sind? Oder kann man Prozessdaten nicht von Anfang an so aufbauen, dass sie als ganzes Formular, aber auch als einzelne Felder bearbeitet werden können? Und muss man aus der Stellungnahme wirklich ein Dokument erzeugen? Oder genügt es nicht, sie als digitalen Datenpunkt bereitzustellen, wodurch sie direkt von anderen weiterbearbeitet werden kann? Sobald man sich bewusst macht, dass Daten den Begrenzungen des DIN A4-Formats entkommen dürfen und auch anders mit ihnen gearbeitet werden kann, entstehen ganz neue Optionen der flexiblen Bearbeitung.

Bei ShiftDigital arbeiten wir in unserer Software Shift Studio zum Beispiel mit Funktionselementen. Diese ähneln den üblichen Formularfeldern (Eingabefelder, Ein- und Mehrfachauswahlen), können aber frei eingesetzt, kombiniert und an späteren Stellen im Prozess wiederverwendet werden. Dies ermöglicht es, aus den Strukturen des Papierformats auszubrechen und sich stattdessen auf die Inhalte zu fokussieren. Ein Eingabefeld kann so dazu verwendet werden, eine Stellungnahme abzugeben oder sich Notizen zu machen, und eine Mehrfachauswahl kann auch als To-Do-Liste eingesetzt werden. Jedes Datenfeld kann dabei an anderen Stellen im Prozess referenziert werden, um Beteiligten die jeweiligen Inhalte bereitzustellen. So kann zum Beispiel erreicht werden, dass eine Person nur die Daten sehen kann, sie auch sehen darf – ohne diese vorher schwärzen oder anpassen zu müssen. Auch kann man Beteiligten darüber nur die Informationen zusammenstellen, die sie tatsächlich für ihre Bearbeitung brauchen. Die Daten, die sie nicht benötigen, werden einfach ausgelassen, sodass die Arbeit am Prozess übersichtlicher wird. Dies sind nur einige Beispiele dafür, was möglich wird, wenn man Inhalte nicht mehr automatisch als Dokumente sieht, sondern als einzelne Datenpunkte begreift.

Ein weiterer Vorteil ist die Möglichkeit, Metadaten zu erfassen. Mithilfe von Metadaten können Inhalte automatisch erfasst werden, die sonst händisch oder durch Stempel oder Signaturen eingetragen werden müssen. Verfügt die zur Digitalisierung eingesetzte Software etwa über Benutzerkonten, kann anhand dieser genau nachvollzogen werden, wer wann welche Aktion tätigt. Das liegt daran, dass darin Daten hinterlegt sind, wie

z. B. Name und Fachbereich. Meldet man sich an und klickt auf einen Button, kann das System dies dokumentieren. So kann bei der Eingabe eines Textes in ein Formularfeld automatisch erfasst werden, wer diese wann tätigt, sowie was vor und nach der Änderung im entsprechenden Feld stand. Dies ermöglicht auch im Digitalen ein nachvollziehbares Verwaltungshandeln, ohne einen Mehraufwand zu verursachen. Oftmals kann dabei sogar eine detailliertere Dokumentation erfolgen als auf Papier. Immerhin wäre es nicht praktikabel, jedes Mal händisch Datum, Uhrzeit und Urheber:in einer Änderung zu notieren.

▶ **Definition Metadaten** Informationen über Daten, die automatisiert erhoben werden können. Beispiele: Textdokumente sind Daten – die Informationen dazu, wann sie entstanden sind, wer sie bearbeitet hat und in welchem Format sie vorliegen, sind Metadaten; digitale Fotos sind Daten – deren Größe oder Speicherort sind Metadaten.

In vielen Fällen können bei der Verwendung von Metadaten auch Formularfelder eingespart werden, z. B. kann auf ein Namensfeld verzichtet werden, wenn Nutzer:innen über ein Konto authentifiziert sind und ihr Name bekannt ist. Genauso steht es mit dem Datum, an dem das Formular abgeschickt wird. Dieses kann automatisch erhoben werden, sodass es nicht mehr eingetragen werden muss. Je mehr man sich von der Vorstellung distanziert, dass Formulare fixe, rechteckige Zettel sind und je mehr man beginnt, in Daten und Metadaten zu denken, desto kreativer kann die Umgestaltung eines Prozesses werden. Auch die Anpassung an die Bedürfnisse des Datenschutzes kann flexibler erfolgen, indem Zugriffsrechte granular für einzelne Beteiligte oder Arbeitsschritte vergeben werden. Sicherlich ist es nicht einfach, in der Verwaltung aus dem Schema der Dokumente auszubrechen. Immerhin richten die meisten Städte gerade E-Akten-Systeme ein, die ebenfalls auf dem Konzept des DIN A4-Dokuments basieren. Auch bieten viele digitale Lösungen für die Verwaltung nur die Möglichkeit zur dokumentenbasierten Arbeit. Andere Formen der Bearbeitung und Strukturierung sind gar nicht vorgesehen. Das ist schlichtweg der langen Herrschaft des Papiers geschuldet.

Das Ziel dieses Abschnitts soll aber auch gar nicht die große Revolution gegen das gängigste Dokumentenformat sein. Vielmehr geht es darum, sich bewusst zu machen, dass das Denken in Papier hinterfragt werden darf und sollte. Eine flexible Einstellung kann dabei helfen, die Inhalte eines Prozesses und damit auch die Anforderungen an eine digitale Lösung besser zu verstehen. Es lohnt sich, sich gelegentlich daran zu erinnern, dass die Arbeit mit Informationen auch außerhalb von $21 \times 29{,}7$ cm möglich ist. Dafür eignet sich die Frage: Warum muss es ein Dokument sein? Wenn die Antwort ist „Weil es ausgedruckt werden muss", wird man vermutlich nicht um das Denken in Papierform herumkommen. Es ist auch angemessen, Daten für die Ablage im Archiv oder die Erstellung von Bescheiden im DIN A4-Format aufzubereiten: es sorgt für Einheitlichkeit, dient der Standardisierung und macht es dank seiner vertrauten und übersichtlichen Struktur möglich, Inhalte schnell und einfach zu erfassen. Aber wenn mehr Freiraum für die Gestaltung existiert, sollte man in Betracht ziehen, lieber einzelne Datenpunkte zu erfassen und diese flexibel zu kombinieren, als weiter am Dokument festzuhalten.

4.5 Perfektionismus adé: in Optimierungsgraden denken

Wenn man sich schon die Mühe macht, einen Prozess zu erheben, zu optimieren und zu digitalisieren – mit allen Schritten und Schleifen, die dieser Vorgang benötigt – dann liegt das Bedürfnis nahe, sich diese Arbeit nur einmal zu machen. Der Plan vieler ist es deshalb, den Prozess direkt perfekt umzusetzen, sodass man ihn nie wieder anfassen muss. Dieser Ansatz ist sicherlich verständlich, aber leider genauso vergeblich. Das liegt unter anderem daran, dass in einem ersten Prozessworkshop nur Theorien darüber entwickelt werden können, wie sich der Ablauf optimieren ließe. Es handelt sich dabei um eine Laborsituation: Die wichtigsten Variablen sind zwar bekannt, aber bei der tatsächlichen Durchführung des Prozesses spielen viele Faktoren mit, die sich im Workshop schwer bestimmen lassen. Nur in der praktischen Anwendung kann überprüft werden, ob die angestrebten Verbesserungen wie geplant funktionieren. Ob die Beteiligten mit dem neuen Prozess so zufrieden sind wie erhofft, wird sich deshalb erst nach dem Workshop zeigen.

Der perfekte Prozess muss erst noch erfunden werden. Es gibt einfach zu viele Faktoren, die Einfluss darauf nehmen, ob die im Workshop erarbeitete Version des Prozesses in der Realität funktioniert. Manche Entscheidungen können nicht schnell oder ganzheitlich getroffen werden, weil zu viele Personen einbezogen werden müssen. Nicht am Prozess beteiligte Personen können Einwände gegen die geplanten Veränderungen erheben, die erst noch geklärt werden müssen. Oder es lässt sich nicht schnell genug eine Software finden, die die wichtigsten Anforderungen des Prozesses erfüllt.

Man kann nun entweder darauf warten, bis alle Entscheidungen getroffen und alle Hindernisse aus dem Weg geräumt sind, um den Prozess direkt komplett zu verbessern und umzusetzen. Oder man kann mit einer ersten Version starten, die bereits erste Mehrwerte liefert. Findet sich etwa nur eine Software, die nicht alle, aber alle relevanten Funktionen bietet, kann man darauf warten, eine perfekte Anwendung zu finden (die es leider nicht gibt), oder mit der bestmöglichen Lösung starten, die zur Verfügung steht.

Grundsätzlich gilt für die Prozessmodernisierung der im agilen Bereich beliebte Spruch „Better done than perfect" (besser fertig als perfekt). Denn wenn man nach Perfektion strebt, verliert man vor allem Eines: Zeit. Ganz abgesehen davon, dass auch der beste Plan die Konfrontation mit der Realität selten unbeschadet übersteht. Stattdessen sollte man so schnell wie möglich mit der Umsetzung anfangen, sobald die relevanten Beteiligten sich über eine erste verbesserte Version des Prozesses einig sind.

Es empfiehlt sich, zunächst mit Testdaten zu starten, statt direkt in die produktive Nutzung zu gehen. So können alle Mitwirkenden den neuen Ablauf (und ggf. die dafür verwendete Software) in Ruhe ausprobieren und herausfinden, ob die Veränderungen wie geplant funktionieren. Dabei müssen sie keine Angst haben, in dieser neuen Situation etwas falsch zu machen, das reale Konsequenzen hat: Da mit Testdaten gearbeitet wird, macht es nichts, falls mal Daten verloren gehen oder jemand eine falsche Entscheidung trifft.

In dieser Probephase sollten sich die Beteiligten Notizen darüber machen, was noch verbessert werden kann und welche Probleme gelöst werden müssen. Wird diese erste Version über eine Software abgewickelt, sollten sie außerdem dokumentieren, wie zufrieden sie mit der Nutzung sind, wo ihnen die Arbeit schwerfällt, welche Funktionen noch sinnvoll wären, aber auch, was schon gut funktioniert (Stichwort: Erfolge feiern!). Da solche Testvorgänge erfahrungsgemäß schnell im Arbeitsalltag untergehen können, sollte das Prozessteam die Beteiligten immer wieder aktiv dazu anhalten, diese durchzuspielen. Wenn genug Zeit zum ausgiebigen Testen verstrichen ist, kann ein weiterer Termin zur Besprechung einberufen werden. Auch hier sollte das Prozessteam vorher alle Notizen einsammeln und ein übersichtliches Dokument erstellen, in dem die Beteiligten die Inhalte sichten und weitere Kommentare machen können. Mit dem überarbeiteten Dokument geht es dann in den nächsten, meist recht kurzen Workshop, in dem auf Basis der Praxiserfahrungen die nächste Version des Prozesses erarbeitet werden kann.

Anschließend werden die neuen Vorschläge umgesetzt. Nun kann bereits mit einer produktiven Nutzung begonnen werden, denn die größten Schwachstellen sollten beseitigt sein. Es ist aber wichtig, sich darauf einzustellen, dass weitere Verbesserungen nötig sein werden. Die Konfrontation mit der alltäglichen Abwicklung des neuen Prozesses wird weiteres Optimierungspotenzial aufzeigen – allein deshalb, weil Sonderfälle eintreten werden, die in den ersten Versionen und der Testphase für gewöhnlich ausgespart werden. Auch der Umgang mit diesen Sonderfällen sollte dokumentiert und mit den anderen geteilt werden. Wird die eingesetzte Software weiterentwickelt, können ebenfalls weitere Änderungen nötig werden. Gibt es zum Beispiel neue Funktionen, die die Bearbeitung weiter erleichtern, sollte der Prozess daran angepasst werden. Es ist wichtig, die Beteiligten stets über Änderungen zu informieren und die Kommunikationskanäle offen zu halten, falls es Rückfragen gibt. So wird sichergestellt, dass niemand von Neuerungen überrumpelt wird und alle sich als Teil des Teams rund um den Prozess begreifen.

Diese Vorgehensweise klingt nach viel Arbeit, und es wäre heuchlerisch, etwas anderes zu behaupten. Man darf sich aber nicht davon abhalten lassen, dass mehrmals personelle Ressourcen vonnöten sind: Was hier investiert wird, zahlt sich an späterer Stelle um ein Vielfaches aus. Einigen sich etwa alle Beteiligten bereits zu Beginn darauf, statt des perfekten Prozesses eine erste, bessere Version anzustreben, fokussieren sie sich im ersten Workshop erfahrungsgemäß auf Verbesserungen mit dem größtmöglichen Mehrwert. Auch kann der Prozess nach der Testphase anhand echter Erfahrungswerte überarbeitet werden statt nur am Reißbrett. Die Trefferquote für die gemeinsam erarbeiteten Verbesserungen steigt mit jeder Version, weil die Beteiligten lernen, ihre eigene Arbeit und die Probleme im Ablauf genau zu beobachten und zu dokumentieren. Dabei werden das Prozessteam und die Fachbereiche zudem neue Erkenntnisse sammeln, die auf andere Prozesse übertragbar sind. Auch darf man nie das große Ziel aus den Augen verlieren:

4.5 Perfektionismus adé: in Optimierungsgraden denken

man investiert zunächst in die Prozessoptimierung, weil man sicher ist, dass dies auf lange Sicht Kosten einspart.

Zur Umsetzung von Verbesserungen in Versionen gehört auch, dass jeder Prozess Teil einer dauerhaften Transformation sein sollte. Optimiert und digitalisiert man ihn einmal und lässt ihn dann, wie er ist, findet man sich an derselben Stelle wieder, an der die Verwaltung sich gerade befindet: Die Prozesse entsprechen nicht den aktuellen Möglichkeiten, sind umständlich und langsam oder basieren schlichtweg auf Technologien, die nicht mehr gewartet werden oder längst überholt sind. Alle, die sich mit der Optimierung und Digitalisierung von Prozessen beschäftigen, sollten sich deshalb bewusst machen, dass sie dabei erste Schritte in einer dauerhaften Aufgabe gehen. Prozesse sollten immer wieder hinterfragt, analysiert und auf Verbesserungspotenzial untersucht werden.

An dieser Stelle ist der Begriff der Modernisierung passend: Ein Prozess, der heute verbessert und digitalisiert wird, ist modern. Damit er dies auch in 5 Jahren noch ist, muss er aber an die jeweils aktuellen Entwicklungen angepasst werden. Dazu könnten Prozesse zum Beispiel jährlich oder zweijährlich neu ausgelotet werden. Hierzu ist kein eigener Workshop mit allen Beteiligten nötig. Stattdessen kann sich das Prozessteam erneut mit dem Prozess auseinandersetzen und bei Bedarf die verschiedenen Beteiligten hinzuziehen. Alternativ sind gute Anlässe für die erneute Betrachtung, wenn neue Software-Funktionen verfügbar sind, bei der Bearbeitung Schwachstellen sichtbar werden, oder der Ablauf von Erkenntnissen aus anderen Fachbereichen profitieren könnte. Die Fachbereiche und das Prozessteam werden für die Wartung der Prozesse schnell ihren eigenen Rhythmus finden. Wichtig ist nur, dass sie regelmäßig erfolgt.

5 Wer macht wann was, und warum? Prozessanalyse von A bis Z

> **Zusammenfassung**
>
> Prozesse verändern sich langsam, aber merklich: eine Führungskraft ergänzt einen Arbeitsschritt, die zuständige Sachbearbeitung passt das Formular an, oder eine Gesetzesänderung erfordert eine punktuelle Umgestaltung. Wird der Prozess nicht aktiv verbessert und verschlankt, verwächst er zu einem unübersichtlichen Labyrinth, in dem die Gründe für die verschiedenen Schritte kaum noch nachvollziehbar sind. Nur eine kritische Analyse der einzelnen Szenarien, Beteiligten und Aufgaben kann dabei helfen, die Schwachstellen des Prozesses zu identifizieren und Optimierungsmöglichkeiten abzuleiten. Dieses Kapitel bietet deshalb Fragenkataloge und Denkanstöße, die Prozessmanager:innen bei der ganzheitlichen Betrachtung von Prozessen unterstützen können.

Eine wirkliche Verbesserung von Prozessen kann nur mithilfe derjenigen erfolgen, die diese abwickeln. Zunächst einmal sind ihre Erfahrungswerte und ihr Fachwissen nötig, um Veränderungen zu entwickeln, deren Umsetzung tatsächlich funktionieren kann. Hinzu kommt, dass es die Wahrscheinlichkeit für Widerstand erhöht, wenn Entscheidungen über die Köpfe der Beteiligten hinweg beschlossen werden – und das vollkommen zurecht. Immerhin geht es um ihre eigene Arbeit, mit der sie sich auch am besten auskennen. Deshalb müssen diejenigen, die den Prozess bearbeiten und die Verbesserungen umsetzen sollen, unbedingt in seine Umgestaltung einbezogen werden. Dies kann in den bereits erwähnten Prozessworkshops erfolgen. Dort können alle relevanten Beteiligten zusammenkommen und an der Optimierung der Abläufe arbeiten.

Viele Verwaltungsvorgänge sind mit der Zeit organisch gewachsen und zu komplizierten Spinnennetzen aus Wenn-Dann-Abzweigungen geworden. Visualisiert man die Prozesse, wird oft erst sichtbar, welche Ausmaße sie angenommen haben (siehe z. B. Abb. 5.1). Es wäre kaum schaffbar, gemeinsam mit allen Prozessbeteiligten jeden Aspekt eines Prozesses zu hinterfragen, auf eine Einigung zu kommen, und dann noch Verbesserungen abzuleiten, die echte Mehrwerte liefern. Die Gefahr ist zu groß, dass man sich dabei in Diskussionen über Details verstrickt, die nicht zielführend sind.

Deshalb ist es sinnvoll, dass das Prozessteam vor dem ersten Workshop eine detaillierte Analyse des Prozesses durchführt. Warum das Prozessteam und nicht die Prozessbeteiligten? Es ist sehr hilfreich, wenn diese ganzheitliche Betrachtung durch eine Person erfolgt, die nicht selbst an der Abwicklung der Vorgänge beteiligt ist. Sie kann viel kritischer vorgehen als jemand, der viele Prozessteile als selbstverständlich wahrnehmen und ihre Notwendigkeit damit gar nicht erst anzweifeln wird. Das Prozessteam bringt einen neutralen Blick mit und kann die einzelnen Aspekte des Prozesses daher strukturiert analysieren und Verbesserungsvorschläge entwickeln, die den Beteiligten aufgrund ihrer Gewohnheiten gar nicht einfallen würden. Ziel ist es, für jeden Arbeitsschritt zu hinterfragen, was mit diesem erreicht werden soll und ob er sich vereinfachen oder sogar streichen ließe. Die abgeleiteten Erkenntnisse können dann als Grundlage für den Workshop dienen. Natürlich können auch die Beteiligten Fragen formulieren, auf Schwachstellen hinweisen und Ideen äußern. Es geht nicht darum, den Prozess wild zu beschneiden und das Ergebnis den Beteiligten aufzuzwingen. Stattdessen soll die vorgelagerte Analyse die Möglichkeit bieten, den Prozess ohne Befangenheit, Befindlichkeiten oder Angst vor persönlichen Konsequenzen auf seine Schwachstellen zu untersuchen. Die Ergebnisse dieser Untersuchung sind auch keine beschlossenen Veränderungen, sondern Vorschläge, die im gemeinsamen Workshop auf ihre Tauglichkeit hin überprüft werden müssen.

Bei der detaillierten Analyse kann ein Fragenkatalog das Prozessteam dabei unterstützen, alle relevanten Aspekte wie die einzelnen Beteiligten, Daten und Arbeitsschritte zu behandeln und nach einer klaren Struktur vorzugehen. Deshalb finden die Leser:innen nachfolgend einen ausführlichen Leitfaden mit Fragen, möglichen Antworten und Hinweisen dazu, was sich aus diesen ableiten lassen könnte.

Ein wichtiger Hinweis vorweg: dieses Kapitel ist weniger ein Fließtext, der von oben nach unten durchgelesen wird, als ein Arbeitsmittel, das bei der Prozessanalyse zu Rate gezogen werden kann. Wer sich lieber erst einmal einen Überblick über die verschiedenen Aspekte der Prozessoptimierung und -digitalisierung verschaffen möchte, kann den Rest dieses Kapitels nur überfliegen oder direkt überspringen und mit Kap. 6 fortfahren. Dort gibt es eine ausführliche Anleitung dazu, wie im Anschluss an die Prozessanalyse ein Workshop mit den Beteiligten gestaltet werden kann.

Der nachfolgende Fragenkatalog hat uns bei ShiftDigital oft dabei geholfen, methodisch vorzugehen und auch vor schwierigen, kritischen Fragen nicht Halt zu machen. Uns wurde von Beschäftigten aus verschiedenen Verwaltungen zugetragen, dass diese Art, über

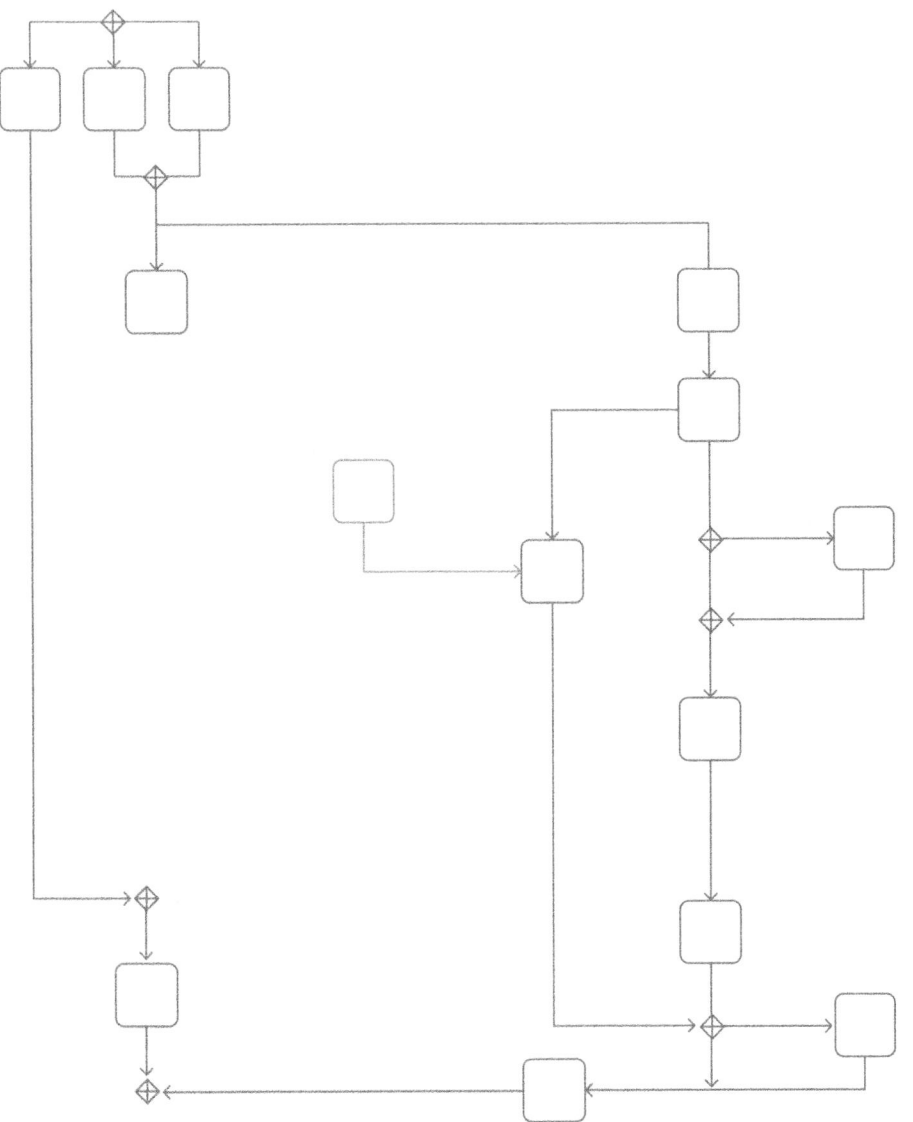

Abb. 5.1 Beispielhafter Auszug aus einem komplexen Verwaltungsprozesses vor der Optimierung. (Vereinfachte Darstellung)

Prozesse nachzudenken, ihnen dabei geholfen hat, sachlich und unbefangen an Prozesse heranzutreten und dadurch ein tieferes Verständnis von ihnen zu erlangen.

Jedes Prozessteam und jede Kommune wird mit der Zeit eigene Methoden entwickeln, um an die Untersuchung von Prozessen heranzugehen. Es kann sein, dass die Abarbeitung eines Fragenkatalogs für sie nicht so gut funktioniert wie etwa die Ideenentwicklung mithilfe agiler Methoden. Der nachfolgende Leitfaden soll vor allem als Orientierung dienen und einen Ansatzpunkt für den Einstieg liefern, damit gerade neue Prozessmanager:innen nicht erst selbst eine Vorgehensweise entwickeln müssen. Es ist auch nicht nötig, für jeden Prozess jede einzelne Frage durchzugehen. Jede davon kann als Angebot gesehen werden, das man auch ablehnen kann. Außerdem dürften sich einige Fragen bei der Auseinandersetzung mit dem Prozess klären, während andere sich oft schon bei der Prozesserhebung von selbst beantworten.

Unser Fragenkatalog bietet vielerorts Erklärungen dazu, warum man sich mit dem jeweiligen Thema auseinandersetzen sollte. Auch gibt es oftmals eine Auswahl von möglichen Antworten auf die gestellten Fragen, die wiederum Hinweise auf ableitbare Verbesserungen liefern können. Auf manche Punkte wird sehr ausführlich eingegangen, weil sie eine große Bedeutung für Prozesse und ihre Optimierung haben, wie etwa die Rolle der Person, die den Vorgang auslöst. Andere Aspekte sind hingegen eher selbsterklärend oder sehr abhängig vom Einzelfall und werden deshalb nicht tiefergehend thematisiert.

Am Ende dieses Kapitels findet sich außerdem ein kleiner, aber wichtiger Exkurs zum Thema Datenschutz, sowie eine vereinfachte Auflistung der Fragen – ohne Erläuterungen oder mögliche Antworten. Diese kann zum Beispiel im Workshop verwendet werden, um die Vorgehensweise des Prozessteams sichtbar zu machen oder gemeinsam auf einzelne Fragen einzugehen. Sie kann etwa auch mit den Fachbereichen geteilt werden, damit sie sich (falls gewünscht) selbst schon einmal detailliert mit ihren Prozessen auseinandersetzen können. Ganz egal, ob der nachfolgende Fragenkatalog für die Prozessanalyse, die Heranführung von Einsteiger:innen an das Thema oder für den Aufbau komplett neuer Prozesse verwendet wird: Viel Spaß und Erfolg dabei!

5.1 Die Beteiligten

Der Kern der Überarbeitung eines Prozesses ist die Auseinandersetzung mit seinen Beteiligten: Sie starten den Vorgang, sind für die Prüfung und Bearbeitung der Daten zuständig und produzieren das Prozessergebnis. Nur, wenn man versteht, aus welchen Motiven die einzelnen Personen handeln und was sie erreichen wollen, ist man in der Lage, einen Prozess tatsächlich zu verbessern. Denn wer bestimmt, was einen besseren Prozess ausmacht? „Besser" kann immer nur besser *für* jemanden sein. Sicherlich gibt es ein paar objektive Grundsätze, an denen man sich bei der Prozessoptimierung orientieren kann, ohne sich explizit mit den Beteiligten zu befassen. Doch diese müssen nicht immer gelten oder können sich sogar gegenseitig im Weg stehen. Eine geringere Bearbeitungsdauer ist z. B. zwar in den meisten Vorgängen wünschenswert, doch sollte sie nicht zu Lasten der Qualität der Daten oder des Ergebnisses gehen.

> **Grundsätze für verbesserte Prozesse**
>
> - Reduktion von Komplexität
> - Verringerung der Bearbeitungszeit
> - Reduktion der Anzahl von Beteiligten (wo sinnvoll)
> - Reduktion des Arbeitsaufwandes
> - Erhöhung der Sichtbarkeit relevanter Informationen
> - Steigerung der Datenqualität
> - Steigerung des Datenschutzes
> - Automatisierung von (geeigneten) Aufgaben

Gleichzeitig muss bedacht werden, dass manche Personen derartige Optimierungen nicht als solche wahrnehmen werden. Eine verbesserte Transparenz von Vorgängen mag zum Beispiel bei der Sachbearbeitung Bedenken auslösen, dass sich daraus ablesen ließe, wie schnell oder langsam sie arbeitet. Vielleicht möchte eine Führungskraft, dass zusätzliche Beteiligte Angaben prüfen, was zwar die Datenqualität, aber dafür auch den Arbeitsaufwand erhöht. Andere werden die Automatisierung einzelner Aufgaben ablehnen, weil sie die Kontrolle darüber bewahren möchten. Es sollte also nicht davon ausgegangen werden, dass jeder der aufgeführten Grundsätze immer zutrifft, oder dass diese von den jeweiligen Beteiligten automatisch als Verbesserung angesehen werden. Deshalb sollte man genau untersuchen, welche Beteiligten es in einem Prozess gibt, welche Rolle sie dabei verkörpern, welche Aufgaben sie erledigen und welche Ziele sie verfolgen.

5.1.1 Die auslösende Person

Egal, ob es sich um einen Bürger-Service, einen internen Antrag oder eine Abstimmung handelt: Jeder Prozess sollte zunächst aus Sicht der Person betrachtet werden, die ihn auslöst. Nur, wenn der Ablauf selbst und die bereitgestellten Informationen es ihr so einfach wie möglich machen, ihr Anliegen anzubringen und ein Ergebnis zu erhalten, kann die Rede von einem guten Prozess sein.

Warum ist diese Fokussierung auf die auslösende Person so wichtig? Jeder Prozess wird nur deshalb etabliert, weil ein Bedürfnis anerkannt wurde. Bürger:innen brauchen die Möglichkeit, Parkausweise zu beantragen, also wird ein Prozess dafür etabliert. Fachbereiche müssen Personalbedarf anmelden, also wird dafür gesorgt, dass sie dies tun können.

Beschäftigten wird vorgegeben, Projektentwürfe mit ihren Führungskräften abzusprechen, deshalb muss es auch einen klaren Vorgang dafür geben.

Es kann vorkommen, dass die anderen Prozessbeteiligten nicht erkennen, wie sehr der Fokus auf die auslösende Person dem ganzen Prozess zugutekommt. Sie wollen sich lieber auf die Optimierung ihrer eigenen Beteiligung konzentrieren oder empfinden es als ungerecht, dass ausgerechnet die Person, die den Vorgang auslöst, so viel Aufmerksamkeit erhalten soll. Immerhin sind es doch sie selbst, die die ganze Arbeit erledigen. Das ist eine verständliche Perspektive. Trotzdem sollte den Beteiligten bewusst gemacht werden, dass ihre Arbeit am Prozess nur existiert, weil diesen zuvor jemand ausgelöst hat. Oftmals kann der Fokus auf die auslösende Person auch für alle anderen Vorteile bringen, etwa, wenn festgestellt wird, dass manche Arbeitsschritte gar nicht auf das Prozessergebnis einzahlen, sondern über die Jahre organisch dazugekommen sind.

▶ **Wichtig** Prozesse existieren nur deshalb, weil die Verwaltung anerkennt, dass die auslösende Person berechtigt oder sogar verpflichtet ist, ihr Anliegen vorzubringen. Deshalb sollten der Ablauf und die Zielrichtung des Prozesses an erster Stelle an der auslösenden Person und ihren Bedürfnissen ausgerichtet werden.

Die auslösende Person hat zum Beispiel nicht darum gebeten, dass ihr Urlaubsantrag auf dem Dienstweg signiert wird oder Vermerke in Statistiken eingetragen werden. Stattdessen möchte sie vor allem eines: dass ihr Anliegen schnell bearbeitet wird und zu einem zufriedenstellenden Ergebnis führt. Um ihre Ziele bestmöglich zu unterstützen, sollte man sie selbst, ihre Motivation und ihre Bedürfnisse so gut wie möglich verstehen.

Fragen zur auslösenden Person

1. *Wer löst den Prozess aus?*
    - Zu welcher Personengruppe gehört die Person, die den Prozess auslöst? Z. B. Bürger:innen, Unternehmen, Beschäftigte als Angestellte (Personal) oder als Sachbearbeiter:innen (interne Prozesse), Führungskräfte, Sonderrollen (Personalrat, Schwerbehindertenvertretung usw.).
    - Gibt es Situationen, in denen die Person nicht zur sonst üblichen Gruppe gehört?
    - Befindet sich die auslösende Person in einer bestimmten Lebenssituation, die für die Bearbeitung relevant sein könnte? Z. B. Studium, finanzieller Engpass, Asyl, persönliche Krise.
    - Welchen Einfluss könnte die Lebenssituation auf die Bearbeitung des Anliegens haben? Z. B. Relevanz von Bearbeitungsgeschwindigkeit, Transparenz, Datenschutz, Genauigkeit.
    - Aus welcher Personengruppe die auslösende Person kommt, kann wichtige Hinweise darauf geben, wie man den Prozess für sie verbessern kann, z. B. durch

die Bereitstellung weiterer Informationen oder den Fokus auf die Erhöhung der Bearbeitungsgeschwindigkeit.
2. *Weshalb löst die Person den Prozess aus?*
   - Welches Ziel verfolgt die Person mit ihrem Anliegen? Z. B. Ausdruck eines Bedürfnisses (Bewohnerparkausweis, Sonderurlaub), Erfüllung einer gesetzlichen Vorgabe (Ausweispflicht, Genehmigung durch den Personalrat), Befolgung von Richtlinien (Dienstvereinbarungen, Arbeitsanweisungen), Anspruch, der geltend gemacht werden soll (Kindergeld, Änderung der Dienstzeit bei Beamt:innen).
   - Welche Auswirkungen könnte dieses Ziel auf die Antragsbearbeitung haben? Ist die Person etwa gesetzlich oder aufgrund interner Vorgaben verpflichtet, das Anliegen zu starten, ist es besonders wichtig, ihr dies so einfach wie möglich zu machen. Immerhin versucht die Person damit, Vorgaben zu erfüllen, auf die sie keinen Einfluss hat. Dies sollte man sich gerade dann bewusst machen, wenn ein Prozess nur existiert, weil die Führungskräfte auf diesen bestehen.
3. *Was wünscht sich die Person von der Bearbeitung ihres Anliegens?*

Meistens hat die auslösende Person genau eine Motivation – sie möchte eine Genehmigung erhalten oder einer Pflicht nachkommen. Was zwischen dem Prozessstart und dem Ergebnis geschieht, spielt für sie persönlich keine Rolle. Alle weiteren Aufgaben, denen sie nachkommen muss (z. B. Nachforderungen und Rückfragen beantworten) sind nur Mittel zum Zweck, die sie im Idealfall zumindest als notwendig anerkennt. Muss sie etwa ein Dokument erneut einreichen, wird sie das nicht gerne tun, aber der Anforderung entsprechen, weil sie weiß, dass sie ihr Ziel nur so erreichen kann.

- Was ist der Person bei der Bearbeitung des Anliegens besonders wichtig? Z. B. Bearbeitungsgeschwindigkeit, Transparenz, Datenschutz, persönliche Beratung.
- Auf welche Arten bzw. in welchen Formaten möchte sie den Prozess-Input (Antragsformular, Dokumente, andere Dateien) gerne abgeben? Z. B. als Online-Formular, in einer App, persönlich (etwa bei sensiblen Daten), per Telefon.
- Auf welche Arten bzw. in welchen Formaten möchte sie Rückfragen, Nachforderungen, Arbeitsstände und Prozessergebnisse wie Bescheide oder Genehmigungen erhalten? Z. B. telefonisch, per Brief, per Mail, in einem geschützten Nutzer-Konto, auf einer Website.
- Wie sähe der Idealprozess für die auslösende Person aus?

An dieser Stelle kann man versuchen, sich in die Person hineinzuversetzen. Sicherlich sind viele Punkte im „perfekten Prozess" auch dann herleitbar, wenn man sich nicht selbst in derselben Position befindet. Man kann zum Beispiel davon ausgehen, dass die Person so wenig Arbeit wie möglich investieren möchte und sich eine schnelle Bearbeitung ihres Anliegens sowie ein bestimmtes Ergebnis wünscht. Trotzdem ist es immer sinnvoll, sich nicht nur auf die eigene Vorstellung zu verlassen, sondern mit den Menschen zu sprechen, die den Prozess standardmäßig anstoßen. Dabei genügt es, in Stichpunkten festzuhalten, wie der Vorgang im Idealfall ablaufen würde:

- Ich muss nur Angaben tätigen, die den Bearbeiter:innen nicht bereits vorliegen.
- Ich finde alle Informationen, die ich brauche, dort, wo ich sie erwarte.
- Ich verstehe, welche Daten/Dokumente von mir verlangt werden, wo ich diese finde oder beschaffen kann, und warum sie für mein Anliegen benötigt werden.
- Ich kann den aktuellen Bearbeitungsstand meines Anliegens jederzeit einsehen.
- Das Ergebnis liegt mir schnell vor und entspricht meinen Vorstellungen. Usw.

Welche Probleme können sich für die auslösende Person ergeben? Z. B. schwer zugängliche Informationen, entstehende Kosten, intransparente oder schwer verständliche Informationen oder Anforderungen, zu lange Bearbeitungsdauer.

- Welche Informationen benötigt die auslösende Person, um das Anliegen möglichst ergebnisorientiert anbringen zu können? Welche Informationen benötigt sie während der Prozessabwicklung? Welche danach? Z. B. benötigte Nachweise und wie man diese erbringt, Bearbeitungsstände, Hinweise zu Verzögerungen oder Nachforderungen, Erläuterung der nächsten Schritte im Prozess.
- Sind die Informationen so formuliert, dass sie für die Person verständlich sind?
- Besteht die Möglichkeit, Zusatzinformationen zur Verfügung zu stellen? Können die bereitgestellten Informationen so formuliert werden, dass sie für möglichst viele auslösende Personen verständlich sind? Weitere Hinweise dazu in Abschn. 5.2.

5.1.2 Hauptverantwortliche:r Bearbeiter:in

In den meisten Prozessen gibt es eine eindeutige Person oder Rolle, die die Hauptverantwortung für die Bearbeitung innehat. Es ist ihre Aufgabe, die fachliche Prüfung (z. B. eines Antragsformulars) zu übernehmen, Nachforderungen zu stellen und generell dafür zu sorgen, dass der Vorgang zielgerichtet bearbeitet und den Vorgaben entsprechend abgeschlossen wird. Das kann die Sachbearbeitung sein, die einen Antrag auf eine Fortbildung prüft, oder die Person, die eine Projektskizze entwerfen und mit anderen abstimmen soll. Es kann die Angestellte im Bürgerbüro sein, die Ausweise ausstellt, die Fachkraft in der Straßenunterhaltung, die einen Reparaturauftrag ausführt, oder der Mitarbeiter im Gesundheitsamt, der die Einhaltung von Hygienestandards prüft.

Nicht immer handelt es sich dabei um Sachbearbeiter:innen. In die Kategorie der Prozesse fallen schließlich nicht nur interne Anträge oder Bürger-Services. Wie in Kap. 2 erläutert, sind alle reproduzierbaren Vorgänge Prozesse, bei denen jemand als Auslöser eines Anliegens (Trigger) Informationen bereitstellt (Input), die dann bearbeitet werden (Leistung), um ein Ergebnis zu erzeugen (Output). Entwässerungstechniker:innen arbeiten im Kanalsystem genauso mit Prozessen wie Sachbearbeiter:innen im Bürgerbüro, auch wenn beide inhaltlich voneinander abweichen. Wenn nachfolgend von der „Hauptverantwortung" die Rede ist, wird damit immer die Person, Rolle oder Gruppe gemeint, die hauptsächlich für die Bearbeitung verantwortlich ist – unabhängig davon, in welchem Fachbereich sie arbeitet oder um welchen Prozess es geht.

Bei der Hauptverantwortung laufen die Fäden der Prozessabwicklung zusammen. Oftmals erledigt sie den Großteil der Arbeit: sie prüft Inhalte, holt zusätzliche Informationen ein, unterstützt die anderen Beteiligten bei der Erledigung ihrer Aufgaben, ergänzt oder korrigiert Daten, übernimmt die Koordination für Entscheidungsfindungen und führt Statistiken und Akten. Diese Person hat durch ihre vielfältige Beteiligung meistens auch den größten Wissensschatz über den Prozess und weiß damit am besten, was man an diesem verbessern kann. Sie kann auch meistens stark von der Prozessoptimierung und -digitalisierung profitieren, weil sie die größte Arbeitslast hat. Man sollte die hauptverantwortliche Person deshalb eng in die Überarbeitung des Prozesses einbinden und auch Verbesserungen anstreben, die für sie direkt spürbar werden. Einerseits, weil die Vereinfachung ihrer Arbeit den Prozess verschlanken kann, und andererseits, weil so die Wahrscheinlichkeit steigt, dass sie ein intrinsisches Interesse an der Veränderung der Arbeitsabläufe entwickelt. Die nachfolgenden Fragen sollen dabei helfen, die Aufgaben, Kompetenzen und Bedürfnisse der hauptverantwortlichen Person zu verstehen. So wird eine bessere Dokumentation des Ist-Zustands möglich, die nicht nur bei der Optimierung hilft, sondern auch beim Wissensmanagement für die Stellvertretung und den Nachwuchs.

Fragen zur hauptverantwortlichen Person

1. *Wer bearbeitet das Anliegen hauptsächlich?*

- Erfolgt die hauptsächliche Bearbeitung immer durch dieselbe Person/Rolle/Gruppe?

Gibt es z. B. eine zuständige Sachbearbeitung im Personalamt oder Bürgerbüro, oder teilt ein Team die Anliegen unter sich auf? Wenn ja, nach welchem Prinzip erfolgt die Verteilung?

- Ist die auslösende Person auch die hauptsächlich verantwortliche Person?

Z. B., wenn Beschäftigte eine Abstimmung über von ihnen erstellte Dokumente durchführen müssen. Wenn ja, welche Auswirkungen hat das auf den Prozess? Ergeben sich Interessenkonflikte, wenn die auslösende Person auch die Hauptverantwortung innehat?

Dies kann zum Beispiel der Fall sein, wenn die verschiedenen Rollen eines Prozesses in einer Software abgebildet werden. Dabei wird mit Berechtigungen gearbeitet, die festlegen, wer welche Inhalte und Einstellungen bearbeiten darf. Hat dieselbe Person zwei Rollen, kann es ggf. passieren, dass sie Berechtigungen für die Ausübung der einen Rolle benötigt, während sie dieselben Rechte für die Ausübung der anderen Rolle nicht besitzen darf. Diese Punkte können bei der Suche nach einer geeigneten Software eine wichtige Rolle spielen.

- Gibt es eine Hauptverantwortung, oder mehrere in verschiedenen Fachbereichen?

Manche Rollen werden zum Beispiel pro Amt oder Dezernat vergeben (z. B. das Controlling), andere agieren zentral für die gesamte Stadtverwaltung (z. B. für Materialbestellungen). Wenn es mehrere Verantwortliche in verschiedenen Fachbereichen gibt, tauschen sie sich untereinander aus? Gehen sie bei der Bearbeitung nach dem gleichen Schema vor oder gibt es Abweichungen? Falls es Unterschiede gibt, sollte unbedingt besprochen werden, wie bei der Optimierung des Prozesses mit diesen umgegangen wird.

- Benötigt die Hauptverantwortung bestimmte Kompetenzen für die Erfüllung ihrer Rolle?

Ist z. B. ein ausgeprägtes Fachwissen oder -verständnis erforderlich (etwa für komplexe Berechnungen)? Ist dieses Fachwissen dokumentiert? Wenn ja, wann wurde es zuletzt auf Aktualität überprüft? Hat die Person oder Gruppe spezifische Fähigkeiten, die für die Bearbeitung erforderlich sind? Dies ist vor allem in technischen Bereichen wie dem Tiefbauamt häufig der Fall, wie etwa für die Wartung oder Reparatur von Einrichtungen.

- Gibt es eine offizielle Stellvertretung für die Hauptverantwortung?

Wenn ja, ist sie den anderen Prozessbeteiligten als solche bekannt? Hat sie Zugriff auf alle Systeme und Informationen, die sie für die Bearbeitung benötigt? Wenn nicht, ist bekannt, an wen sie sich wenden muss, um Zugriff zu erhalten?

- Was ist der hauptverantwortlichen Person bei der Bearbeitung besonders wichtig?

Z. B. Geringe Arbeitslast, hohe Bearbeitungsgeschwindigkeit, schnellstmögliche Klärung von Fragen, Unterstützung der auslösenden Person (etwa durch Beratung). Versteht man ihre Motivation, kann man Verbesserungen entwickeln, von denen sie direkt profitiert.

- Welche Probleme/Herausforderungen können sich für die Hauptverantwortung ergeben?

Muss sie zum Beispiel oft Nachforderungen stellen, weil Daten oder Dokumente fehlen oder falsch ausgefüllt wurden? Muss sie häufig zwischen Prozessbeteiligten vermitteln, weil sie sich nicht einig werden oder nicht effizient miteinander kommunizieren? Muss sie lange auf Entscheidungen oder Input anderer Beteiligter warten? Findet die Kommunikation rund um den Einzelfall auf verschiedenen Kanälen statt, sodass sie viel zwischen diesen wechseln muss? Liegen die Informationen, die sie benötigt, an mehreren Orten, sodass sie diese suchen muss? Sind die benötigten Arbeitsmaterialien veraltet oder unzulänglich?

- Wie würde der ideale Prozess für sie aussehen?

Natürlich kann die hauptverantwortliche Person diese Frage am besten beantworten. Trotzdem kann man einige Hinweise aus den vorigen Antworten ableiten. Muss sie zum Beispiel oft Informationen nachfordern, würde der ideale Prozess diesen Schritt sicherlich nicht beinhalten. Generell kann bei dieser Frage stichpunktartig vorgegangen werden, z. B.:

- Formulare sind mit Pflichtfeldern und weiterführenden Informationen versehen, sodass sie fehlerfrei bei mir ankommen.
- Möglichst viele der Daten werden automatisch geprüft (z. B. Straße, Name).
- Alle Informationen für die Bearbeitung (z. B. Prüfkriterien) liegen an einem Ort.
- Die Kommunikation zum einzelnen Vorgang erfolgt an einem Ort.
- Die Zustellung des Prozess-Outputs (z. B. des Bescheids) erfolgt automatisiert, usw.

Die Entwicklung einer Idealvorstellung kann dabei helfen, Verbesserungsmöglichkeiten für die Prozessabwicklung abzuleiten. Außerdem können die Idealprozesse der verschiedenen Beteiligten nebeneinandergelegt werden. Überall da, wo es Überschneidungen gibt, können durch die Umsetzung der Wünsche Mehrwerte für viele Beteiligte geschaffen werden.

2. Was benötigt die Hauptverantwortung für die Bearbeitung?

- Auf welche Fachverfahren benötigt sie Zugriff? Z. B. Personalwirtschaftssoftware, Projektmanagement-Tools, Geo-Informationssysteme, E-Service-Portal, Kollaborationsplattformen, Finanz-Software.
- Auf welche Informationsquellen benötigt sie Zugriff? Z. B. Personalakten, Datenbanken, Excel-Tabellen, Dienstvereinbarungen, E-Akte, Intranet.
- Welche Informationen benötigt sie (von der auslösenden Person, Führungskräften, anderen Beteiligten)? Welche benötigt sie nur in Sonderfällen? Z. B. Weitere Informationen von der auslösenden Person; Entscheidungen von Führungskräften; Angaben zu Budgets vom Rechnungsprüfungsamt.
- Welche Dateien oder Dokumente benötigt sie (für ihre Arbeit; von der auslösenden Person, Führungskräften, anderen Beteiligten)? Z. B. Antragsformular, Nachweise, Belege, Bescheide, Vordrucke, Vorlagen, Entwürfe, Skizzen, Dokumentationen (z. B. Fotos von Schäden für die Planung von Reparaturen).
- Ist für ihre Arbeit die physische Anwesenheit erforderlich? Wenn ja, warum?

Muss die Person für die Bearbeitung vor Ort sein, kann das daran liegen, dass aktuell noch auf Papier gearbeitet wird. Sobald dieselben Aufgaben digital erledigt werden können, ist möglicherweise keine Arbeit vor Ort mehr nötig. Ist physische Anwesenheit hingegen erforderlich, weil etwa handwerkliche Tätigkeiten ausgeführt werden müssen (Reparatur, Wartung von technischen Einrichtungen usw.), sollte dies notiert werden. Dann kann zumindest dieser

Teil des Prozesses nicht digitalisiert und eventuell auch nicht optimiert werden. Ist dies der Fall, werden Medienbrüche unumgänglich sein, weil die Dokumentation physischer Tätigkeiten meist nicht automatisiert in den Prozess überführt werden kann. Stattdessen ist eine händische Dokumentation nötig, damit andere Prozessbeteiligte über den neuesten Stand informiert werden.

3. Wie kommuniziert die hauptverantwortliche Person mit den anderen Beteiligten?

- Wie stellt die hauptverantwortliche Person Rückfragen oder bittet um Anpassungen?

Erfolgen diese immer über denselben Kanal, z. B. per Chat, E-Mail, Brief? Wenn ja, warum wird dieser Kanal genutzt? Welche Vor- und Nachteile bringt er? Oder werden verschiedene Kanäle verwendet? Wenn ja, wovon hängt ab, welcher Kanal wann verwendet wird? Z. B. Je nach Einzelfall, Erreichbarkeit, Präferenz der jeweiligen Person? Könnte diese Kommunikation auf einen Kanal begrenzt werden, um zu verhindern, dass Informationen unter- oder verlorengehen? Welcher Kanal wäre zu bevorzugen? Und wie könnte verhindert werden, dass die anderen Kanäle weiterhin genutzt werden?

- Teilt die Hauptverantwortung Bearbeitungsstände mit anderen Beteiligten?

Wenn ja, wie? Ließe sich der Vorgang automatisieren oder verbessern? Wird der Bearbeitungsstand nicht geteilt, wie erkundigen sich die Beteiligten aktuell nach diesem? Per Mail, Brief, Telefon? Wie könnte ihrem Wunsch nach Transparenz entsprochen werden, ohne der hauptverantwortlichen Person Mehrarbeit oder häufige Störungen aufzubürden?

- Ist die hauptverantwortliche Person befugt, selbstständig Entscheidungen zu treffen?

Wenn ja, gibt es Bedingungen oder Voraussetzungen dafür? Wenn sie es nicht darf, warum nicht? Wer trifft nötige Entscheidungen im Prozess und was befähigt die Person dazu? Hat sie Informationen, die der hauptverantwortlichen Person nicht vorliegen? Oder wäre diese fachlich in der Lage, selbst Entscheidungen zu treffen? Könnte der Prozess verschlankt werden, wenn sie selbst entscheiden dürfte?

- Wie teilt die Hauptverantwortung den Beteiligten das Ergebnis des Vorgangs mit? Z. B. per Mail, per Brief, über einen Verteiler. Gibt es die Möglichkeit, das Ergebnis automatisiert mitzuteilen oder den Aufwand zu reduzieren? Wer muss über das Ergebnis informiert werden? Gibt es Beteiligte, die nach Erledigung ihrer Aufgaben nicht über weitere Ereignisse im Prozess auf dem Laufenden gehalten werden möchten?

5.1.3 Weitere Beteiligte

Selten sind in einem Vorgang nur die auslösende und die hauptverantwortliche Person involviert. Allein durch eine Signatur auf dem Dienstweg gibt es einige weitere Beteiligte. Manchmal werden andere Fachbereiche einbezogen, weil ihre Expertise erforderlich ist, oder etwa der Personalrat, wenn es um Belange von Beschäftigten geht. In den meisten Fällen ist diese Beteiligung erforderlich, weil die Personen benötigte Fachkenntnisse oder Fertigkeiten mitbringen, oder weil sie die einzigen sind, die Entscheidungen zu bestimmten Themen treffen können. Es gibt jedoch auch Szenarien, in denen eine Beteiligung organisch gewachsen ist, weil eine bestimmte Person darauf bestand, einbezogen zu werden – was dann nachfolgend für alle in der entsprechenden Rolle übernommen wurde. Oder die Mitwirkung einer Person ist nur im Sonderfall relevant, nicht aber im Standardprozess. Man sollte sich daher nicht davon abhalten lassen, die Notwendigkeit jeder Beteiligung zu hinterfragen. Es ist sicherlich nicht einfach, Personen aus dem Prozess zu entfernen, die gerne Teil davon bleiben möchten. Doch sollte man bei der Prozessoptimierung nicht dort mit der Analyse und Verbesserung aufhören, wo die Befindlichkeiten der Beteiligten anfangen. Oftmals können diese auch gute Argumente für ihre weitere Mitwirkung vorbringen, zum Beispiel weil sie Informationen aus dem Prozess benötigen, um andere Aufgaben erledigen zu können (z. B. für die Budgetplanung).

Die nachfolgenden Fragen sollten für alle Beteiligten beantwortet werden. Diese Untersuchung kann auch sehr hilfreich dafür sein, die verschiedenen Szenarien und Sonderfälle zu dokumentieren. Schließlich basieren viele Abweichungen in Prozessen darauf, ob die Beteiligung einer bestimmten Person nötig ist oder nicht. Geht es zum Beispiel um die Überprüfung von Stellenwerten, ergibt sich eine Abzweigung im Prozess daraus, ob es sich bei den Stelleninhaber:innen um tariflich Beschäftigte oder Beamt:innen handelt – und damit, wer für die Prüfung des neuen Bewertungsvorschlags verantwortlich ist.

Fragen zu den weiteren Beteiligten

- Wer wird zusätzlich in den Prozess einbezogen? Z. B. Personalrat, Stellenplan, Zeitwirtschaft, Führungskräfte, (Ober)Bürgermeister:in, Personalverwaltung, Datenschutz, Controlling, Rechnungsprüfungsamt, Fachbereich XY.
- Warum wird die Person/Gruppe/Rolle einbezogen? Z. B., um Fachwissen beizusteuern, Entscheidungen zu treffen, Informationen zu erhalten oder durch den Vorgang entstandene Aufgaben zu übernehmen.
- Gibt es jeweils eine offizielle Stellvertretung für die Beteiligten? Wenn ja, ist sie den anderen Prozessbeteiligten als solche bekannt? Hat sie Zugriff auf alle Systeme und Informationen, die sie für die Bearbeitung benötigt? Wenn nicht, ist bekannt, an wen sie sich wenden muss, um Zugriff zu erhalten?

- In welchen Bereichen liegen die Kompetenzen der Beteiligten in Bezug auf den Prozess? Z. B. Fachwissen, das andere Beteiligte nicht besitzen; Fähigkeiten, die für die Erledigung von Aufgaben erforderlich sind; die Befugnis, Entscheidungen zu treffen.

Ist der letzte Punkt der Fall, sollte überprüft werden, ob eine Entscheidung nicht auch durch die hauptverantwortliche Person herbeigeführt werden könnte. Diese hat für gewöhnlich den tiefsten Einblick in den Einzelfall und das meiste Fachwissen über den Prozess an sich. Entsprechend kann sie gut einschätzen, wie am besten weiter verfahren werden sollte. Es kann also sinnvoll sein, mit den Beteiligten zu besprechen, ob der Hauptverantwortung die Erlaubnis erteilt werden könnte, im Rahmen des Prozesses Entscheidungen zu treffen. Denn je weniger Personen involviert sind, desto schlanker wird der Prozess.

- Was wünschen sich die weiteren Beteiligten jeweils von der Bearbeitung des Anliegens? Z. B. nur involviert werden, wenn es der Einzelfall erfordert; alle benötigten Informationen und Dokumente an einem Ort auffinden; schnelle Antworten auf Rückfragen; Transparenz über den bisherigen Ablauf; die Möglichkeit, sich Informationen proaktiv zu nehmen, anstatt sie durch Kenntnisnahmen zu erhalten.
- Welche Probleme und Herausforderungen können sich für die Person jeweils ergeben? Z. B. fehlende Informationen; umständliche Kommunikation (z. B. über verschiedene Kanäle); Unübersichtlichkeit der Informationen (z. B., wenn nur bestimmte Daten für sie relevant sind, sie aber alle Informationen danach durchsuchen muss); Involvierung, obwohl die Person nichts beitragen kann oder der Vorgang für sie nicht relevant ist.

Ist die Beteiligung einer Person für die Prozessabwicklung notwendig, können anhand der Antworten auf diese Fragen Verbesserungen abgeleitet werden. Die Begrenzung der Kommunikation auf einen Kanal oder die selektive Bereitstellung von Informationen kann die Bearbeitung bereits erleichtern. Gerade, wenn Daten und Dateien besser verfügbar gemacht werden sollen, können die Beteiligten von der Digitalisierung des Prozesses profitieren. Auch die Option, gleichzeitig an Inhalten zu arbeiten oder an einem Ort gesammelt miteinander zu kommunizieren (z. B. über Kommentare oder einen Chat) kann die Beteiligten entlasten und die Bearbeitungsgeschwindigkeit erhöhen.

5.2 Dokumente und Daten

Ein integraler Bestandteil jedes Prozesses sind die Daten, die darin bereitgestellt und bearbeitet werden. Wie bereits erläutert, starten Prozesse dadurch, dass ein Input (z. B. ein Formular) an diejenigen gegeben wird, die diesen bearbeiten sollen. Das Ergebnis des Prozesses sind wiederum Daten, wie z. B. ein Bescheid. Da sich jeder Prozess im Kern um Informationen dreht, die verändert, geprüft und geteilt werden, sollte man diese bei

5.2 Dokumente und Daten

der Prozessanalyse ebenfalls betrachten. Welche Daten oder Dateien werden benötigt und warum? Welche Formate werden verwendet? Welche Formularfelder verursachen besonders häufig Probleme, weil sie nicht verständlich genug sind? Welche Daten liegen bereits vor und könnten wiederverwendet werden? Welche Daten könnten automatisch erhoben werden, z. B. als Metadaten? Oftmals kann der Fluss des Prozesses verbessert und die Arbeit für die Beteiligten erleichtert werden, indem man die Struktur von Daten verändert. Die nachfolgenden Fragen sollen dabei helfen, die benötigten Daten und Dokumente auf Basis vorhandener Erfahrungswerte und ggf. digitaler Mittel zu verbessern.

Fragen zu den Dokumenten und Daten im Prozess

Antragsformulare/Vorlagen zum Auslösen des Prozesses

- Welche Formulare oder Dokumente sind erforderlich, um den Prozess auszulösen?
- In welchem Format liegen diese momentan vor? Welches Format wäre zu bevorzugen – für die auslösende Person, die Bearbeiter:innen und die weiterführende Verwendung der Daten (z. B. in Statistiken oder für die Akte)? Wie könnten die ggf. unterschiedlichen Bedürfnisse zusammengeführt werden?
- Liegen die Dokumente in mehreren Formaten vor, z. B. als Ausdruck, als digitales Formular, als PDF? Wenn ja, besteht die Möglichkeit, die Formate zu vereinheitlichen?

Natürlich ist es wichtig, dass Stadtverwaltungen auch weiterhin Services analog anbieten, z. B. für Senior:innen. Deshalb kann es sinnvoll sein, z. B. ein Online-Formular anzubieten, das auch ausgedruckt und als Papierformular verwendet werden kann. Oder die Sachbearbeiter:innen füllen im Bürgerbüro gemeinsam mit den Bürger:innen die Anträge online aus. Dies verhindert, dass mit der Zeit verschiedene Versionen des Formulars entstehen, die gleichzeitig in Benutzung sind. So werden auch die Wartung der Vorlagen und die weitere Arbeit mit den Daten erleichtert.

- Sind alle angefragten Informationen für die Bearbeitung zwingend notwendig? Oder gibt es Angaben, die ggf. weggelassen werden könnten?
- Liegen Daten, die ausgefüllt werden sollen, bereits vor und könnten ggf. „wiederverwendet" werden? So könnte man der auslösenden Person Arbeit sparen und verhindern, dass dieselbe Information in verschiedenen Schreibweisen vorliegt.
- Gibt es Daten im Formular, die durch Metadaten automatisch erhoben werden könnten, wie etwa das Datum und die Uhrzeit, zu der das Formular eingeht?
- Könnten durch technisch umgesetzte Pflichtfelder Nachforderungen minimiert werden? Welche Felder werden besonders häufig falsch ausgefüllt, leer gelassen oder lösen Rückfragen aus? Wie könnte man sie umbenennen oder durch Informationen ergänzen, sodass sie besser verständlich werden?

Ein wichtiger Punkt bei der Bereitstellung von Informationen ist, sich die Diskrepanz zwischen der Expertise der Bearbeiter:innen und der auslösenden Personen bewusst zu machen. Auch wenn die Prozessbeteiligten die im Formular abgefragten Felder als selbsterklärend empfinden, kann es Personen ganz anders gehen, die an der Bearbeitung nicht beteiligt sind oder nicht in der Verwaltung arbeiten. Auch innerhalb der Verwaltung kann nicht automatisch davon ausgegangen werden, dass Fachbegriffe und -spezifika allen bekannt sind. Bestimmte Fachbereiche beschäftigen sich mit gänzlich anderen Themen, arbeiten z. B. in der Grünflächenpflege oder bei der Feuerwehr. Zwar sind erfahrene Mitarbeitende oder Führungskräfte auch dort mit verwaltungstypischen Formulierungen vertraut, doch gibt es auch viele, die damit selten konfrontiert werden. Außerdem sollte im Angesicht des Personalmangels mitbedacht werden, dass zunehmend Quereinsteiger:innen für die Verwaltung arbeiten werden, die keine Erfahrung mit internen Abläufen mitbringen.

Deshalb sollte man die bereitgestellten Informationen (z. B. Formularfelder, Bescheide, Webseiten-Texte) möglichst so formulieren oder durch Erklärungen ergänzen, dass sie auch für Verwaltungs-Laien verständlich sind. Um herauszufinden, wie man die Texte entsprechend anpassen kann, lohnt sich die Einbeziehung von Personen, die nicht in der Verwaltung oder in anderen Fachbereichen arbeiten.

- Gibt es weitere Formulare oder Vorlagen, die im Laufe des Prozesses durch die auslösende Person ausgefüllt werden müssen? Wenn ja, wäre es möglich, ihr diese direkt zu Beginn des Prozesses zur Verfügung zu stellen?
- Müssen im Formular sensible Daten eingetragen werden? Wenn ja, wie werden diese aktuell geschützt? Mehr zum Thema Datenschutz im Abschn. 5.5.

Nachweise

- Muss die auslösende Person Nachweise vorbringen? Wenn ja, sind diese zwingend erforderlich, um den Prozess abwickeln zu können?
- In welchem Format werden die Nachweise momentan bereitgestellt? Z. B. als Papierdokument, PDF, Foto.
- Wird die digitale Einreichung der Dokumente ermöglicht, entsprechen die maximale Dateigröße und die erlaubten Formate den Erfordernissen der angeforderten Dateien?

Müssen zum Beispiel Fotos, Videos oder Pläne (etwa als Dokumentation) hochgeladen werden, sollte sichergestellt werden, dass der Upload großer Dateien möglich ist. Auch muss ausreichend Speicherplatz verfügbar sein, um den Aufbewahrungspflichten aller Anliegen entsprechen zu können. Hierfür sollte die IT einbezogen werden.

- Welches Format wäre wünschenswert, um bestmöglich mit der Datei bzw. den darin enthaltenen Daten weiterarbeiten zu können? Welches Format ist für die auslösende Person mit dem geringsten Aufwand verbunden?

5.2 Dokumente und Daten

- Wird der auslösenden Person kommuniziert, warum die Nachweise benötigt werden?
- Weiß die auslösende Person, welche Dokumente gemeint sind und wie sie diese beschaffen kann? Können weiterführende Informationen bereitgestellt werden, die sie darin unterstützen, die Dokumente möglichst schnell und einfach bereitzustellen?
- Enthalten die Nachweise sensible Daten? Wenn ja, wie werden diese aktuell geschützt? Mehr zum Thema Datenschutz im Abschn. 5.5.

Bescheide

- Wird das Prozessergebnis in Form eines Bescheids an die auslösende Person übergeben?
- In welchem Format liegt dieser momentan vor? Welches Format wäre zu bevorzugen – für die auslösende Person, die Bearbeiter:innen und die weiterführende Verwendung der Daten (z. B. in Statistiken oder für die Akte)? Wie können die ggf. unterschiedlichen Bedürfnisse zusammengeführt werden?
- Gibt es eine Vorlage für den Bescheid? Wenn ja, ist diese noch aktuell? Könnte sie verbessert oder der Bescheid sogar automatisiert erstellt werden?
- Wie wird der Bescheid momentan zugestellt? Z. B. Per Post, per E-Mail, in einem Nutzerkonto.
- Welche Zustellungsform wäre wünschenswert? Wie hoch ist aktuell der Schutz der im Bescheid enthaltenen personenbezogenen Daten? Welcher Schutz wäre wünschenswert? Mehr zum Thema Datenschutz im Abschn. 5.5.
- Muss das Ergebnis ein physisches oder speicherbares Dokument sein? Oder wäre die Information über das Ergebnis selbst ausreichend? Würde etwa eine automatische Benachrichtigung über das Ergebnis genügen, z. B. per Mail oder in einem Nutzerkonto?

Weitere Daten und Dokumente

- Werden im Laufe des Vorgangs weitere Daten oder Dokumente erstellt? Wenn ja, welche? Z. B. Verfügungen, Stellungnahmen, Entwürfe.
- In welchem Format werden diese aktuell erstellt und bearbeitet? Welches Format wäre zu bevorzugen – für die Bearbeiter:innen und für die weiterführende Verwendung der Daten (z. B. in Statistiken oder für die Aktenablage)? Wie können die ggf. unterschiedlichen Bedürfnisse zusammengeführt werden?
- Gibt es für einzelne Bearbeitungsschritte oder Aufgaben Prüfkriterien? Z. B. „Liegen alle Unterschriften vor?"; „Besteht ein Anspruch?" „Entspricht das Anliegen den Budgetvorgaben?", „Liegt eine Genehmigung des Personalrats vor?".
- Sind die Prüfkriterien dokumentiert und leicht aufzufinden? Sind sie aktuell? Sind sie so formuliert, dass sie auch für diejenigen verständlich sind, die sie nicht selbst notiert haben?

- Werden bei der Bearbeitung Vorlagen oder Vordrucke verwendet? Wenn ja, gibt es eine eindeutige oder mehrere widersprüchliche Versionen? Sind die Inhalte aktuell, leicht zu finden und verständlich? Können sie vereinfacht oder verbessert werden?
- Welche Daten aus dem Fall sind für Statistiken relevant? Z. B. Anzahl der Vorgänge; Anzahl der Genehmigungen/Ablehnungen; betroffene Straße; Höhe des bewilligten Betrags; Dauer der Bearbeitung.
- Wo wird die Statistik gepflegt? Ist diese aktuell? Gibt es widersprüchliche Versionen? Ist sie leicht aufzufinden? Ist die Statistik auch für diejenigen verständlich, die sie nicht selbst aufgesetzt haben? Könnte sie mit anderen Statistiken zusammengeführt werden, um neue Erkenntnisse zu gewinnen oder die Anzahl der zu wartenden Tabellen zu minimieren?
- Sind Daten aus statistischen Erhebungen für die Bearbeitung relevant? Wenn ja, sind sie leicht aufzufinden und verständlich dokumentiert?
- Werden Informationen benötigt, die in anderen Systemen zur Verfügung stehen? Wenn ja, benötigen die Bearbeiter:innen explizit Zugriff auf dieses System? Ist bekannt, an wen sie sich dafür wenden können (z. B. im Stellvertretungsfall)?
- Müssen die weiteren Daten (z. B. Stellungnahme, Gesprächsdokumentation) als Dokument vorliegen? Oder wäre es auch möglich, diese anders zu erheben und weiterzuverarbeiten?

Wie in Abschn. 4.4 thematisiert, kann es sinnvoll sein, das „Denken in Dokumenten" zu hinterfragen. Obwohl die Orientierung am DIN A4 Sinn ergibt, wenn ein Dokument ausgedruckt werden muss, ändert sich dies, sobald Daten nur noch digital bearbeitet werden. Es ermöglicht eine wesentlich größere Flexibilität, Formularfelder als Datenpunkte zu verstehen: Sie können mit anderen Datenpunkten kombiniert oder Beteiligten einzeln bereitgestellt werden – etwa, wenn sie nur bestimmte Daten einsehen dürfen oder müssen. Sie können exportiert, in andere Systeme übertragen und zum Beispiel in Statistiken eingepflegt werden. Es lohnt sich deshalb zu überlegen, ob Daten als Dokumente vorliegen müssen, oder auch anders mit ihnen gearbeitet werden kann.

5.3 Arbeitsschritte

Jeder Prozess wird abgewickelt, indem verschiedene Beteiligte mit Daten arbeiten. Damit wurden in Abschn. 5.1 und 5.2 dieses Kapitels das „Wer" und das „Was" behandelt. In diesem Abschnitt geht es nun um das „Wann" und das „Wie", also darum, in welcher Reihenfolge die verschiedenen Aufgaben erledigt werden und wie sie zusammenhängen. Dazu betrachtet man die einzelnen Arbeitsschritte des Prozesses. Aufgaben sind dabei Tätigkeiten, die in einem bestimmten Arbeitsschritt erledigt werden. Somit enthält ein Arbeitsschritt immer eine oder mehrere Aufgaben, und eine Aufgabe ist immer

Teil eines Arbeitsschrittes. Ein Arbeitsschritt enthält außerdem alle Daten und Dokumente, die für die Bearbeitung benötigt werden, sowie die jeweiligen Beteiligten. Ein erster Arbeitsschritt in einem Antragsprozess enthält zum Beispiel das Antragsformular, die Aufgabe, das Formular auszufüllen und die Person, die die Aufgabe erledigen muss (Antragsteller:in). Nur, wenn diese Elemente zusammenkommen, kann der Arbeitsschritt abgeschlossen und mit dem nächsten fortgefahren werden.

Zu diesem Zeitpunkt in der Analyse hat man schon eine gute Vorstellung davon, welche Beteiligten es gibt, welche Aufgaben jeweils bei ihnen liegen und was ihre Ziele und Motivationen sind. Man weiß, welche Daten erhoben, geprüft und bearbeitet werden und welche Dokumente für die Bearbeitung nötig sind. Auch kann man sich für die Analyse der einzelnen Arbeitsschritte an der Prozessabbildung orientieren. Die nachfolgenden Fragen sollen dabei helfen, Schwachstellen zu erkennen und – das ist ebenfalls wichtig – herauszufinden, welche Prozessteile schon gut laufen und übernommen werden können. Denn wenn man die Schritte mit dem größten Verbesserungspotenzial identifiziert hat, kann man die Zeit und Arbeit im ersten Prozessworkshop auf diese fokussieren und damit direkt große Mehrwerte schaffen. Die Detailarbeit kann dann im Anschluss oder in weiteren Workshops erfolgen. Oftmals ergeben sich außerdem durch das Testen und Nutzen der ersten verbesserten Version des Prozesses viele Einzelheiten von selbst, weil sie im Arbeitsalltag auffallen und dokumentiert werden können.

Fragen zu den Arbeitsschritten

- Welche Schritte sind zwingend erforderlich, um den Prozess abzuwickeln?
- Aus Sicht der auslösenden Person? Z. B. Formular oder Vordruck ausfüllen (damit die Bearbeiter:innen alle Informationen haben, um das Ergebnis zu erarbeiten), Kenntnis über das Ergebnis erhalten.
- Aus Sicht der Hauptverantwortung? Z. B. Prüfung der Daten; Entscheidung über das Ergebnis; Ablage der Akte.
- Für die weiteren Beteiligten? Z. B. Prüfung und Signatur auf dem Dienstweg; Entscheidung über das Ergebnis; Prüfung des Budgets; Prüfung der sachlichen Richtigkeit.
- Aus Sicht der Stadtverwaltung (etwa, um rechtlichen Vorgaben zu entsprechen)? Z. B. Prüfung von Ansprüchen; Statistiken zur Datenanalyse und Optimierung; Prüfung von Budgets; Archivierung zur Einhaltung der Aufbewahrungsfristen.
- Welche zusätzlichen Schritte beinhaltet der Prozess? Welche Gründe gibt es für diese? Z. B. Einbeziehung weiterer Fachbereiche, weil diese ihre Expertise beisteuern müssen; Beteiligung des Personalrates, weil es sich um arbeitsrechtliche Themen handelt; Einbeziehung von anderen Stellen, die den Vorgang zur Kenntnis nehmen oder einen Sichtvermerk tätigen sollen, weil sie mit den Informationen weiterarbeiten müssen.
- Kommen diese zusätzlichen Schritte standardmäßig in jedem Vorgang vor, oder nur in Einzelfällen? Wenn nur in Einzelfällen, was ist der Auslöser für die zusätzlichen Schritte?

Z. B. eine Budgetgrenze wird überschritten; der Vorgang betrifft ein bestimmtes Thema (für das z. B. ein anderer Fachbereich zuständig ist); das weitere Vorgehen ist unklar.
- Könnten Schritte gestrichen oder darin behandelte Probleme anders gelöst werden? Z. B. durch Automatisierungen bei der digitalen Abwicklung; das Zusammenlegen von Arbeitsschritten; die Abgabe von Verantwortung an die hauptverantwortliche Person.
- Welche Schritte verursachen aktuell die meiste Arbeit für die Beteiligten und warum?
- Wie kann die Arbeit an ihnen erleichtert werden? Wie könnte man sie verschlanken? Z. B. durch den automatischen Abgleich von Daten mit einer Datenbank, die Reduktion von Nachforderungen durch verbesserte Formulare, oder die automatisierte Übermittlung von Bearbeitungsständen.
- Welche Arbeitsschritte dauern gerade am längsten und warum? Was könnte man ändern, damit die Bearbeitung schneller voranschreitet? Z. B. Reduktion von Unterschriftswegen, gleichzeitige statt aufeinanderfolgende Bearbeitung von Aufgaben, Reduktion oder Automatisierung von Kenntnisnahmen.
- Welche Arbeitsschritte bringen derzeit die größten Probleme mit sich? Z. B., weil viele Parteien in eine Entscheidung einbezogen werden, mehrere Personen gemeinsam ein Dokument erstellen, die analoge Bearbeitung den Fluss von Informationen erschwert oder zwischen Kanälen oder Fachverfahren gewechselt werden muss.
- Wie könnten diese Probleme gelöst oder verbessert werden? Z. B. Verantwortungen klar verteilen und benennen (z. B. indem man festlegt, welche Person welche Entscheidungen treffen darf); Entwürfe werden von einer Person erstellt und danach von den anderen ergänzt, anstatt gleichzeitig daran zu arbeiten; digitale Bereitstellung von Informationen für mehr Transparenz und vereinfachten Zugriff; Nutzung von Automatisierung bei digitaler Abwicklung (z. B. der Versand von Benachrichtigungen).

Bei der Auseinandersetzung mit den verschiedenen Arbeitsschritten müssen keine perfekten Antworten oder Lösungen gefunden werden. Stattdessen kann sich das Prozessteam schon einmal Gedanken darüber machen und Ideen entwickeln, die es danach im Workshop mit den anderen Beteiligten bespricht (Abb. 5.2). Sie können am besten einschätzen, welche Lösungsansätze in der Praxis funktionieren könnten, welche nicht und aus welchen Gründen. Trotzdem schadet es nicht, mit ersten Ideen in den Workshop zu gehen. Selbst wenn sie keine Zustimmung finden, können sie den anderen Beteiligten dabei helfen, eigene Ansätze zu entwickeln, indem sie Möglichkeiten oder Richtungen aufzeigen.

Abb. 5.2 Merksatz zur Reflexion über Prozesse

5.4 Organisatorisches

5.4.1 Unterschriften, Sichtvermerke, Kenntnisnahmen

Sichtvermerke und Unterschriften – vor allem auf dem Dienstweg – sollen in der Verwaltung sicherstellen, dass Verantwortlichkeiten klar verteilt sind und nachvollziehbar wird, wer wann welche Entscheidung getroffen hat. Stellt ein:e Mitarbeitende:r zum Beispiel einen Antrag auf Änderung der Arbeitszeit, wird dieser von mehreren Führungskräften gesichtet und bei Zustimmung unterschrieben. So wissen alle, die den Antrag sehen, dass er von den verschiedenen Führungsebenen genehmigt wurde und die Person die Erlaubnis hat, ihre Arbeitszeit zu reduzieren oder zu erhöhen. Doch dieser Unterschriftsweg ist zugleich sehr zeitintensiv, da der Antrag nacheinander bei den Führungskräften ankommt, die eventuell nicht da sind oder dringlichere Aufgaben erledigen müssen. Diese Wartezeiten können reduziert werden, wenn die Unterschriften digital erfolgen können, oder die Anzahl der involvierten Personen reduziert wird.

Auch Kenntnisnahmen sind in der Verwaltung verbreitet. Diese erfolgen über den Versand von Dokumenten in der Hauspost oder per E-Mail-Verteiler. Oftmals sind die so geteilten Informationen für deren Empfänger:innen jedoch gar nicht relevant. Deshalb sollte geprüft werden, wer tatsächlich über Ergebnisse im Prozess informiert werden möchte. Die folgenden Fragen können dabei helfen, die Notwendigkeit einzelner Unterschriften, Sichtvermerke und Kenntnisnahmen zu hinterfragen. So kann der Prozess eventuell verschlankt und die Aufgabenlast und Informationsflut der Beteiligten reduziert werden.

Fragen zu Unterschriften, Sichtvermerken und Kenntnisnahmen

- Gibt es eine Schriftformerfordernis (Notwendigkeit handschriftlicher Unterschriften)?

- Liegt keine vor, werden im Verlauf des Prozesses trotzdem Unterschriften getätigt? Wenn ja, von wem und warum? Könnten diese künftig aus dem Prozess entfernt werden? Wenn nicht, könnte die Anzahl der benötigten Unterschriften reduziert werden?
- Was passiert, wenn eine Unterschrift abgelehnt wird? Wird die auslösende Person direkt darüber informiert? Oder werden in diesem Fall weitere Personen einbezogen?
- Werden im Prozess Sichtvermerke getätigt? Wenn ja, von wem und warum? Könnten diese künftig aus dem Prozess entfernt werden? Wenn nicht, könnte die Anzahl der Sichtvermerke reduziert werden? Könnten die entsprechenden Personen auch anders über für sie relevante Schritte oder Vorgänge informiert werden?
- Werden Ergebnisse des Prozesses zur Kenntnisnahme an bestimmte Personen geschickt? Wenn ja, warum? Wozu benötigen sie diese Information? Möchten die jeweiligen Personen darüber überhaupt informiert werden? Kann die Menge der Personen reduziert werden?

Viele Beschäftigte sind von der Menge an Informationen überfordert, die sie täglich erhalten. Um die Informationsflut zu verringern, kann es daher sinnvoll sein, für jeden Prozess zu erfragen, welche Personen tatsächlich an dessen Ergebnissen interessiert sind bzw. diese für ihre eigene Arbeit benötigen.

- Auf welche Art erfolgt die Kenntnisnahme aktuell? Z. B. per Verteiler, per Hauspost.
- Könnte diese auch vereinfacht werden, z. B. indem die Informationen digital verfügbar gemacht werden, sodass man sie proaktiv einsehen kann, wenn man möchte?

Nachfolgend kurz zwei Hinweise zu Unterschriften. Erstens: Uns bei ShiftDigital wurde aus verschiedenen Städten und im Kontext unterschiedlicher Prozesse zugetragen, dass viele Führungskräfte ihre Unterschrift tätigen, ohne die entsprechenden Inhalte angesehen zu haben. Der Grund dafür ist, dass sie sich darauf verlassen, dass die anderen Führungskräfte den Antrag bereits gesichtet haben. Da sie die Verpflichtung haben, ihre Signatur zu tätigen, tun sie dies trotzdem. Dabei stellt sich die Frage: Welchen Mehrwert hat eine solche Unterschrift? Wäre es nicht sinnvoller, etwa nur die direkte Führungskraft signieren zu lassen, wenn diese als einzige direkt von den Konsequenzen des Vorgangs betroffen ist? Mehr zum Thema reduzierte Unterschriftswege in Abschn. 7.2.2.3.

Zweitens: Liegt keine Schriftformerfordernis vor, werden aber trotzdem Unterschriften getätigt, dienen diese als Bestätigung dafür, dass eine bestimmte Person den Vorgang zu einem bestimmten Zeitpunkt genehmigt hat. Es geht also nicht um die Unterschrift selbst, sondern um die Dokumentation einer Zustimmung. Im analogen Vorgang ist die Unterschrift schlicht die gängigste Form dieser Bestätigung. Im Digitalen kann diese durch eine einfache digitale Signatur abgebildet werden. Dabei handelt es sich nicht um eine Signatur im eigentlichen Sinne. Stattdessen wird dokumentiert, zu welchem Zeitpunkt eine Person eine Aktion getätigt hat. In unserer Software Shift Studio wird dies zum Beispiel über den Klick auf einen Button ermöglicht. Dabei wird automatisch dokumentiert, dass Person XY zum Zeitpunkt XY eine Aktion (Unterschrift) getätigt hat. Vorteile einer solchen digitalen Signatur sind etwa, dass sich so beliebige Formen der Zustimmung abbilden lassen (z. B. auch Anordnungen oder Sichtvermerke), und dass diese von überall aus getätigt werden können.

5.4.2 Fristen

Für viele Abläufe in der Verwaltung existieren Fristen für Widerspruch, Archivierung und Bearbeitung. Aufgrund der hohen Arbeitslast und umständlicher Prozesse passiert es leider oft, dass Bearbeitungsfristen überschritten werden. Eine Reflexion darüber, welche Fristen es gibt, hilft bei der ganzheitlichen Dokumentation des Prozesses. Auch können durch die Untersuchung der Gründe, aus denen Bearbeitungsfristen nicht eingehalten werden (z. B. lange Liegezeit bei Führungskräften) Verbesserungen entwickelt werden.

Fragen zu den Fristen

- Gibt es Fristen für die Bearbeitung? Wenn ja, ab wann gelten diese? Ab Auslösung des Prozesses?
- Sind die Fristen allen Beteiligten bekannt?
- Werden die Fristen durchschnittlich eingehalten? Wenn nicht, woran liegt das? An welcher Stelle liegt der Prozess besonders lange? Wie könnte künftig verhindert werden, dass die Frist überschritten wird?
- Wie werden Fristüberschreitungen kommuniziert? Können bei Verzögerungen Schäden oder Probleme für die auslösende Person oder die Stadtverwaltung entstehen? Wenn ja, wie könnte man diesen entgegenwirken?
- Wie werden die Beteiligten aktuell an die Fristen erinnert? Könnte dieser Vorgang durch digitale Fristen und Erinnerungen optimiert werden?
- Gibt es eine Widerspruchsfrist für den Prozess? Wenn ja, wie lange dauert diese? Ist der auslösenden Person bewusst, dass die Frist existiert? Wirkt sich die Frist auf die Aufbewahrung/Speicherung der Akte aus?
- Gibt es eine Aufbewahrungsfrist für die Akte? Wenn ja, wie lange dauert diese?

5.4.3 Transparenz

Ein großes Problem der analogen Bearbeitung von Prozessen ist deren mangelnde Transparenz. Für die verschiedenen Beteiligten ist kaum nachvollziehbar, bei wem der Vorgang gerade liegt. Also gehen sie auf die Suche, greifen zum Hörer oder schreiben E-Mails, die wiederum andere bei der Arbeit unterbrechen. Auch die Sichtbarkeit der Inhalte eines Prozesses ist begrenzt: Daten oder Dokumente können von bestimmten Personen derzeit oft nur eingesehen werden, wenn sie händisch mit diesen geteilt werden. Durch die Digitalisierung von Prozessen können darin enthaltene Daten und Arbeitsstände den Beteiligten automatisiert zur Verfügung gestellt werden. Die folgenden Fragen können dabei helfen, zu untersuchen, wer welche Daten sehen soll, und den Prozess so auf die Umsetzung in einer Software vorzubereiten.

Fragen zur Transparenz der Daten und Dateien

- Wer darf/soll den aktuellen Bearbeitungsstand einsehen können? Z. B. alle Beteiligten, nur die hauptverantwortliche oder auslösende Person.
- Wie wird der Bearbeitungsstand den entsprechenden Personen aktuell mitgeteilt? Z. B. auf Rückfrage, durch Kenntnisnahmen, durch händische Benachrichtigung.
- Wie sollte der Bearbeitungsstand idealerweise mitgeteilt werden? Z. B. proaktive Einsicht durch die Beteiligten (etwa über ein Online-Portal); durch automatische Benachrichtigungen, sobald sich etwas am Bearbeitungsstand ändert.
- Wer darf/soll den gesamten Vorgang einsehen? Z. B. nur die hauptverantwortliche Person, auch ihre Führungskraft oder das Controlling.
- Wie könnte es den Beteiligten künftig besser ermöglicht werden, den Vorgang einzusehen?
- Wenn der Prozess oder Teile davon digital abgewickelt werden, können die Beteiligten diesen jederzeit einsehen?
- Wer darf/soll nur bestimmte Teile des Prozesses sehen? Z. B. die auslösende Person soll nur das Ergebnis sehen können; zur Kenntnisnahme involvierte Personen dürfen nur bestimmte Daten einsehen.

Hinweis: Damit nur diejenigen die jeweiligen Daten sehen können, die es auch dürfen, wird in Software mit Zugriffsberechtigungen gearbeitet. Diese werden an Personen oder Rollen geknüpft und legen fest, wer welche Daten ansehen, bearbeiten oder teilen darf. Diese Information sollte man sich für Gespräche mit der IT und mit Software-Anbietern im Hinterkopf behalten. Denn je besser man formulieren kann, wer wann welche Informationen sehen oder verändern darf, desto besser kann ein Programm an diese Bedürfnisse angepasst werden. In unserer Software Shift Studio gibt es zum Beispiel verschiedene Beteiligungsformen, an die Berechtigungen gekoppelt sind. Zusätzlich können granular pro Prozess, Arbeitsschritt und Aufgabe Berechtigungen vergeben werden (z. B. „Darf Falldaten bearbeiten" oder „Darf alle Fälle dieses Typs einsehen").

- Wer darf/soll die Dokumente im Prozess sehen? Z. B. die auslösende Person darf nur das Formular und den Bescheid sehen; Führungskräfte dürfen das Formular und Vermerke sehen; nur die Bewertungskommission darf Vorschläge für Stellenbewertungen sehen, die Inhaber:innen der Stellen aber nicht.

Für Dokumente gilt dieselbe Richtlinie wie für die anderen Prozessinhalte: man sollte sich überlegen, wer auf welche Unterlagen Zugriff erhalten soll, damit dies in einer Software entsprechend umgesetzt werden kann.

5.4.4 Aufbewahrung/Archivierung

In der Verwaltung bestehen verschiedene Aufbewahrungspflichten, die sicherstellen sollen, dass bestimmte Vorgänge auch nach einiger Zeit nachvollzogen werden können. Im Anschluss an diese Aufbewahrung gehen die Akten ggf. noch an das Stadtarchiv. Die nachfolgenden Fragen können dabei helfen, die verschiedenen Voraussetzungen für die Archivierung nach Vorschrift zu dokumentieren.

Fragen zur Aufbewahrung

- Muss der Vorgang aufbewahrt werden? Wenn ja, wo und wie lange?
- Gibt es ein Aktenzeichen und/oder einen Aktentitel? Wie setzen sich diese zusammen?
- In welchem Format werden die Daten aufbewahrt? Welches Format wäre wünschenswert?
- Welche Dokumente müssen zwingend aufbewahrt werden? Z. B. Formulare, Nachweise, Belege, Stellungnahmen.
- Welche Dokumente könnten von der Aufbewahrung ausgenommen werden? Nach dem Prinzip der Datensparsamkeit empfiehlt es sich, nur die Daten aufzubewahren, die wirklich erforderlich sind. Das gilt sowohl für analoge als auch für digitale Unterlagen. Denn je weniger Dokumente es gibt, desto weniger (Speicher)Platz wird benötigt und desto weniger Wartung ist erforderlich.
- Gibt es eine Möglichkeit, die Menge an Daten zu reduzieren, die aufbewahrt werden? Z. B. indem nur die dafür relevanten Informationen in einem Dokument oder einer Tabelle zusammengefasst werden.
- Müssen die Daten anschließend an das Stadtarchiv übergeben werden? Wenn ja, wie lange werden sie dort aufbewahrt? In welchem Format sollten sie dafür vorliegen?

5.5 Kleiner Exkurs zum Datenschutz

Da in der Verwaltung in vielen Prozessen mit personenbezogenen Daten gearbeitet wird, spielt das Thema Datenschutz eine wichtige Rolle – und zwar gerade dann, wenn diese Informationen digital vorliegen. Einer der Gründe dafür ist, dass Daten dann leichter geteilt, kopiert und auch gestohlen werden können, als wenn sie auf Papier vorliegen.

Die Relevanz des Datenschutzes ist längst in den Stadtverwaltungen angekommen – nicht zuletzt deshalb, weil die Datenschutz-Grundverordnung (DSGVO) der Europäischen Union die Bestimmung von Datenschutzbeauftragten für Behörden und öffentliche Stellen festlegt.[1] Diese Person sollte unbedingt vor der Digitalisierung von Verwaltungsprozessen einbezogen werden, da sie sich mit den Herausforderungen des Datenschutzes auskennt und Empfehlungen aussprechen kann. Das Thema mag oftmals ein arbeitsintensiver Bremsklotz sein, doch ist es zugleich unabdingbar, sich damit zu beschäftigen: Jede:r von uns sollte die eigenen Daten so sicher wie möglich wissen. Die Bürger:innen, aber auch die Beschäftigten und externen Leistungspartner:innen der Stadtverwaltung müssen sich darauf verlassen können, dass mit ihren Daten sorgsam und respektvoll umgegangen wird. In welchem Ausmaß dies geschieht und welche Maßnahmen konkret ergriffen werden, liegt ganz im Ermessen der jeweiligen Stadtverwaltung. Wir von ShiftDigital dürfen keine Empfehlungen zum Thema Datenschutz aussprechen und bitten die Leser:innen, sich dafür mit ihren jeweiligen Datenschutzbeauftragten in Kontakt zu setzen. Trotzdem möchten wir ihnen durch gezielte Fragestellungen dabei helfen, den Prozess auf Ebene des Datenschutzes zu beleuchten und eine Sensibilität dafür zu entwickeln, an welchen Stellen (gerade bei der Abwicklung in einer Software) besondere Vorsicht geboten ist.

5.5.1 Fragen zum Datenschutz

- Welche Daten werden erhoben, um den Prozess abzuwickeln? Z. B. Name, Wohnort, Familienstand, Beschäftigungsverhältnis.
- Welche Daten davon sind besonders schützenswert?[2] Z. B. Angaben zur Gesundheit, Gewerkschafts- oder Religionszugehörigkeit oder zur politischen Meinung.
- Welche der Daten sind unbedingt nötig? Werden auch Daten erhoben, die für die Bearbeitung des Anliegens selbst gar nicht benötigt werden?
- Wer hat für die Bearbeitung Zugriff auf die jeweiligen Daten? Z. B. hauptverantwortliche Person, Führungskräfte, andere Beteiligte.

---

[1] Vgl. Datenschutz-Grundverordnung vom 04.05.2016, Artikel 37, S. 55. https://www.bmj.de/DE/Themen/FokusThemen/DSGVO/_documents/Amtsblatt_EU_DSGVO.pdf;jsessionid=B77F23B5CD48CD4B5FFDE72144AA63D8.2_cid289?__blob=publicationFile&v=1 (letzter Aufruf: 23.03.2023, 18:50 Uhr).

[2] Vgl. Ebd. Artikel 9, S. 38.

5.5 Kleiner Exkurs zum Datenschutz

- Müssen diese Personen Zugriff auf alle Daten haben, oder würde der Zugriff auf bestimmte Daten genügen? Wenn ja, wie könnte eine solche Begrenzung umgesetzt werden?
- Wer hat Zugriff auf besonders schützenswerte Daten? Benötigen die Personen mit Zugriff darauf diesen für die Erledigung ihrer Aufgaben? Wenn nicht, wie könnte eine Begrenzung des Zugriffs umgesetzt werden?
- Wer kann (theoretisch) zusätzlich auf die Daten zugreifen? Z. B. Sekretariat, Kolleg:innen im selben Büro, Poststelle, Empfänger:innen weitergeleiteter E-Mail-Verläufe, Kolleg:innen mit Zugriff auf geteilte E-Mail-Postfächer oder Ordner.
- Wie wird der Zugriff auf die Daten dokumentiert? Ist nachvollziehbar, wer alles Zugriff darauf hat? Ist nachvollziehbar, wer wann welche Daten geändert hat?
- Könnte der Zugriff auf Daten besser gesteuert werden, z. B. über Zugriffsbeschränkungen oder andere Technische und Organisatorische Maßnahmen (sog. TOMs)?

Wie in diesem Kapitel bereits angesprochen, wird bei der Umsetzung von Prozessen in Software-Lösungen mit Berechtigungen gearbeitet. Darüber kann genau festgelegt werden, wer wann auf welche Daten und Dateien zugreifen kann. Auch können die erfolgten Zugriffe automatisiert und granular dokumentiert werden, sodass sich genau nachvollziehen lässt, wer Daten verändert hat. Während die Digitalisierung auch Gefahren für den Datenschutz mit sich bringt (etwa, weil Daten schnell und einfach mit den falschen Personen geteilt werden können), sollten ihre Vorteile wie die technische Zugriffsbeschränkung und die automatische Prozessdokumentation unbedingt genutzt werden.

- Wo und wie werden die Daten erhoben, geteilt, gespeichert, verschlüsselt?

Diese Frage sollte mit den Software-Anbietern geklärt werden, deren Lösungen man für die Digitalisierung eines Prozesses in Betracht zieht. An dieser Stelle wird die Analyse sehr technisch und damit für Laien schwer nachvollziehbar. Es empfiehlt sich daher, Kolleg:innen einzubeziehen, die sich mit der technischen (IT) und mit der datenschutzspezifischen Seite (Datenschutzbeauftragte) auskennen. Es ist auch sinnvoll, zu erörtern, wie die Daten aktuell gespeichert und geteilt werden. Denn auch, wenn die Prozessabwicklung über Papier und E-Mail erfolgt, gibt es Verbesserungspotenziale in Sachen Datenschutz. Auch hierbei können Datenschutzbeauftragte und IT in der Regel helfen.

- Wo befinden sich mögliche Schwachstellen beim Schutz der Daten? Z. B. Versand von Daten per E-Mail; Einsicht in sensible Daten durch Personen, die keine Einsicht benötigen (z. B. durch den Versand sensibler Dokumente in der Gittermappe).

5.5.2 Datenschutz-Folgenabschätzungen

Laut der Datenschutz-Grundverordnung sind Unternehmen und öffentliche Stellen dazu verpflichtet, unter bestimmten Bedingungen eine Datenschutz-Folgenabschätzung (DSFA) durchzuführen. Dies ist erforderlich, wenn die Verarbeitung von Daten (z. B. die Bearbeitung von Anträgen) „voraussichtlich ein hohes Risiko für die Rechte und Freiheiten natürlicher Personen zur Folge" hat, und das „insbesondere bei Verwendung neuer Technologien".[3] Die DSFA soll es ermöglichen, bereits vor der Implementierung eines Prozesses Risiken für den Datenschutz zu erkennen und daraus Maßnahmen abzuleiten, um diese zu minimieren. Für mehrere Prozesse, die einander ähneln und ähnliche Risiken bergen, genügt dabei eine einzige Untersuchung.[4]

Laut DSGVO sollte eine DSFA folgende Inhalte aufweisen:

- eine Beschreibung des Vorgangs (was wird gemacht?),
- eine Auflistung der Zwecke und der berechtigten Interessen der Stadtverwaltung, die Verarbeitung vorzunehmen (warum wird es gemacht?)
- eine Argumentation der Notwendigkeit, den Vorgang auf diese Art abzuwickeln (warum wird es so gemacht?)
- eine Erörterung der Risiken, die daraus entstehen können (was könnten negative Folgen sein?); mit einer Einschätzung der Schwere des Schadens und der Eintrittswahrscheinlichkeit eines Ereignisses, das diesen Schaden verursacht,
- eine Beschreibung der Maßnahmen, mit denen diese Risiken minimiert werden sollen (mit welchen Technischen und Organisatorischen Maßnahmen (TOMs) verhindern wir die negativen Folgen?).[5]

Für die Erstellung einer Datenschutz-Folgenabschätzung sind im Internet zahllose Muster verfügbar, die man über die Eingabe des Begriffs in eine Suchmaschine finden kann. Die Entscheidung darüber, welche Vorlage verwendet wird, sollte in Abstimmung mit den Datenschutzbeauftragten getroffen werden. Diese haben ggf. bereits eine Vorlage ausgewählt oder eine Software beschafft, die dafür stadtweit zum Einsatz kommt.

Eine Strategie zur systematischen Erstellung von Datenschutz-Folgenabschätzungen kann die Etablierung einer DSFA „Task Force" sein. Dabei können Datenschutzbeauftragte und die Vertreter:innen von IT, Personalrat und dem zuständigen Fachbereich zusammenkommen. Gemeinsam werden dann DSFA für alle Prozesse erstellt, die im jeweiligen Fachbereich abgewickelt werden. Die Ergebnisse können als Vorlage für die anderen Fachbereiche verwendet und bei Bedarf an ihre jeweiligen Eigenheiten angepasst werden. So dient die bereits erfolgte Arbeit eines Fachbereichs als Grundlage für die anderen, sodass nicht jedes Mal von vorne begonnen werden muss. Außerdem kann

---

[3] Vgl. Ebd. Artikel 35, S. 53.
[4] Vgl. Ebd.
[5] Vgl. Ebd. Artikel 35, S. 54.

dadurch eine systematische Untersuchung in der gesamten Stadtverwaltung erfolgen, bei der alle jeweils relevanten Parteien einbezogen werden.

Zum Abschluss dieses kleinen Exkurses soll noch einmal betont werden, wie wichtig es ist, das Thema Datenschutz nicht stiefmütterlich zu behandeln, sondern sehr ernst zu nehmen. Die Stadtverwaltungen können für ihre Beschäftigten und Bürger:innen durch die digitale Bearbeitung viele Mehrwerte schaffen, z. B. durch höhere Transparenz oder die vereinfachte Kommunikation. Zugleich ist es aber auch ihre Aufgabe, ihre Daten bestmöglich vor dem Missbrauch anderer zu schützen.

5.6 Kurzversion des Fragenkatalogs

Wie zu Beginn des Kapitels angekündigt, findet sich nachfolgend noch eine Kurzversion des Fragebogens. Diese ist zwar immer noch recht lang, doch enthält sie ausschließlich die oben aufgeführten Fragen – ohne Erläuterungen, Ergänzungen oder Beispielantworten. Die Liste kann so zum Beispiel während der Prozessanalyse zu Rate gezogen werden, ohne die einzelnen Fragen aus den restlichen Inhalten heraussuchen zu müssen.

Auslösende Person

- Zu welcher Personengruppe gehört die Person, die den Prozess auslöst?
- Befindet sie sich in einer Lebenssituation, die für die Bearbeitung relevant sein könnte?
- Weshalb löst die Person den Prozess aus? Anspruch, gesetzliche Vorgabe, Richtlinie?
- Welche Auswirkungen könnte der Grund auf die Antragsbearbeitung haben?
- Was wünscht sich die Person von der Bearbeitung, was ist ihr besonders wichtig?
- Wie sähe die ideale Kommunikation (Formulare, Rückfragen, Bescheide) für sie aus?
- Wie sähe der Idealprozess für die auslösende Person aus?
- Welche Probleme oder Herausforderungen können sich für sie ergeben?
- Welche Informationen benötigt sie, um ihr Anliegen bestmöglich anbringen zu können?

Hauptverantwortliche Person

- Welche Person/Gruppe/Rolle bearbeitet das Anliegen hauptsächlich?
- Bringt sie bestimmte Kompetenzen in den Prozess mit?
- Gibt es eine offizielle Stellvertretung? Hat sie alle nötigen Informationen und Zugänge?
- Was ist der hauptverantwortlichen Person bei der Bearbeitung besonders wichtig?
- Welche Probleme oder Herausforderungen können sich für sie ergeben?
- Wie würde der ideale Prozess für sie aussehen?
- Was benötigt sie für die Bearbeitung (Arbeitsmittel, Informationen)?
- Auf welche Fachverfahren und Informationsquellen benötigt sie Zugriff?
- Ist für ihre Arbeit eine physische Anwesenheit erforderlich? Wenn ja, warum?

- Wie kommuniziert sie mit den Beteiligten (Nachforderungen, Arbeitsstände, Bescheide)?
- Darf/soll sie im Prozess selbstständig Entscheidungen treffen? Wenn nicht, warum?

Weitere Beteiligte

- Wer wird zusätzlich in den Prozess einbezogen und warum?
- Gibt es eine offizielle Stellvertretung? Hat sie alle nötigen Informationen und Zugänge?
- In welchen Bereichen liegen die Kompetenzen der Beteiligten in Bezug auf den Prozess?
- Was wünschen sich die weiteren Beteiligten jeweils von der Bearbeitung des Anliegens?
- Welche Probleme und Herausforderungen können sich für sie ergeben?

Antragsformulare/Vorlagen zum Auslösen des Prozesses

- Welche Formulare oder Vorlagen müssen ausgefüllt werden, um den Prozess auszulösen?
- In welchem Format liegen diese momentan vor? Welches Format wäre zu bevorzugen?
- Können sie aktualisiert und/oder verbessert werden?
- Sind alle angefragten Informationen für die Bearbeitung zwingend notwendig?
- Liegen Daten der Verwaltung bereits vor und könnten ggf. „wiederverwendet" werden?
- Gibt es Daten im Formular, die durch Metadaten automatisch erhoben werden könnten?
- Könnten durch technisch umgesetzte Pflichtfelder Nachforderungen minimiert werden?
- Welche Felder werden oft falsch ausgefüllt? Wie könnte man sie verbessern?

Nachweise und Bescheide

- Muss die auslösende Person Nachweise erbringen? Sind diese zwingend erforderlich?
- In welchem Format werden die Nachweise bereitgestellt? Welches wäre wünschenswert?
- Wird der auslösenden Person kommuniziert, warum die Nachweise benötigt werden?
- Weiß sie, welche Dokumente gemeint sind und wie sie diese beschaffen kann?
- In welchem Format liegen Bescheide vor? Welches Format wäre zu bevorzugen?
- Gibt es eine Vorlage für den Bescheid? Ist diese aktuell? Könnte sie verbessert werden?
- Wie wird der Bescheid zugestellt? Welche Zustellungsform wäre wünschenswert?
- Muss das Ergebnis ein physisches oder speicherbares Dokument sein?

Weitere Daten und Dokumente

- Welche weiteren Daten oder Dateien sind für den Prozess relevant und warum?
- In welchem Format liegen diese aktuell vor? Welches Format wäre wünschenswert?
- Sind benötigte Vorlagen verständlich und aktuell? Können sie verbessert werden?
- Gibt es Prüfkriterien? Sind sie dokumentiert, leicht aufzufinden, aktuell und verständlich?
- Werden Vorlagen verwendet? Sind sie leicht aufzufinden, aktuell und verständlich?
- Sind Daten aus dem Prozess für Statistiken relevant?

5.6 Kurzversion des Fragenkatalogs

- Werden Informationen aus anderen Systemen benötigt?

Arbeitsschritte

- Welche Schritte sind zwingend erforderlich, um das Ziel des Prozesses zu erreichen?
- Welche zusätzlichen Schritte beinhaltet der Prozess und warum?
- Kommen diese in jedem Vorgang vor oder nur in Einzelfällen?
- Könnten zusätzliche Schritte gestrichen oder vereinfacht werden?
- Welche Schritte verursachen aktuell die meiste Arbeit für die Beteiligten und warum?
- Wie kann die Arbeit an ihnen erleichtert werden? Wie könnte man sie verschlanken?
- Welche Arbeitsschritte dauern am längsten? Wie könnte man sie verbessern?
- Welche Schritte bringen die größten Probleme mit sich? Wie könnten diese gelöst werden?

Unterschriften, Sichtvermerke, Kenntnisnahmen

- Gibt es eine Schriftformerfordernis?
- Wenn nicht, werden trotzdem Unterschriften getätigt? Wenn ja, von wem und warum?
- Könnte auf diese verzichtet werden? Wenn nicht, könnte die Anzahl reduziert werden?
- Was passiert, wenn eine Unterschrift abgelehnt wird?
- Müssen Sichtvermerke getätigt werden? Wenn ja, von wem und warum?
- Könnte auf diese verzichtet werden? Wenn nicht, könnte die Anzahl reduziert werden?
- Werden Ergebnisse zur Kenntnisnahme verschickt? Wenn ja, warum?
- Auf welche Art erfolgt die Kenntnisnahme aktuell? Könnte diese vereinfacht werden?

Fristen

- Gibt es Fristen für die Bearbeitung? Wenn ja, sind diese eindeutig kommuniziert?
- Werden die Fristen durchschnittlich eingehalten? Wenn nicht, warum?
- Wie werden Überschreitungen kommuniziert? Könnten diese ggf. Schäden verursachen?
- Könnte die Einhaltung durch digitale Fristen und Erinnerungen optimiert werden?
- Gibt es eine Widerspruchsfrist für den Prozess? Wenn ja, wie lange dauert diese?
- Gibt es eine Aufbewahrungsfrist? Wenn ja, wie lange dauert diese?

Aufbewahrung der Akten/Dokumente

- Muss der Vorgang aufbewahrt werden? Wenn ja, wo und wie lange?
- Gibt es ein Aktenzeichen/einen Aktentitel?
- In welchem Format werden die Daten aufbewahrt? Welches Format wäre wünschenswert?
- Welche Daten müssen zwingend aufbewahrt werden, welche nicht?
- Werden die Daten an das Stadtarchiv übergeben? Wenn ja, für wie lange?

Transparenz und Datenschutz

- Wer darf/soll den Bearbeitungsstand sehen und warum? Wie kann er mitgeteilt werden?
- Wer darf/soll den ganzen Vorgang/Teile davon/Dokumente darin sehen und warum?
- Welche Daten werden erhoben? Welche davon sind besonders schützenswert?
- Welche der Daten sind für die Bearbeitung zwingend nötig, welche nicht?
- Wer braucht jeweils Zugriff auf die Daten und warum?
- Wer kann (theoretisch) zusätzlich auf die Daten zugreifen? Könnte dies verhindert werden?
- Wie wird der Zugriff auf die Daten dokumentiert? Sind Änderungen nachvollziehbar?
- Benötigen alle Beteiligten Zugriff auf alle Daten? Oder würden bestimmte Daten genügen?
- Könnte der Zugriff auf die Daten noch besser gesteuert werden?
- Wo und wie werden die Daten erhoben, geteilt, gespeichert, verschlüsselt?
- Wo befinden sich mögliche Schwachstellen beim Schutz der Daten?

6 Optimierung und Digitalisierung: Prozessworkshop und Software-Suche

> **Zusammenfassung**
>
> Der Prozess wurde erhoben, abgebildet und die verschiedenen Aspekte genau untersucht. Nun kommt der Zeitpunkt, an der Verbesserung des Prozesses zu arbeiten, Schwachstellen zu beseitigen und die Vorteile der Digitalisierung zu nutzen. Dazu empfiehlt sich die Durchführung eines Workshops, an dem das Prozessteam und alle relevanten Beteiligten mitwirken. Aber wie organisiert man einen solchen Workshop? Wer sollte daran teilnehmen? Und wie sorgt man für eine möglichst große Motivation bei den Beteiligten? Dieses Kapitel bietet eine ausführliche Beispiel-Agenda mit empfohlenen Zeitangaben, Vorlagen für Protokolle und gemeinsame Workshop-Regeln. Außerdem gibt es Tipps für die Umsetzung der beschlossenen Optimierungen und die Suche nach einer geeigneten Software-Lösung.

6.1 Wer, wann, wo, wie, was? Organisatorisches

Für die Überarbeitung eines Prozesses spielen nicht nur dessen Eigenschaften und Schwachstellen eine wichtige Rolle, sondern auch die Teilnehmenden und ihre jeweilige Einstellung. Haben die Beteiligten Interesse daran, den Prozess aktiv mitzugestalten? Fühlen sie sich in dem Raum wohl, in dem sie die nächsten Stunden mit intensiver Arbeit verbringen werden? Sind sie noch müde, oder etwa mit dem Kopf bereits im Feierabend? Über die Beachtung solcher – augenscheinlich unwichtiger – Details kann die Erfolgswahrscheinlichkeit des Workshops gesteigert werden. Dafür muss zunächst der organisatorische Rahmen festgelegt werden.

6.1.1 Wer sollte am Workshop teilnehmen?

Je nach Art und Komplexität des Prozesses kann die Anzahl der Teilnehmenden stark variieren. In den Workshops ist es besonders wichtig, alle zu Wort kommen zu lassen und ihre jeweiligen Perspektiven auf den Prozess einzubeziehen. Grundlegend kann folgende Regel gelten: So viele Beteiligte wie nötig, so wenige wie möglich. Denn je mehr Personen anwesend sind, desto mehr verschiedene Meinungen und Interessen kommen zusammen, und desto länger dauert es meistens auch, zu einer Entscheidung zu gelangen. Je mehr Menschen sich einbringen (und die aktive Teilnahme ist ja durchaus wünschenswert), desto mehr Redebedarf besteht, und desto mehr Zeit muss investiert werden. Eine möglichst kleine Runde erhöht deshalb die Wahrscheinlichkeit, dass alle wichtigen Themen angesprochen und zielgerichtet Kompromisse ausgehandelt werden können.

Wen sollte man also einladen? Natürlich sollte mindestens eine Person aus dem Prozessteam dabei sein, um den Workshop zu moderieren. Wer sonst noch involviert werden muss, hängt ganz vom jeweiligen Prozess ab und muss deshalb individuell entschieden werden. Nachfolgend findet sich jedoch eine Auflistung der Rollen, die für die meisten Prozesse und ihre Optimierung relevant sind.

6.1.1.1 Hauptverantwortliche Person/Sachbearbeitung

In jedem Prozess gibt es eine Person, die für dessen Abwicklung hauptverantwortlich ist. Oftmals ist das die zuständige Sachbearbeitung, die Angaben prüft, Rückfragen klärt und sich generell darum kümmert, dass der Vorgang auf ein sinnvolles Ergebnis zuläuft. Die Erfahrungswerte und Meinung dieser Person sind unabdingbar für die Verbesserung des Prozesses. Zugleich hat sie jedoch auch das Potenzial, angestrebte Veränderungen zu verhindern. Deshalb ist es besonders wichtig, diese Person früh an Bord zu holen, ihr Wertschätzung für ihre Expertise und Arbeit entgegenzubringen und sie von der Sinnhaftigkeit der Prozessoptimierung zu überzeugen.

Die Sachbearbeitung agiert entweder allein oder als Teil eines Teams, das die Vorgänge unter sich aufteilt. Wenn möglich, sollte in diesem Fall nicht das gesamte Team eingeladen werden. Die Beteiligung aller Mitglieder würde die Anzahl der Anwesenden und damit die Wahrscheinlichkeit von ausgedehnten Diskussionen erhöhen. Zugleich haben die Sachbearbeiter:innen einen sehr ähnlichen Blick auf den Prozess, weshalb ihre gemeinsame Teilnahme nicht automatisch größere Mehrwerte bringt. Stattdessen kann es passieren, dass sich die Teammitglieder gegen die anderen Beteiligten zusammenschließen. Die so entstehende Grüppchenbildung kann die freie Äußerung von Meinungen und Ideen und die gemeinsame Entscheidungsfindung erschweren. Deshalb empfiehlt es sich, das gesamte Team zwar in die Vorbereitung des Workshops einzubeziehen, sie aber zu bitten, eine Person zu bestimmen, die für alle anderen am Workshop teilnimmt. Diese spiegelt die Ergebnisse im Nachgang mit den restlichen Mitgliedern. Haben sie Fragen oder Einwände, können sie sich jederzeit an das Prozessteam wenden.

Und wenn es keine zuständige Sachbearbeitung gibt? In kleineren Prozessen, zum Beispiel bei der Abstimmung von Projektskizzen, gibt es mehrere Beteiligte, von denen keine eindeutig hauptverantwortlich ist. In diesen Fällen kann das Prozessteam in Absprache mit der Stadtspitze oder einer anderen hoch angesiedelten Stelle klären, wer diese Rolle offiziell einnehmen soll. Dabei kann es sich auch um eine Rolle handeln, die pro Einzelfall jeweils von einer anderen Person eingenommen wird. Das könnte bei der Abstimmung von Projektskizzen zum Beispiel entweder die Projektleitung, der/die Auftraggeber:in des Projektes oder die Person sein, die die Skizze erstellt hat.

Eine solche Absprache ist aus mehreren Gründen wichtig. Zunächst hilft eine eindeutige Entscheidung künftig dabei, klare Verantwortlichkeiten zu schaffen. Auch gibt sie der Stimme der Person mehr Gewicht, die die entsprechende Rolle innehat. Ist bei der Abstimmung einer Projektskizze zum Beispiel offiziell die Person hauptverantwortlich, die den Entwurf erstellt hat, kann sie bei langer Bearbeitungsdauer besser ein Ergebnis einfordern. Außerdem müssen für die Digitalisierung des Prozesses in einer Software später Berechtigungen vergeben werden. Darüber wird genau festgelegt, wer welche Aktion tätigen und Inhalte sehen darf. Um die Berechtigungen richtig zuweisen zu können, muss bekannt sein, wer welche Rolle innehat und damit, wer welche Zugriffe benötigt.

Wen lädt man nun zum Workshop ein, wenn es keine hauptverantwortliche Person gibt, sondern diese je nach Einzelfall variiert? Auch für Prozesse dieser Art gibt es Expert:innen. Das sind für gewöhnlich diejenigen, die sie besonders oft abwickeln. Im Fall der Abstimmung von Projektskizzen bietet es sich zum Beispiel an, jemanden aus dem Bereich des Projektmanagements um die Teilnahme zu bitten. Diese Personen bringen genau die Erfahrungswerte mit, die für den Workshop wichtig sind, und haben zumeist auch ein Interesse daran, den Ablauf zu verbessern, weil sie oft mit ihm zu tun haben.

6.1.1.2 Führungskräfte

Kommt ein Unterschriftsweg im Prozess vor, kann es sinnvoll sein, eine Führungskraft mit einzubeziehen, die stellvertretend für alle anderen Führungskräfte agiert. So kann sie in deren Namen etwa Entscheidungen darüber treffen, bis zu welcher Ebene Unterschriften nötig sind und ob diese über das Prozessergebnis informiert werden sollen. Alternativ können diese Informationen auch in der Vorbereitungsphase des Workshops eingeholt und in diesem berücksichtigt werden. Sollte eine alternative Lösung aufkommen, die alle Anwesenden bevorzugen, kann sich das Prozessteam im Nachgang mit den Führungskräften dazu austauschen. Wichtig ist in beiden Szenarien, dass offiziell bestimmt wird, welche Person Entscheidungen dieser Art für die gesamte Verwaltung treffen darf.

Wir haben bei ShiftDigital zum Beispiel die Erfahrung gemacht, dass eine Führungskraft gerne eine Kenntnisnahme des Prozessergebnisses erhalten wollte, während alle anderen dies für überflüssig hielten. Nun sollte aber unbedingt vermieden werden, denselben Prozess in mehrfacher Ausführung zu gestalten, damit die singulären Bedürfnisse Einzelner zufriedengestellt werden. Deshalb empfiehlt es sich, jemanden zu bestimmen, der für alle in derselben Rolle eine Entscheidung trifft, die von den anderen akzeptiert wird. Diese Person muss aber nicht an jedem Prozessworkshop teilnehmen. Es genügt, wenn das Prozessteam sich mit dieser vorher oder nachher dazu abstimmt.

Oftmals ist es trotzdem sinnvoll, eine Führungskraft am Workshop zu beteiligen, um falls nötig für diese Rolle sprechen zu können. Dafür eignet sich etwa die direkte Führungskraft der jeweils zuständigen Sachbearbeitung, da diese ohnehin ein Interesse am Prozess hat. Das Prozessteam kann der Führungskraft stattdessen auch das Angebot machen, ihr vor dem Workshop die Agenda zukommen zu lassen und mit ihr die Punkte zu besprechen, die ihr wichtig sind. Auch nach dem Workshop sollte sie dann in die Kommunikation über den Prozess einbezogen werden. So kann sich die Führungskraft einbringen und spart sich gleichzeitig die Zeit, die sie sonst im Workshop verbringen müsste.

6.1.1.3 Weitere Beteiligte

Die weiteren Beteiligten sind abhängig vom jeweiligen Prozess. Entsprechend sollte auch individuell entschieden werden, ob eine Einbeziehung vor und nach dem Workshop ausreicht oder die jeweiligen Personen daran teilnehmen sollten. Häufige Rollen dieser Art sind zum Beispiel der Personalrat, die Schwerbehindertenvertretung, das Controlling oder das Rechnungsprüfungsamt. Ob eine Teilnahme erforderlich ist oder eine Beteiligung vorab ausreicht, kann das Prozessteam mit der hauptverantwortlichen Person, den beteiligten Führungskräften oder der Stadtspitze absprechen. Meist zeigt sich bereits bei der Prozesserhebung, ob es noch offene Fragen gibt, für deren Klärung die jeweiligen Beteiligten im Workshop anwesend sein sollten. Im Zweifelsfall kann man sie auch selbst entscheiden lassen, ob sie teilnehmen möchten oder es ihnen genügt, wenn das Prozessteam ihre Fragen oder Wünsche in den Workshop mitnimmt.

6.1.2 Wann und wie lange sollte der Workshop stattfinden?

Der Workshop sollte nicht zu früh abgehalten werden. Ist der Prozess zum Beispiel noch nicht komplett erhoben oder abgebildet, fehlt die nötige Diskussionsgrundlage. Sind wichtige Fragen noch ungeklärt, werden eventuell Lösungen erarbeitet, die im Arbeitsalltag gar nicht funktionieren können, weil der Ablauf eigentlich ganz anders aussieht. Und werden die meisten Schwachstellen des Prozesses erst im Workshop aufgedeckt und dann diskutiert, dürfen sich alle Teilnehmenden auf einen langen Tag einstellen. Je mehr Vorarbeit also erledigt wurde, desto erfolgversprechender ist der Workshop – und desto produktiver wird sich dieser auch für die Teilnehmenden anfühlen.

Dieser Vorteil darf nicht unterschätzt werden: Nur, wenn die Workshop-Beteiligten spüren, dass ihre investierte Zeit zu guten Ergebnissen führt, kann die flächendeckende Prozessverbesserung umgesetzt werden. Denn wenn sie positive Assoziationen mit der Arbeit am Prozess entwickeln, steigt die Wahrscheinlichkeit, dass sie anderen gegenüber positiv darüber sprechen und auch in Zukunft mitwirken möchten. Diese Bereitschaft wird umso höher sein, je produktiver und erfolgreicher gerade ein erster Workshop abläuft. Dauert dieser hingegen viele Stunden und dreht sich zugleich im Kreis, weil zu klärende Fragen und Probleme nicht gut genug vorbereitet sind, kann dies die Motivation der Beteiligten im Keim ersticken. Auch ist es schwer genug, einen gemeinsamen Termin mit allen nötigen Beteiligten zu finden. Hat man dies geschafft, sollte man diese Zeit so effizient wie möglich nutzen. Und zu guter Letzt steigt auch die Qualität der Ergebnisse, wenn der Workshop gut vorbereitet und strukturiert ist. Deshalb sollten zuvor alle in Kap. 3 und 5 erläuterten Vorbereitungen (Erhebung, Abbildung und Analyse) abgeschlossen sein.

Die anzusetzende Dauer eines Workshops hängt von der geleisteten Vorarbeit, der Komplexität des Prozesses und der Anzahl der Teilnehmenden ab. Grundsätzlich gilt: je mehr Vorarbeit geleistet wurde, desto geringer die benötigte Zeit und je höher die Komplexität und die Teilnehmerzahl, desto höher die benötigte Zeit. Das Prozessteam sollte daher individuell entscheiden, für welche Dauer es den Workshop ansetzen möchte. Auf der einen Seite ist es gut, sich mehr Zeit zu blocken, als man zu benötigen glaubt. Schließlich ist es sehr ärgerlich, wenn es nach Ablauf der Zeit noch Wichtiges zu besprechen gibt, die Teilnehmenden aber in Anschlusstermine müssen. Auf der anderen Seite nimmt man sich meistens mehr Zeit für einzelne Punkte, wenn man viel davon hat. Dies ist das sog. Parkinsonsche Gesetz des Philosophen Cyril Northcote Parkinson: „Arbeit dehnt sich in genau dem Maß aus, wie Zeit für ihre Erledigung zur Verfügung steht"[1]. Umso wichtiger ist es, genaue Zeitrahmen für die einzelnen Abschnitte des Workshops festzulegen. Unter Abschn. 6.3 findet sich ein möglicher Ablaufplan, bei dem jeder Agendapunkt mit einem Zeitvorschlag versehen ist. Rechnet man diese zusammen, ergibt sich (je nach Komplexität des Prozesses) eine Dauer von 2 bis 3 h. Länger sollte ein Workshop nicht dauern. Die gemeinsame Diskussion und Problemlösung ist anstrengend und herausfordernd, und die Konzentration der Beteiligten nicht endlos. Deshalb empfiehlt es sich, lieber 2 h fokussiert zu arbeiten, als 4 h in entspannter Runde zu diskutieren.

Schließt der Workshop den Arbeitstag ab, beginnt also nach dem Mittagessen, sind die dringlichen Aufgaben (Mails beantworten, Termine wahrnehmen) meist bereits erledigt. So sind die Beteiligten mit dem Kopf nicht bei der Arbeit, die nach dem Workshop noch zu tun ist, und können sich besser auf die Zusammenarbeit konzentrieren. Die Arbeitszeiten der Beschäftigten können jedoch sehr variieren. Gibt es nur bestimmte Zeitfenster, in denen alle Beteiligten verfügbar sind, sollten diese natürlich bevorzugt werden.

6.1.3 Wo sollte der Workshop stattfinden?

Wie in Abschn. 3.2.4 erläutert, empfiehlt es sich, den Workshop in einem Kreativraum abzuhalten. Ein solcher zeichnet sich durch eine freie Raumgestaltung (z. B. modulare

---

[1] Das Parkinsonsche Gesetz. Arbeitszeit erfolgreich managen. Artikel von Sophie Makkus auf der Webseite der Deutschen Unternehmer Plattform. https://dup-magazin.de/management/strategie/das-parkinsonsche-gesetz-arbeitszeit-erfolgreich-managen/ (letzter Aufruf: 19.04.2023, 11:40 Uhr).

oder leicht verschiebbare Möbel) und Arbeitsmaterialien für agile Arbeit aus (z. B. Whiteboard, Flipchart, Pinnwand, Beamer). Im Idealfall verfügt das Prozessteam selbst über einen solchen Raum, damit stets alles zur Verfügung steht, was man benötigt. Dies ist die Lösung, die jede Stadtverwaltung langfristig anstreben sollte. Ist ein solcher Raum nicht verfügbar, kann auch ein Konferenzraum verwendet werden. In diesem Fall sollte der meist große und klobige Konferenztisch entfernt oder ein Raum verwendet werden, der keinen solchen hat. Die gemeinsame Arbeit am Prozess profitiert davon, dass die Beteiligten im Kreis sitzen, an einem Whiteboard stehen oder sich auch mal für die Einzelarbeit zurückziehen können. Findet sich keine Räumlichkeit, die diese Anforderungen erfüllt, lässt sich sicherlich für kleines Geld das nächstgelegene Vereinsheim für ein paar Stunden mieten!

6.1.4 Wie wird eingeladen?

Die Einladung kann per Mail versandt werden. Es sollte eine eindeutig benannte Kalendereinladung enthalten sein, in der genau festgehalten ist, wann und wo der Termin stattfindet, und welche Agenda bearbeitet werden soll (Tipps für eine Workshop-Agenda in Abschn. 6.2). Wie findet man einen Termin, an dem alle Zeit haben? Die Kalender sind besonders bei Rollen wie Führungskräften oder Personalratsmitgliedern sehr voll. Deshalb empfiehlt sich die Ausrichtung an der Person, die terminlich am häufigsten gebunden ist (erfahrungsgemäß sind das die Führungskräfte). Sobald sie Terminvorschläge gemacht hat, können diese mit den freien Zeitfenstern der anderen Beteiligten abgeglichen werden. Auch kann es hilfreich sein, sich von allen Beteiligten potenzielle Vertretungen nennen zu lassen (bei der Führungskraft etwa deren Stellvertretung, die gewöhnlich selbst auch Führungskraft auf der Stufe darunter ist und ähnliche Erfahrungswerte mitbringen kann). Dies kann die Terminfindung ungemein erleichtern.

6.1.5 Vorbereitungen treffen – Inhalte und Methoden

Die Vorbereitung des Workshops wird hier nur kurz angesprochen, da die meisten Punkte entweder bereits erfolgt sind (z. B. in der Prozessanalyse) oder noch adressiert werden.

Sobald ein geeigneter Termin und ein Raum für die Durchführung gefunden sind, sollte sichergestellt werden, dass vor Ort Tee, Kaffee (inkl. Wasserkocher, Milch, Zucker, Tassen usw.) und Wasser bereitstehen, damit sich die Beteiligten darum nicht kümmern müssen. Ist im verfügbaren Raum keine Pinnwand und kein Whiteboard vorhanden, sollte eines davon organisiert werden. Grundlegend sollte das Prozessteam derartige Arbeitsmaterialien wie gesagt möglichst früh selbst zur Verfügung haben, sodass es diese jederzeit einsetzen kann. Auch für Haftnotizzettel, Stifte, Metaplankarten, Reißwecken usw. sollte gesorgt sein.

Was wird im Workshop besprochen? Alle Inhalte, die für den Workshop benötigt werden, wurden zum jetzigen Zeitpunkt bereits ausführlich vorbereitet. Die wichtigsten Schwachstellen im Prozess wurden herausgearbeitet. Nun geht es darum, gemeinsam Verbesserungen zu erarbeiten, Lösungsansätze zu entwickeln und Entscheidungen zu treffen, welche davon umgesetzt werden sollen. Das Prozessteam kann die Probleme und Fragen aus der Erhebung und Analyse des Prozesses in einer Liste zusammenfassen und mit der Einladung an die Teilnehmenden versenden, sodass sie sich darauf vorbereiten können. Auch der abgebildete Ist-Prozess kann angehängt werden.

Für die gemeinsame Arbeit können zusätzlich agile Methoden vorbereitet werden. Dazu ein wichtiger Hinweis: Es müssen keine pfiffigen Methoden zum Einsatz kommen, um einen Workshop durchzuführen. Ein solcher kann auch über das gemeinsame Gespräch erfolgreich gestaltet werden. Man sollte sich also keinen Druck machen, möglichst viele tolle Techniken einsetzen zu müssen. Es ist sinnvoll, wenn das Prozessteam Methoden erstmal gemeinsam ausprobiert, bevor sie in einem Workshop eingesetzt werden. So bekommen die Mitglieder ein Gefühl für ihre Vorteile, aber auch für noch unklare Stellen im Ablauf. Dann können sie besser einschätzen, für welche Problemstellungen sich die Arbeitsweisen jeweils eignen. Jede Methode hat zwar ihre Existenzberechtigung, sollte aber nur eingesetzt werden, wenn das angestrebte Ziel mit ihrer Hilfe auch erreicht werden kann. Geht es etwa darum, möglichst viele Ideen zu generieren, bieten sich Design-Thinking-Ansätze an. Möchte man hingegen ein Problem diskutieren, braucht es nicht zwingend eine Methode. Hier ist eine gute Moderation viel wichtiger, die dabei hilft, auf der sachlichen Ebene zu bleiben und nicht vom Thema abzuschweifen.

Es liegt beim Prozessteam, ob es im Workshop verschiedene Methoden und Techniken einsetzen möchte. Generell empfiehlt es sich aber, sich mit den vorhandenen Möglichkeiten auseinanderzusetzen. Denn der große Vorteil agiler Methoden ist, dass sie dabei helfen können, aus der gewohnten Denkweise auszubrechen und neue Perspektiven einzunehmen. So können die Workshop-Beteiligten oft ganz neue Ansätze entwickeln, auf die sie ohne agile Methoden vielleicht nicht gekommen wären. Wer sich eingehender mit dem Thema beschäftigen möchte, finden online zahllose, ausführliche Sammlungen, etwa in der Methodenbibliothek von „This Is Service Design Doing"[2], auf der Seite zu agilen Methoden im Projektmagazin[3] oder im „Playbook Agile Methoden"[4] von Me & Company. Einfach anschauen und ausprobieren!

---

[2] Methodenbibliothek von This Is Service Design Doing. https://www.thisisservicedesigndoing.com/methods (letzter Aufruf: 13.01.2023, 18:38 Uhr).

[3] Agile Methoden. Unterseite von der Webseite Projektmagazin mit verschiedensten Beiträgen zum Thema. https://www.projektmagazin.de/agile-methoden (letzter Aufruf: 13.01.2023, 18:40 Uhr).

[4] Playbook Agile Methoden: 150+ Arbeitsmethoden für 2023. Webseite von Me&Company GmbH. https://www.me-company.de/magazin/agile-methoden/ (letzter Aufruf: 13.01.2023, 18:45 Uhr).

6.2 Vorschlag für den Aufbau eines Prozessworkshops

Zum einfacheren Einstieg in die Durchführung von Workshops findet sich nachfolgend ein ausführlicher Vorschlag dafür, wie diese aufgebaut und durchgeführt werden können. Die verschiedenen Vorschläge haben sich in unserer Prozessarbeit bei ShiftDigital oder bei anderen Unternehmen und Kommunalverwaltungen immer wieder bewährt. Hinter den Überschriften finden sich jeweils Empfehlungen für den zeitlichen Rahmen der einzelnen Abschnitte. Natürlich kann sich jedes Prozessteam einen eigenen Ablauf überlegen, nur einzelne Punkte wählen oder diese an die eigenen Bedürfnisse anpassen. Der Vorschlag soll nur eine Orientierung bieten und dabei helfen, Ideen für die produktive Zusammenarbeit zu entwickeln. Leser:innen mit Erfahrung in Workshops und agilen Methoden werden sich mit einigen der unten aufgeführten Punkte (z. B. Check-In, Workshop-Regeln, Timekeeping) bereits auskennen. Sie können diese nach Bedarf überspringen oder auch dazu verwenden, ihr Wissen aufzufrischen.

6.2.1 Intro und Check-In (10 min)

Zu Beginn des Workshops stellen die Beteiligten sich selbst, ihren Aufgabenbereich und ihre Rolle innerhalb des Prozesses vor. Wenn sich alle bereits kennen, kann dies ausgelassen werden. Intro und Check-In werden am besten im Kreis stehend durchgeführt, damit alle einander gut sehen können und aufeinander fokussiert sind. Das Stehen sorgt für gewöhnlich auch dafür, dass man sich kurzfasst. Außerdem kann es belebend sein, sich vom vielen Sitzen zu erholen. So wird direkt eine aktive Atmosphäre geschaffen.

Es folgt der sogenannte Check-In. Dabei sagen alle Teilnehmenden, wie es ihnen geht und was sie gerade beschäftigt. Das Prozessteam sollte den Anfang machen, um zu erklären, wie der Check-In funktioniert. Ein Beitrag könnte zum Beispiel so aussehen: „Ich habe gut geschlafen und fühle mich deshalb recht fit. Ich bin sehr gespannt auf den Workshop und was wir gemeinsam erarbeiten. Ich mache mir Sorgen, dass wir nicht alles schaffen, was wir uns für heute vorgenommen haben." Dies zeigt den anderen, dass sie auch offen über ihre Zweifel reden dürfen und ihr Wohlbefinden eine Rolle spielt. Mit dem Check-In soll ein Gefühl für die Stimmung der Anwesenden entwickelt werden, damit man auf diese eingehen kann. Auch nimmt man sich dabei als Teil einer Gruppe wahr, die einander zuhört und sich für die jeweils anderen interessiert. Der Check-In ist nur ein Vorschlag, muss also nicht durchgeführt werden. Es empfiehlt sich aber, von allen Beteiligten zu erfragen, welche Zweifel oder Bedenken sie im Kontext des Workshops beschäftigen. Darüber kann das Prozessteam besser einschätzen, mit welchen Widerständen oder Fragen zu rechnen ist.

▶ **Definition Check-In** Methode für den Anfang agiler Meetings, bei der alle Anwesenden mitteilen, wie es ihnen geht und was sie beschäftigt. So kennen sie die Stimmung der jeweils anderen und können sich darauf einstellen. Dies kann das Gemeinschaftsgefühl fördern und eine offene Atmosphäre für die nachfolgende Arbeit schaffen.[5]

Noch ein Hinweis: Einige Beschäftigte hatten bisher noch keine Berührungspunkte mit agilen Methoden oder Workshops. Für sie kann es zunächst befremdlich sein, auf diese Art zu arbeiten. Deshalb sollte das Prozessteam möglichst genau beschreiben, wie der jeweilige Ablauf aussieht und welche Ziele man damit erreichen möchte. Sollte sich jemand weigern, agile Methoden auszuprobieren, finden sich einige Tipps zum Umgang mit Widerständen dieser Art in Abschn. 7.2.2.5.

6.2.2 Verteilung von Rollen (5 min)

Für die erfolgreiche Durchführung eines Workshops empfiehlt es sich, Rollen zu verteilen. Dadurch ist allen klar, wer für welche Aufgaben verantwortlich ist. Außerdem kann Autorität so auf verschiedene Beteiligte verteilt werden: alle gestalten den Workshop gemeinsam, sowohl inhaltlich als auch in Bezug auf die Durchsetzung der Regeln. Falls möglich, kann allen Beteiligten eine Rolle zugewiesen werden, die darauf Lust haben. Damit hat jeder einen Teil der Kontrolle über das Geschehen, es wird eine gewisse Gleichwertigkeit der Teilnehmenden hergestellt und die Diskussion auf Augenhöhe wird besser möglich.

Die nachfolgenden Rollen sind nur Vorschläge, die auf unseren Erfahrungen bei ShiftDigital basieren. Wir haben gelegentlich nicht klar bestimmt, wer sich um welchen Aspekt kümmert, sodass zum Beispiel der zeitliche Rahmen gesprengt wurde. Natürlich passiert es auch den Rolleninhaber:innen, dass sie von der Diskussion mitgerissen werden und ihren Aufgaben nicht perfekt nachkommen. Das ist aber nicht schlimm. Die Anwesenden dürfen sich gerne gegenseitig an ihre Rollen erinnern. Gerade in kleineren Runden wird es häufig passieren, dass die meisten Rollen vom Prozessteam übernommen werden. So können sich die Beteiligten auf die fachliche Arbeit konzentrieren. Zu Beginn dieses Workshop-Teils sollten alle Rollen kurz vorgestellt und dann vergeben werden. Am Schluss jeder Rollenbeschreibung findet sich eine Zusammenfassung in Stichpunkten.

6.2.2.1 Moderation

Die wichtigste Rolle für einen erfolgreichen Workshop ist die Moderation: Sie führt die Teilnehmenden durch die Agenda, lenkt ausufernde Diskussionen zurück auf die Zielgerade und vermittelt zwischen den Teilnehmenden. Die Moderation wirkt damit

---

[5] Vgl.: Check-In-Methode – Besprechung agil beginnen. Artikel von Tobias Theel auf Innoversitaet.de. https://innoversitaet.de/check-in-methode-besprechung-agil-beginnen/ (letzter Aufruf: 04.11.2022, 13:32 Uhr).

strukturierend und leitend – im Idealfall, ohne inhaltlich zu sehr in den Vorgang einzugreifen. Sie sammelt Fragen, wichtige Punkte und Ideen (zum Beispiel auf Haftnotizzetteln) und bringt diese an den passenden Punkten mit in die Diskussion ein.

Das klingt nach vielen herausfordernden Aufgaben – und das ist absolut korrekt. Die Leitung eines Workshops ist kein Zuckerschlecken. Man muss die verschiedenen Aufgaben jonglieren, die Agenda einhalten, auf die Teilnehmenden und ihre Bedürfnisse eingehen und zugleich dafür sorgen, dass verwertbare Ergebnisse entstehen. Diese Rolle ist nicht für jeden geeignet. Die wichtigsten Attribute sind auch hier die Motivation und die in Kap. 3 erwähnten Soft Skills: eine Affinität für zwischenmenschliche Kommunikation und die Vermittlung zwischen verschiedenen Interessensgruppen sowie ein ruhiger Umgang in stressigen Situationen. Deshalb empfiehlt es sich, dass die Mitglieder des Prozessteams die Moderation übernehmen. Sie bringen den nötigen neutralen Blick mit und sind auf die zielgerichtete Optimierung der Prozesse ausgerichtet.

Auch Neueinsteiger:innen können die Leitung von Workshops schnell erlernen. Dieses Buch kann erste Anhaltspunkte dafür liefern, wie ein Workshop gestaltet werden kann. Praxiserfahrung erhalten sie über ein Copilot-System, indem sie die erfahrenen Teammitglieder begleiten, bis sie sich selbst sicher fühlen. Danach kann die erfahrene Person noch ein paar Mal als Copilot bereitstehen, falls ihre Hilfe benötigt wird. So können Neulinge in einem sicheren Umfeld lernen und sich langsam in die neue Rolle einarbeiten.

Aber wie legt man die Mitglieder des Prozessteams als Moderation fest, ohne den Teilnehmenden das Gefühl zu geben, ihnen Vorschriften zu machen? Da das Prozessteam sich bisher um die Organisation gekümmert hat, werden vermutlich alle davon ausgehen, dass es auch die Moderation im Workshop übernimmt. Zu Beginn der Rollenverteilung kann also in die Runde gefragt werden, ob alle damit einverstanden sind, wenn sich das Prozessteam um die Moderation kümmert. Erfahrungsgemäß stimmen dem alle zu.

Aufgaben und Rolle der Moderation

- führt durch die Agenda
- leitet die Diskussionen an
- bietet einen neutralen Blick
- hilft bei der Fokussierung auf die Ziele
- agiert schlichtend und vermittelnd
- macht Vorschläge bei Entscheidungsschwierigkeiten
- unterbindet Diskussionen über bereits abgeschlossene Punkte

6.2.2.2 Timekeeper

Für jeden Punkt auf der Agenda sollte ein zeitlicher Rahmen festgelegt werden, damit man sich nicht in Diskussionen verstrickt und alle wichtigen Themen adressiert werden können. Dafür sollte sich eine Person darauf fokussieren, dass die abgemachten Zeiten eingehalten werden. Aufgabe des Timekeepers ist es, vor jedem Agendapunkt oder neuem Abschnitt einen Vorschlag dafür zu machen, wie viel Zeit man sich dafür nimmt. Dabei kann das Prozessteam unterstützen, indem es in der Vorbereitung Zeiteinheiten für die einzelnen Themen festlegt. Haben sich alle geeinigt, wird ein Timer gestellt (z. B. der Wecker auf dem Handy oder eine Timer-Uhr). Die festgelegten Zeiteinheiten müssen nicht strikt eingehalten werden. Stattdessen kann nach deren Ablauf gemeinsam entschieden werden, ob das Thema noch weiter diskutiert werden soll, und wenn ja, wie lange. Die Rolle des Timekeepers kann auch vom Prozessteam übernommen werden.

Aufgaben und Rolle des Timekeepers

- leitet die Entscheidung über die Zeiteinheiten ein
- stellt den Timer und achtet auf diesen
- klärt bei Ablauf der Zeit, ob weiterer Diskussionsbedarf besteht

6.2.2.3 Repräsentation der auslösenden Person

Oftmals ist die auslösende Person keiner expliziten Gruppe zuzuweisen. Dann ist es schwierig, für den Prozessworkshop eine Person zu bestimmen, die stellvertretend für diese Person steht. Geht es zum Beispiel um einen Antrag auf bezahlten Sonderurlaub, können diesen theoretisch alle Beschäftigten stellen. Wer soll also am Workshop teilnehmen? Vermutlich wird sich niemand genug für den Prozess interessieren, um als geeignete Vertretung zu agieren. Gleichzeitig ist es sehr wichtig, ein besonderes Augenmerk auf die Bedürfnisse und Ziele der auslösenden Person zu richten, da der gesamte Vorgang nur ihretwegen durchgeführt wird. Deshalb sollte eine:r der Anwesenden diese Rolle stellvertretend einnehmen. Die Person sollte jedoch selbst nicht an anderer Stelle am Prozess beteiligt sein (z. B. als Sachbearbeitung, Führungskraft, Controlling), da es sonst zu einem Interessenkonflikt kommen kann. Man wäre schließlich motiviert, Entscheidungen lieber zu eigenen Gunsten zu treffen als zu denen der auslösenden Person. Deshalb sollte diese lieber von jemandem vertreten werden, der selbst nicht an der Durchführung des Prozesses beteiligt ist. Hier bieten sich erneut die Mitglieder des Prozessteams an: Sie haben kein persönliches Interesse am Prozess und können damit gut als Stellvertretung für diejenigen agieren, die den Vorgang auslösen. Wird ein Prozess immer von einer spezifischen Gruppe ausgelöst, zum Beispiel von Führungskräften, sollte stattdessen eine Person aus dieser Gruppe am Workshop teilnehmen. Sie weiß, worauf geachtet werden muss und hat ein Interesse daran, Optimierungen für die Auslöser:innen vorzunehmen.

Aufgaben und Repräsentation der auslösenden Person

- argumentiert aus Sicht der auslösenden Person
- greift ein, wenn diese durch Entscheidungen beeinträchtigt wird

- trennt klar zwischen ihren und den eigenen Bedürfnissen

6.2.2.4 Pragmatismus-Beauftragte:r

Es mag etwas albern klingen, eine derartige Rolle für Workshops vorzuschlagen. Doch es hat sich bewährt, dass eine Person sich dafür verantwortlich fühlt, die einfachste Lösung anzustreben, die den größtmöglichen Mehrwert für alle liefert. Denn manchmal schleicht sich bei der Überarbeitung des Prozesses die Gewohnheit ein, und es wird auf bestehenden Abläufen beharrt, obwohl diese die Bearbeitung unnötig verkomplizieren. In diesen Fällen können Pragmatismus-Beauftragte intervenieren.

Oft werden bei der Überarbeitung auch Vorschläge gemacht, die ein bestimmtes Problem lösen sollen, den Prozess dabei aber komplizierter machen. Ein Beispiel: Wird für die digitale Bearbeitung eines Antrags ein Nachweis erbracht, der sensible Daten enthält, sollte man genau untersuchen, wie dieser bestmöglich geschützt werden kann. Immerhin kann ein solcher Nachweis als digitales Dokument ohne großen Aufwand kopiert und geteilt werden. Wie stellt man also sicher, dass er nur von der Person gesehen wird, die ihn für die Bearbeitung des Antrags prüfen muss? Eine Möglichkeit wäre, dass der Antrag digital eingereicht, der Nachweis aber auf Papier an die Sachbearbeitung geschickt wird. Möchten andere Beteiligte den Nachweis ebenfalls sehen, können sie das im Büro der Sachbearbeitung tun. Dies würde zwar das eigentliche Problem (Schutz der sensiblen Daten) lösen. Doch zugleich macht es den Prozess komplizierter: Der Antrag muss auf verschiedenen Wegen eingereicht werden, die Bearbeitung erfordert die physische Präsenz der Sachbearbeitung und der Vorgang enthält mehrere Medienbrüche. Dies ist der Punkt, an dem die Pragmatismus-Beauftragten ins Spiel kommen. Sie sollten dann einschreiten, wenn der Versuch einer Problemlösung den Prozess an anderer Stelle verschlechtert. Zudem können sie dabei helfen, aus verschiedenen Lösungsmöglichkeiten die einfachste und effizienteste zu wählen.

Auch hier kann es schwierig sein, eine geeignete Person zu finden. Sie muss in der Lage sein, die eigenen Bedürfnisse zurückzustellen und pragmatische Entscheidungen zu treffen. Deshalb ist auch hier wieder das Prozessteam gefragt. Diese Rolle muss nicht explizit vorgestellt und vergeben werden. Stattdessen kann sie auch einfach vom Prozessteam ausgeführt werden. Sie wurde vor allem vorgestellt, damit die Leser:innen ein Bewusstsein dafür entwickeln können, wie hilfreich es sein kann, wenn jemand eine pragmatische Sichtweise einnimmt und diese vor den anderen vertritt.

Aufgaben und Rolle der Pragmatismus-Beauftragten

- weist auf Möglichkeiten zur Prozessvereinfachung hin
- greift ein, wenn die Lösung eines Problems ein neues erzeugt
- hilft, bei verschiedenen Entscheidungsmöglichkeiten die einfachste zu wählen
- greift ein, wenn aus Gewohnheit an etablierten Vorgängen festgehalten wird

- hilft dabei, tatsächliche Verbesserungen einer perfekten Lösung vorzuziehen

6.2.2.5 Protokollant:in

Der beste Workshop ist nutzlos, wenn im Nachhinein keiner mehr weiß, was erarbeitet wurde. Deshalb sollte eine Person bestimmt werden, die über die wichtigsten Ergebnisse Protokoll führt. Sie notiert z. B. Fragen, die noch geklärt werden müssen, Aufgaben, die nach dem Workshop erledigt werden sollen und Entscheidungen über Verbesserungen. Das Protokoll teilt sie anschließend mit den Teilnehmenden. So wird sichergestellt, dass es eine Dokumentation der Ergebnisse gibt und alle diese nachlesen können. Ein Beispielprotokoll findet sich in Abb. 6.1.

Zum Abschluss des Workshops empfiehlt es sich außerdem, die wichtigsten Aufgaben, Entscheidungen und Fragen aus dem Protokoll vorzulesen. Dadurch bleiben diese besser im Gedächtnis und alle vergegenwärtigen sich, was sie gemeinsam geschafft haben. So verlassen die Teilnehmenden den Workshop mit einem Gefühl des Erfolgs. Die Protokollierung kann an eine:n der Teilnehmenden vergeben werden, um die Verantwortung zu verteilen. Die Rolle sollte jedoch niemandem aufgezwungen werden. Erklärt sich niemand dazu bereit, übernimmt auch diese Aufgabe das Prozessteam.

Aufgaben und Rolle des/der Protokollant:in

- notiert Entscheidungen, Fragen, Aufgaben sowie Ideen und Vorschläge
- erinnert die Beteiligten falls nötig an bereits besprochene Punkte
- hebt hervor, wenn keine Entscheidung über einen Punkt gefällt wurde
- liest am Schluss die wichtigsten Ergebnisse des Workshops vor
- stellt die Notizen im Nachgang allen Beteiligten zur Verfügung

6.2.3 Commitment auf gemeinsame Ziele und Regeln (5 min)

Wenn mehrere Personen mit verschiedenen Interessen zusammenarbeiten, kann es chaotisch werden. Alle Beteiligten möchten den Prozess so verändern, dass ihre Arbeit erleichtert und ihre eigenen Ziele erreicht werden. Einige werden sich auch wünschen, dass sich möglichst gar nichts verändert. Entsprechend ist mit lebhaften Diskussionen zu rechnen. Damit der Workshop trotzdem produktiv und zielgerichtet ablaufen kann, sollten zu Beginn Ziele und Regeln vereinbart werden, denen sich alle verpflichten. Das Prozessteam liest dazu die Regeln vor und fragt, ob es Ergänzungen oder Einwände gibt. Falls ja, sollten diese gemeinsam besprochen werden. Es kann außerdem sinnvoll sein, alle zu bitten, die Regeln zu unterschreiben. Wenn alle ihre Unterschrift darunter setzen, entsteht ein stärkeres Gefühl der Verbindlichkeit. Falls jemand im Laufe des Workshops eine oder

Protokoll zum Workshop zu _____
(Titel des Prozesses)

Datum

Moderation

Anwesende (Name und Fachbereich)

Repräsentation der auslösenden Person

Timekeeper

Zuständiger Fachbereich

Protokollant:in

Prozessbericht

Schwachstellen und davon Betroffene

Lösungsvorschlag

Gut funktionierende Prozessteile

Abb. 6.1 Vorlage für das Protokoll eines Prozessworkshops

Notizen zur Problemstellung _____
(Titel des Themas)

Aktuelle Problematik

Zu klärende Fragen

Verbesserungsvorschläge

Ergebnisse und Entscheidungen

Abgeleitete Aufgaben

Abb. 6.1 (Fortsetzung)

mehrere Regeln nicht einhält und auch nach mehrmaligen Hinweisen nicht einlenkt, kann der Verweis auf die Unterschrift die Person an ihre Zustimmung erinnern.

Die nachfolgenden Vorschläge umfassen Richtlinien für die gemeinsame Kommunikation, Ziele, Methoden und den Umgang miteinander. Sie sind als Inspiration gedacht, es können also alle oder nur einzelne verwendet oder auch eigene entwickelt werden. Sollen Entscheidungen zum Beispiel nicht auf Basis von Konsent getroffen werden (siehe Regel 6), könnte diese etwa durch eine Regel über Konsens (eine Entscheidung wird akzeptiert, wenn alle zustimmen) ersetzt werden.

Regeln für den gemeinsamen Prozessworkshop

1. Wir lassen einander ausreden.
2. Wir verstehen uns als Team, das auf ein gemeinsames Ziel hinarbeitet.
3. Wir möchten den Prozess möglichst für alle verbessern, nicht nur für Einzelne.
4. Wir stimmen darin überein, dass ein guter Prozess möglichst geringe Komplexität, Bearbeitungszeit und Arbeitsaufwand sowie möglichst hohe Transparenz und Datenqualität aufweist und relevante Datenschutzvorgaben einhält.
5. Es gibt keine schlechten Ideen. Wir hören alle mit Geduld und Offenheit an.
6. Wir arbeiten auf Basis des Konsens-Konzepts: Ein Vorschlag wird akzeptiert, wenn niemand schwerwiegende Einwände hat. Schwerwiegend sind alle Punkte, die eine nutzerfreundliche, effiziente und gewissenhafte Prozessabwicklung gefährden.
7. Wir kommunizieren in Ich-Botschaften, zum Beispiel „Ich glaube, dass".
8. Wir gehen davon aus, dass alle Beteiligten ihre Arbeit gut machen wollen und schätzen die Arbeit, die alle in der bisherigen Prozessabwicklung geleistet haben.
9. Wir respektieren die verteilten Rollen und hören auf die Hinweise ihrer Inhaber:innen.
10. Wir ziehen realistische Verbesserungen dem Perfektionismus vor.
11. Wir wissen, dass unsere Rolle im Prozess und unsere Person nicht dasselbe sind. Wir versuchen, Kritik an unserer Rolle nicht persönlich zu nehmen, unsere Rolle so objektiv wie möglich zu betrachten und unsere Beiträge so zu gestalten, dass sie auch für andere Menschen in unserer Rolle funktionieren.
12. Wir wissen, dass bei Gesprächen über die eigene Arbeit starke Gefühle aufkommen können. Diese respektieren wir. Wir versuchen, den Ursprung der Gefühle zu verstehen und Lösungen zu finden, die Unzufriedenheit reduzieren oder verhindern.
13. Wir nehmen Uneinigkeiten und Streitigkeiten nicht mit in den gemeinsamen Arbeitsalltag. Mit offenen Diskussionspunkten wenden wir uns an das Prozessteam.
14. Wir verzeihen einander Regelverstöße. Wir fühlen uns nicht angegriffen, wenn jemand uns auf Regelverstöße hinweist.

6.2.4 Individueller Prozessbericht: Was ist gut, was geht besser? (20 min)

Bevor es an die Überarbeitung des Prozesses geht, sollten die Beteiligten die Gelegenheit erhalten, ihre Sichtweise auf diesen darzustellen. Dazu teilen alle Reihum mit, wie sie den aktuellen Ablauf wahrnehmen. Dies kann beinhalten, was aus ihrer Sicht gut läuft, wo Verbesserungsbedarf besteht und welche Lösungsideen die Person mitbringt. Durch diesen individuellen Prozessbericht werden erste Ansatzpunkte für Optimierungen und Diskussionen vor allen ausgebreitet. Die Beteiligten können sich damit einen Überblick über die wichtigsten Themen verschaffen und ihre Eindrücke und Ziele miteinander vergleichen.

Es sollte deutlich gemacht werden, dass die Äußerung der persönlichen Perspektive erwünscht ist und wertgeschätzt wird. Durch diese Aufforderung können Einblicke gewonnen werden, die während der Erhebung des Prozesses eventuell verschwiegen wurden, z. B. weil sie nicht als sachlich genug galten. Auch fällt an dieser Stelle auf, wenn jemand nicht möchte, dass sich etwas verändert – nämlich dann, wenn eine Person äußert, dass kein Verbesserungspotenzial besteht (Tipps zum Umgang mit dieser Einstellung in Kap. 7).

Ein individueller Prozessbericht kann in eigenen Worten verfasst werden. Es geht nicht um einen perfekten Lagebericht, sondern darum, die verschiedenen Perspektiven auf Probleme sichtbar zu machen, aber auch auf Prozessteile, mit denen Beteiligte zufrieden sind. Da die Beiträge wichtige Impulse für den anschließenden Workshop liefern können, sollte auf eine Zeitvorgabe pro Bericht verzichtet werden. Die Ergebnisse können auf dem Whiteboard oder der Pinnwand festgehalten werden. Dabei wird auffallen, dass viele dieselben Probleme sehen und eventuell sogar dieselben Verbesserungsvorschläge vorbringen. Das erleichtert die anschließende Überarbeitung, da nun erste gemeinsame Ziele gefunden wurden. Umso wichtiger ist es, diese Themen im folgenden Workshop-Teil gezielt zu adressieren und ihnen angemessene Zeit für die Besprechung einzuräumen.

6.2.5 Den Prozess gemeinsam durchsprechen (1–2 Std.)

Wie in Abschn. 6.1.5 erwähnt, sollte der Kern eines ersten Prozessworkshops darin bestehen, die zuvor erarbeiteten Schwachstellen im Prozess durchzusprechen und Lösungsansätze und Verbesserungen dafür zu erarbeiten. Die dafür nötige Liste mit den wichtigsten Punkten hat das Prozessteam bereits mit der Einladung zum Workshop an die Anwesenden geschickt. Auch die Probleme und Wünsche, die die Teilnehmenden im Check-In und im individuellen Prozessbericht geäußert haben, können nun thematisiert werden.

Es gibt auch andere Möglichkeiten, die Optimierung des Prozesses zu gestalten. Ein Ansatz kann es sein, eine verkürzte und vereinfachte Version des Fragebogens für die Prozessanalyse zu verwenden. Die Antworten auf diese Fragen zeigen bestehende

Verbesserungspotenziale auf und liefern Grundlagen für die gemeinsame Diskussion. Nachfolgend findet sich ein Vorschlag für einen solchen Fragenkatalog.

Fragebogen für die strukturierte Prozessbearbeitung

Beteiligte und Daten

- Wer löst den Prozess aus und warum?
- Wer bearbeitet das Anliegen hauptsächlich?
- Wer wird zusätzlich in den Prozess einbezogen und warum?
- Welche Probleme und Herausforderungen können sich für sie jeweils ergeben?
- Wie sähe für sie jeweils der ideale Prozess aus?
- Welche Kompromisse sind zwischen den verschiedenen Ansprüchen möglich?
- Welche Informationen benötigen sie jeweils, um das Anliegen bearbeiten zu können?
- Wer muss welche Daten/Dateien bereitstellen? Können die Formulare verbessert werden?
- Werden Informationen benötigt, die in anderen Systemen zur Verfügung stehen?

Arbeitsschritte

- Was soll mit den Arbeitsschritten im Ist-Prozess jeweils erreicht werden?
- Welche Schritte sind für die Bearbeitung zwingend nötig und warum?
- Welche erfordern die meiste Zeit und Arbeit?
- Welche laufen gerade schon gut?
- Welche Schritte könnten auch parallel bearbeitet werden (bei digitaler Abwicklung)?
- Welche könnten durch Digitalisierung vereinfacht oder automatisiert werden?

Organisatorisches und Datenschutz

- Welche Unterschriften/Sichtvermerke werden wann von wem getätigt und warum?
- Welche Bearbeitungsfristen gibt es? Wie können sie besser eingehalten werden?
- Wer darf/soll den Bearbeitungsverlauf und darin enthaltene Dokumente sehen?
- Welche Daten werden zurzeit erhoben, um den Prozess abzuwickeln, und warum?
- Welche Daten sind unbedingt nötig, welche nur wünschenswert oder gar unnötig?
- Welche sind besonders schützenswert? Wer hat Zugriff darauf und warum?
- Wo befinden sich mögliche Schwachstellen beim Schutz der Daten?

Alternativ kann dieser Workshop-Teil gestaltet werden, indem die vorab erstellte Prozessabbildung von Anfang bis Ende durchgesprochen wird. Hier sollte der Timekeeper besonders darauf achten, dass die Beteiligten sich nicht zu lange mit einzelnen Punkten aufhalten, damit genug Zeit für den gesamten Prozess bleibt.

6.2 Vorschlag für den Aufbau eines Prozessworkshops

Eine weitere Möglichkeit, die sich besonders für komplexe Prozesse eignet, ist es, sich zunächst gar nicht mit dem Ist-Prozess zu beschäftigen, sondern direkt einen neuen Prozess zu entwerfen. Dabei gehen die Beteiligten nacheinander alle Schritte durch, die zwingend erforderlich sind, um den Prozess abzuwickeln. Dazu können Metaplankarten oder Haftnotizzettel als Arbeitsschritte an Pinnwand oder Whiteboard angebracht und mit allen wichtigen Details versehen werden. Auch hier hilft der Merksatz „Wer macht wann was womit und warum?" Muss im ersten Schritt zum Beispiel ein Formular ausgefüllt werden, schreibt man auf eine Karte „Formular ausfüllen", um den Arbeitsschritt zu symbolisieren. Daneben schreibt man auf eine separate Karte, welche Dokumente dafür nötig sind (Formular, Nachweise), wer diese erbringen muss (Auslöser:in), und falls gewünscht noch die Gründe für diesen Schritt (Prozess auslösen und nötige Daten bereitstellen). Dann bespricht man gemeinsam, was daran verbessert werden könnte. Beim Ausfüllen des Formulars könnte das zum Beispiel die Entfernung von Feldern sein, die nicht zwingend benötigt werden, oder die technische Umsetzung von Pflichtfeldern und die Bereitstellung weiterführender Informationen. Auch diese Vorschläge werden festgehalten. Danach kann der nächste Schritt besprochen werden, bis der Prozess in seinem Ende oder seinen verschiedenen Endszenarien (z. B. Genehmigung oder Ablehnung) mündet. Diese Vorgehensweise kann dabei helfen, sich vom Ist-Prozess zu lösen und diesen stattdessen neu zu denken. Der Fokus liegt damit auf den Aktionen, die wirklich nötig sind und darauf, diese zu optimieren. Erfahrungsgemäß wird die Komplexität des Ablaufs dabei automatisch reduziert.

Welchen Ansatz man auch wählt: ein paar Grundsätze sollten immer beachtet werden. Kann über einen Punkt etwa innerhalb einer angemessenen Zeit keine Einigkeit erlangt werden oder gibt es noch keine Idee für seine Verbesserung, sollte dieser notiert werden. So wird er nicht vergessen, kann aber erstmal übersprungen und später erneut adressiert werden. Tauchen während der Besprechung Fragen auf, die nicht beantwortet werden können, oder gibt es Aufgaben, die im Nachgang erledigt werden müssen, sollten diese ebenfalls festgehalten werden. Wurden alle Aspekte des Prozesses durchgesprochen, können die noch ungeklärten Punkte erneut adressiert werden. Manchmal ergeben sich während der Bearbeitung des restlichen Prozesses auch schon Ideen oder Kompromisse, die bei der Lösung des Problems helfen können.

Natürlich ergeben die Antworten auf Fragen oder die Sammlung von Verbesserungsvorschlägen noch keinen fertigen Prozess. Aus den Ergebnissen der gemeinsamen Diskussion müssen noch Entscheidungen darüber abgeleitet werden, welche Änderungen tatsächlich vorgenommen werden. Dies macht den zweiten Teil der Prozessbearbeitung aus. Die beschlossenen Anpassungen können z. B. in einer Kopie der bestehenden Prozessabbildung umgesetzt werden. So wird für alle sichtbar, wie sich der Prozess dadurch ändert. Auch fällt durch die Visualisierung manchmal bereits auf, wenn ein Vorschlag zwar gut klingt, aber im Kontext des restlichen Ablaufs nicht funktioniert.

Zum Abschluss dieses Workshop-Teils sollte der neue Prozess noch einmal durchgegangen werden. Dazu kann das Prozessteam durch die einzelnen Schritte führen und die erarbeiteten Verbesserungen hervorheben. Dieser Vorgang sollte nicht länger als 10 min dauern. Es geht vor allem darum, den Beteiligten die gemeinsam getroffenen Entscheidungen und damit auch die erreichten Erfolge vor Augen zu führen. Die Vorstellung könnte ungefähr so aussehen: „Im ersten Schritt füllen die Antragsteller:innen das Formular aus. Wir stellen zusätzliche Informationen zu den Feldern bereit, die häufig falsch ausgefüllt werden. Außerdem ist der Nachweis künftig ein Pflichtfeld, weil er aktuell oft fehlt. Das Formular soll danach bei der Sachbearbeitung eingehen. Sie braucht die Möglichkeit, direkt Rückfragen zu stellen. Hier sollten wir die Prüfkriterien einbinden, damit auch die Stellvertretung weiß, worauf sie achten muss. Wir verzichten ab jetzt auf die Signatur auf dem Dienstweg, das Formular geht also nur an die direkte Führungskraft." Usw.

6.2.6 Verteilung von Aufgaben (10 min)

Wurde der Prozess gemeinsam durchgearbeitet, sollten alle Fragen und Punkte, die nicht beantwortet oder geklärt werden konnten, an die Beteiligten verteilt werden. Dabei kann es sich etwa um die Prüfung rechtlicher Grundlagen handeln (z. B. Schriftformerfordernis), um Fachspezifika, mit denen sich nur Personen auskennen, die nicht am Workshop teilnehmen, oder um Probleme, für die keine Lösung gefunden werden konnte. Die Mitglieder des Prozessteams sollten sich darauf einstellen, dass die meisten Aufgaben in ihrer Verantwortung landen werden. Da sie die Steuerung und Organisation übernehmen und oftmals die treibende Kraft hinter der Prozessoptimierung sind, werden die restlichen Teilnehmenden es ggf. als ihre Aufgabe betrachten, sich um das weitere Vorgehen zu kümmern. Auch kehren die Prozessbeteiligten in ihren Arbeitsalltag zurück, in dem die Nacharbeit aus dem Workshop eventuell in anderen Aufgaben untergeht. Übernimmt das Prozessteam freiwillig Aufgaben, stellt es sicher, dass diese zeitnah erledigt werden. Auch kann es so einen Beitrag zum Erhalt der Motivation leisten, denn so entwickeln die anderen Teilnehmenden nicht den Eindruck, man würde ihnen zu viel abverlangen.

Um die Aufgaben zu verteilen, kann folgendermaßen vorgegangen werden: Handelt es sich darum, weitere Informationen einzuholen, sollte das Prozessteam in die Runde fragen, wer diese bereitstellen könnte. Oftmals kennt jemand unter den Anwesenden eine Person, die weiterhelfen kann und ist auch bereit, sich mit ihr in Verbindung zu setzen. Falls nicht, kümmert sich das Prozessteam darum. Ist ein Problem im Prozess noch nicht gelöst, werden alle Teilnehmenden gebeten, weiter darüber nachzudenken und sich zu melden, falls ihnen ein Lösungsvorschlag einfällt. Die Mitglieder des Prozessteams sollten dasselbe tun. Trotzdem sollte der Workshop nicht ohne einen Beschluss darüber beendet werden, wie bis zur Entwicklung einer Lösung mit dem Problem umgegangen werden soll. Oftmals kann der Prozess an der entsprechenden Stelle erst einmal weiterlaufen wie bisher. Darauf können sich erfahrungsgemäß alle einigen – vor allem dann, wenn niemand eine bessere Idee vorbringen kann. Alle offenen Aufgaben, die keiner übernehmen kann oder möchte, landen beim Prozessteam. Dann kann der Workshop so abgeschlossen werden, wie er begonnen hat: mit einem Check-Out.

6.2.7 Check-Out und Feedback (10 min)

Im Check-Out können die Teilnehmenden noch einmal darüber sprechen, wie es ihnen geht und ihre beim Check-In geäußerten Zweifel in Bezug auf den Workshop untersuchen (z. B. „Ich hatte Bedenken, dass wir Problem XY nicht lösen können, und freue mich, dass wir einen Ansatz erarbeiten konnten"). So können sich die Teilnehmenden bewusst machen, dass einige Sorgen unbegründet waren und auch, wie viel gemeinsam erreicht wurde. Dies kann dabei helfen, am Ende des Workshops ein positives Gefühl zu erzeugen und die Motivation für weitere Prozessarbeit möglichst hochzuhalten.

Zur Durchführung des Check-Outs kann die Moderation wieder reihum fragen, wie es den anderen geht und wie sie den Workshop wahrgenommen haben. Das Prozessteam kann diese Runde zusätzlich nutzen, um Feedback einzuholen. Hier sollte betont werden, dass Ehrlichkeit und damit sowohl Lob als auch Kritik erwünscht sind. Mögliche Fragen dafür: Habt ihr den Workshop als produktiv wahrgenommen? Haben wir die Ziele erreicht, die ihr gerne erreichen wolltet? Wie können wir künftige Prozessworkshops verbessern? Was hat euch gut gefallen und was nicht?

Direkt nach dem Workshop Feedback einzuholen, bietet den großen Vorteil, dass die Erfahrungen noch sehr frisch sind. Je mehr Zeit verstreicht, desto weniger konkrete Antworten werden die Teilnehmenden geben können. Trotzdem kann es sinnvoll sein, nur eine kurze Feedbackrunde durchzuführen und im Anschluss einen Fragebogen herumzuschicken, der anonym beantwortet werden kann. Unter Abb. 6.2 findet sich ein Vorschlag für einen solchen. Oftmals sind in der Kommune schon Umfragetools im Einsatz, z. B. für die Bürgerbeteiligung, die auch hierfür verwendet werden können.

Auch, wenn es unangenehm werden kann, sollte nicht auf das Einholen von Feedback verzichtet werden. Es ist die beste Möglichkeit, um die Struktur und die Gestaltung der Workshops zu verbessern. Wurden agile Methoden eingesetzt, können die Mitglieder des Prozessteams etwa herausfinden, welche davon beliebt sind, welche nicht, und was die Teilnehmenden daran jeweils gut oder schlecht fanden. Oder sie können lernen, wie sie ihre Moderation anpassen, damit sich die Beteiligten noch wohler fühlen.

Ein Hinweis: Die Zufriedenheit mit einem Prozessworkshop hängt stark davon ab, wie groß die Bereitschaft der jeweiligen Personen war, überhaupt an diesem teilzunehmen. Wer die eigenen Prozesse ohnehin nicht überarbeiten möchte, wird auch einen produktiven, gut strukturierten Workshop negativer bewerten als jemand, der gerne aktiv mitgestalten möchte. Zwar kann es sehr schwer sein, negatives Feedback nicht persönlich zu nehmen, doch genau diese Einstellung ist hier sehr wichtig. Vorschläge, die dabei helfen, in der eigenen Arbeit besser zu werden, sollten akzeptiert werden – auch, wenn man dafür zugeben muss, dass man noch nicht so gut ist, wie man es gerne wäre. Von haltlosen

1. Wie hat dir der Workshop insgesamt gefallen?

| 1 | 2 | 3 | 4 | 5 | 6 | 7 | 8 | 9 | 10 |

Sehr schlecht — Neutral — Sehr gut

2. Hier ist Platz für Lob: Was hat dir gut gefallen?

3. Hier ist Platz für konstruktive Kritik: Was können wir besser machen?

4. Hast du den Workshop als produktiv empfunden?

- A Ja
- B Größtenteils
- C Kaum
- D Nein

5. Würdest du erneut an einem Prozess-Workshop teilnehmen?

6. Falls du noch etwas loswerden möchtest:

Abb. 6.2 Vorschlag für einen anonymen Feedback-Fragebogen zum Prozessworkshop

Vorwürfen, unsachlichen Beschwerden oder unangemessenen Tonfällen sollte man sich hingegen nicht aus der Bahn werfen lassen. Erfahrungsgemäß wird es solche Situationen leider hin und wieder geben. In solchen Fällen kann es helfen, sich bewusst zu machen, dass diese Art Feedback nichts mit der eigenen Person zu tun hat. Vielmehr spricht daraus eine Unzufriedenheit mit der eigenen Arbeit oder die fehlende Bereitschaft, sich auf Neues einzulassen. Es ist immer leichter, die Arbeit anderer zu kritisieren als die eigene Einstellung zu hinterfragen. Daran können leider auch das größte Einfühlungsvermögen und die beste Vorbereitung nichts verändern. In diesen Fällen ist es besonders wichtig, dass die Mitglieder des Prozessteams gemeinsam darüber sprechen und sich gegenseitig dabei unterstützen, eine neutrale Sichtweise auf die Kritik zu entwickeln.

Der Abschluss des Check-Outs läutet auch den des Workshops ein. Nun sollten noch die Notizen auf dem Whiteboard oder der Pinnwand abfotografiert und der Raum wieder in seinen Ursprungszustand zurückversetzt werden. Aber nur, weil der erste Workshop zu Ende ist, gilt das noch lange nicht für die Arbeit am Prozess.

6.3 Nachbereitung des Workshops

Nach dem Workshop sollte eine E-Mail mit folgenden Inhalten an die Prozessbeteiligten verschickt werden: Ein Dankeschön für die gemeinsame Arbeit, eine Auflistung der wichtigsten Ergebnisse und der offenen Aufgaben (und wer diese übernimmt), das Protokoll des Workshops sowie eine Erläuterung der nächsten Schritte. Wurde statt eines Feedbacks im Workshop ein anonymer Fragebogen angekündigt, sollte dieser ebenfalls Teil der Follow-Up-Mail sein (z. B. als Link). Damit die Eindrücke für das Feedback noch frisch sind und die Teilnehmenden die Wertschätzung für ihre Mitarbeit zeitnah erhalten, sollte die Nachricht am nächsten Tag verschickt werden. Sie sollte auch an alle gehen, die nicht am Workshop teilgenommen haben, aber von den geplanten Änderungen betroffen sind. Eventuell haben diese noch Einwände oder Ideen, die beachtet werden sollten. Und wie sehen nun die nächsten Schritte aus?

6.3.1 Offene Probleme lösen und Fragen klären

Als erstes gilt es, die ungeklärten Fragen und ungelösten Probleme zu adressieren. Ein guter Ansatz dafür kann sein, sich in der Liste bereits überarbeiteter Prozesse Inspiration zu holen. Manchmal hat man schon einmal ein ähnliches Problem gelöst. Die Besprechung mit den anderen Mitgliedern des Prozessteams kann ebenfalls dabei helfen, auf neue Ideen zu kommen. Hat das Team mehr als zwei Mitglieder, werden nicht alle am Workshop teilgenommen haben. Diese Personen bringen damit eine frische Perspektive mit, für die die anderen schon zu tief im Thema sind.

Entwickelt das Prozessteam einen geeigneten Vorschlag, informiert es die Prozessbeteiligten und bittet um eine Begründung, falls jemand damit nicht einverstanden ist. Gibt es Einwände, werden diese mit der jeweiligen Person besprochen. Oftmals kann man sich darauf einigen, den Vorschlag auszuprobieren und anhand der Erfahrungswerte zu entscheiden, ob er funktioniert. Das Ergebnis dieses Gesprächs wird wieder allen Prozessbeteiligten mitgeteilt. Genauso wird verfahren, wenn den anderen Beteiligten eine mögliche Lösung einfällt.

Für die Klärung offener Fragen entwickelt das Prozessteam mit der Zeit automatisch eine Kontaktliste mit Personen, an die es sich wenden kann. Einige Vorschläge für eine solche Liste finden sich in der Infobox. Von den Antworten auf besagte Fragen werden wiederum Entscheidungen abgeleitet und mit allen geteilt, die am Prozess beteiligt sind. Stellt sich zum Beispiel heraus, dass keine Schriftformerfordernis vorliegt, könnte ein vorhandener Unterschriftsweg auf dem Dienstweg ggf. verkürzt werden.

> **Empfohlene Kontakte für die Klärung von Fragen**
>
> - Datenschutz- und IT-Sicherheitsbeauftragte (Datenschutz, IT-Sicherheit)
> - Personalrat (Rechte und Schutz der Mitarbeitenden)
> - Chief Digital Officer oder Digitalisierungsbeauftragte (Digitalisierungsstrategie)
> - Kämmerei, Controlling, Rechnungsprüfungsamt (Budgets, Rechnungen)
> - eine Amts- oder Dezernatsleitung (Entscheidungen, die sich auf die gesamte Stadtverwaltung oder einen großen Teil davon beziehen)
> - die IT-Abteilung (Software, Realisierbarkeit von Anforderungen)
> - Vorzimmer oder Sekretariat des Fachbereichs, in dessen Zuständigkeit der Prozess fällt (Vordrucke, Dienstanweisungen, gesetzliche Vorgaben)
> - Rollen, die häufig an Prozessen beteiligt sind (z. B. Stellenplan, Personalbetreuung)

6.3.2 Erste Verbesserungen umsetzen

Wie in Abschn. 6.2.7 angesprochen, sollten sich die Workshop-Teilnehmenden eine Übergangslösung für noch nicht gelöste Probleme überlegen, sodass der Prozess durchführbar ist. Dann können die Verbesserungen, die auch ohne Software funktionieren, zeitnah umgesetzt werden. Dazu gehören zum Beispiel verkürzte Unterschriftswege, optimierte Formulare, oder das Vertrauen in die Prozessbeteiligten, ihre Arbeit ohne weitere Überprüfung zu erledigen.

Manche Beteiligten werden dafür plädieren, die Änderungen erst umzusetzen, wenn eine geeignete Software vorhanden ist oder direkt alle geplanten Verbesserungen umgesetzt werden können. Das häufigste Argument dafür ist erfahrungsgemäß, dass man sich nicht zweimal an einen neuen Ablauf gewöhnen möchte. Dieses Argument kann man gut durch den Hinweis entkräften, dass der neue Prozess (wie im Workshop angekündigt) nur eine erste Version ist, die es zu testen gilt. Wahrscheinlich werden im Anschluss weitere Anpassungen nötig sein. Es geht also nicht darum, sich an die Neuerungen zu gewöhnen, sondern zu prüfen, ob diese bei der Prozessabwicklung die gewünschten Effekte bringen. Auch erfordern die Verbesserungen oft keine großen Umstellungen, sondern können ohne echten Mehraufwand realisiert werden – z. B., wenn künftig weniger Führungskräfte eine Unterschrift tätigen müssen.

Das Warten auf die perfekte Umsetzung oder Software soll oftmals dem Ziel dienen, die Veränderungen aufzuschieben. Immerhin dauert es meistens mehr als ein paar Monate, eine geeignete Lösung einzukaufen und zu implementieren. Aber alle Änderungen, die schnell und ohne viel Arbeit umgesetzt werden können, sollten so bald wie möglich in Kraft treten. Falls die Beteiligten zögerlich sind, kann mit den Anpassungen begonnen werden, mit denen sich alle am ehesten anfreunden können, wie z. B. mit der Optimierung von Formularen. Punkte, die eine größere Umstellung erfordern, können nach und nach umgesetzt werden. Die Entscheidung darüber, mit welchen Änderungen begonnen wird, kann zum Abschluss des Workshops auch gemeinsam gefällt werden. Wichtig ist dabei, dass das Prozessteam nicht nachgibt und die Anpassungen einfordert, die problemlos möglich sind. Dafür kann der Appell hilfreich sein, diese einfach auszuprobieren und anhand der eigenen Erfahrungen zu entscheiden, welche funktionieren. Es kann aber auch passieren, dass sich Personen komplett dagegen sperren. Tipps zum Umgang mit Widerständen dieser Art finden sich im Abschn. 7.2.1.3.

Der Prozess wurde nun komplett erhoben, abgebildet, auf Schwachstellen untersucht, mit den Beteiligten optimiert und dabei auf die Digitalisierung vorbereitet. Nun geht es an die letzte große Aufgabe auf der Agenda: die Suche nach einer Software, mit deren Hilfe die Digitalisierung des Prozesses erfolgen kann. Auch dieser Schritt kann durch das Prozessteam vorbereitet werden, um die Erfolgschancen zu erhöhen.

6.4 Zeit für Digitalisierung: vom optimierten zum digitalen Prozess

Wie im Vorwort erklärt, ist es uns von ShiftDigital leider nicht möglich, Empfehlungen für Software zur Prozessdigitalisierung auszusprechen. Deren Eignung hängt schließlich vom jeweiligen Prozess, dem verfügbaren Budget, der vorhandenen Software-Landschaft und vielen anderen Faktoren ab. Die meisten Verwaltungen haben außerdem eine Abteilung für die Beschaffung und damit eigene Vorgehensweisen für die Formulierung von Anforderungen und die Suche nach Lösungen. Auch sind sie mit klassischen Wegen wie der Ausschreibung oder der Beschaffung über IT-Dienstleister (z. B. Regio IT in NRW oder Komm24 in Sachsen) viel besser vertraut als wir Außenstehenden. Trotzdem werden nachfolgend einige Tipps bereitgestellt, die für die Suche hilfreich sein können – auch, wenn sie einigen Leser:innen schon bekannt sein dürften.

6.4.1 Was muss die Software können? Anforderungen formulieren

Bevor man sich auf die Suche nach einer Software machen kann, ist es an den Mitgliedern des Prozessteams, aus dem überarbeiteten Prozess die Anforderungen an eine solche abzuleiten. Dabei müssen sie kein tiefes Verständnis für die technischen Funktionsweisen oder Details mitbringen. Vielmehr geht es darum, die Bedürfnisse für eine digitale Umsetzung so zu formulieren, dass IT, Beschaffung und Lösungsanbieter damit weiterarbeiten können. Dabei sollte man im Idealfall nicht einfach die Namen von Funktionen notieren, sondern lieber erklären, was die Prozessbeteiligten jeweils damit erreichen wollen.

Warum nicht einfach „automatische Fristen" aufschreiben, wenn man genau diese benötigt? Es gibt viele Wege, ein Problem zu lösen. Das gilt auch für die technische Umsetzung einer Anforderung. Teilt man einem Lösungsanbieter beispielsweise nur mit, wann wolle „automatische Fristen", stellen sich diesem direkt viele Fragen: Wer soll Fristen einstellen, ändern oder löschen dürfen? Wann, wo und wie soll die Einstellung von Fristen vorgenommen werden? Was soll passieren, wenn eine Frist abläuft? Wer soll darüber informiert werden? Wie sollen diese Benachrichtigungen versandt werden? Sollen Nutzer:innen die Erlaubnis haben, diese ein- und auszustellen? Das sind nur einige der Fragen, die wir für die Entwicklung von Fristen in unserer Software beantworten mussten.

Auch werden einige Unternehmen Lösungen im Angebot haben, die die gewünschte Funktion zwar beinhalten, diese aber anders umsetzen als man es sich vorgestellt. Das erfährt man aber nur, wenn der Anbieter mehr Informationen bekommt als den Namen einer Funktion. Sonst wird er bestätigen, dass die gewünschte Funktion vorhanden ist, ohne darauf einzugehen, wie diese im Detail funktioniert. Um solche Situationen zu vermeiden, empfiehlt es sich, mit sogenannten User Storys zu arbeiten. Als Grundlage für eine solche dient der Satz „Als [Rolle] möchte ich [Aktion], damit ich [Ziel]".

▶ **Definition User Story** Eine kurze Geschichte (Story) darüber, was Nutzer:innen (User) in einer Anwendung erreichen wollen. Sie werden v. a. in der agilen Produktentwicklung verwendet, damit Programmierer:innen und Designer:innen verstehen, welches Ziel mit einer Funktion angestrebt wird, und die Software mit Fokus auf die Nutzer:innen entwickelt werden kann.

Hier einige Beispiele:

- „Als Antragsteller:in möchte ich den Bearbeitungsstand meines Antrags einsehen können, damit ich weiß, wann ich ungefähr mit einem Ergebnis rechnen kann".
- „Als Führungskraft möchte ich die Aufgaben meiner Mitarbeitenden proaktiv einsehen können, damit ich mich bei Bedarf jederzeit über diese informieren kann".
- „Als Prozessbeteiligte:r möchte ich automatisiert über ablaufende Fristen informiert werden, damit ich meine Aufgaben rechtzeitig erledigen kann."

Mit einer solchen Beschreibung können Software-Anbieter und auch man selbst erkennen, worum es bei einer Funktion wirklich geht. So kann das eigentliche Ziel auf verschiedene Arten erreicht werden und die Wahrscheinlichkeit steigt, dass man eine Lösung findet, die tatsächlich zu den Anforderungen passt. Es sind auch ausführlichere User Stories denkbar, die weitere Details geben oder akzeptable Alternativen zu den geäußerten Wünschen aufzeigen. Je mehr Informationen bereitgestellt werden und je mehr Lösungsansätze man frühzeitig ermöglicht, desto besser können Software-Anbieter den Bedürfnissen entsprechen – oder auch die eigene IT. Denn oftmals werden in der Verwaltung bereits Programme eingesetzt, die die gewünschten Funktionen enthalten, auch wenn diese etwas anders funktionieren. Wenn man zu Kompromissen bereit ist, kann schneller eine Lösung gefunden werden, und das meist günstiger, weil weniger Anpassungen nötig sind.

Hier zur Veranschaulichung ausführlichere Varianten der oben aufgeführten Beispiele:

- „Als Antragsteller:in möchte ich den aktuellen Bearbeitungsstand meines Antrags einsehen können, damit ich weiß, wann ich ungefähr mit einem Ergebnis rechnen kann und an welcher Stelle im Prozess sich der Antrag gerade befindet. Dazu bin ich bereit, mich in einem Konto anzumelden. Alternativ bin ich auch damit einverstanden, eine E-Mail mit dem Bearbeitungsstatus meines Antrags zu erhalten, sobald sich dieser ändert".
- „Als Führungskraft möchte ich die Aufgaben meiner Mitarbeitenden proaktiv einsehen können, damit ich mich bei Bedarf jederzeit über diese informieren oder schnell von ihnen hinzugezogen werden kann, falls sie meine Hilfe benötigen. Ich möchte aber nicht automatisch in die Aufgaben involviert oder über Veränderungen darin informiert werden."
- „Als Prozessbeteiligte:r möchte ich automatisiert über ablaufende Fristen informiert werden, damit ich meine Aufgaben rechtzeitig erledigen kann. Über die Fristen der Aufgaben anderer Prozessbeteiligter möchte ich nicht informiert werden. Außerdem möchte ich mir selbst Fristen für meine eigenen Aufgaben setzen können."

Zusätzlich zur User Story empfiehlt es sich, einige Stichpunkte zu den jeweiligen Spezifika zu verfassen und zu markieren, welche davon obligatorisch und welche optional sind. Dabei sollte auf Berechtigungen (wer soll wie mit der Funktion arbeiten dürfen), wünschenswerte Einstellmöglichkeiten, Benachrichtigungen und andere Punkte eingegangen werden, die die Bedürfnisse besser verständlich machen.

Um eine Vorstellung davon zu vermitteln, wie das aussehen könnte, hier einige der Stichpunkte zur Beispielfunktion „automatische Fristen":

- Fristen sollten in Tagen (z. B. „in 14 Tagen") oder per Datum (z. B. „am 06.09.2024") gesetzt sowie geändert und gelöscht werden können.
- Fristen sollten an eine Berechtigung geknüpft sein, die man pro Prozess an bestimmte Rollen vergeben kann, z. B. an die zuständige Sachbearbeitung.
- Fristen pro Aufgabe wären notwendig, Fristen pro Vorgang wünschenswert.
- Bei Fristablauf sollte eine automatische Benachrichtigung per Mail an die zuständige Person geschickt werden, wenn deren Aufgabe noch nicht abgeschlossen ist.
- Benachrichtigungen sollen einen Tag vor und am Tag des Ablaufs versendet werden.
- Eine Option zur Fristverlängerung wäre wünschenswert.

Die Notizen zu einzelnen Anforderungen müssen nicht so ausführlich sein wie in diesem Beispiel. Manchmal bekommt man erst eine Vorstellung davon, was noch fehlt, wenn man mit einem potenziellen Anbieter oder der IT darüber spricht. Auch die Hilfe der anderen Mitglieder des Prozessteams sollte hierfür in Anspruch genommen werden. In der gemeinsamen Diskussion findet man leichter heraus, welche Details wichtig sind. Eine Anforderungsliste kann zum Beispiel in Excel erarbeitet werden. Dort werden etwa jeweils eine Spalte für den Titel der Funktion, die User Story, weitere Details, obligatorische und wünschenswerte Punkte sowie Kommentarspalten für die IT-Abteilung und für in Frage kommende Lösungen angelegt (siehe Abb. 6.3).

In der ersten Kommentarspalte kann die IT Hinweise darauf geben, ob die Anforderungen jeweils realistisch, herausfordernd oder zu aufwendig sein könnten. Auch kann sie dort Hinweise darauf geben, welche Funktionen in bereits vorhandenen und ihnen bekannten Lösungen vorhanden sind, oder wie sich die Funktionen umsetzen ließen. In den weiteren Kommentarspalten kann festgehalten werden, inwiefern die verschiedenen verfügbaren Anwendungen die Anforderungen jeweils erfüllen.

Eine grundlegende Sache sollte man sich für die Auseinandersetzung mit Software bewusst machen: selbst wenn man alle benötigten Funktionen beschreibt, heißt das noch lange nicht, dass diese am Schluss so zusammenspielen, wie man sich das vorstellt. Was nützen zum Beispiel automatische Fristen, wenn es kein Konzept für die Vergabe der Berechtigungen gibt, sodass nicht festgelegt ist, wer Fristen setzen darf? Was bringen digitale Signaturen, wenn nicht sichergestellt werden kann, dass die unterzeichnende Person tatsächlich ist, wer sie zu sein vorgibt? Hinter den Funktionen muss eine Logik stehen, die die verschiedenen Komponenten zusammenbringt; eine Architektur, die aus den einzelnen Funktionen eine ganzheitliche Lösung macht. Nur dann greifen die Einzelteile so ineinander, dass die Nutzer:innen damit ihre Ziele erreichen können.

Egal, welche Anforderungen man also an eine Software hat, diese wird immer mehr beinhalten und komplexer sein, als man es sich zunächst vorstellt. Behält man dies im

6.4 Zeit für Digitalisierung: vom optimierten zum digitalen Prozess

Name der Anforderung	Automatische Fristen
User Story	Als Beteiligte:r möchte ich automatisiert über Fristen informiert werden, damit ich meine Aufgaben rechtzeitig erledigen kann.
Stichpunkte / Details	• Fristen setzen, ändern und löschen • als Berechtigung pro Rolle und Prozess • bei Fristablauf Benachrichtigung • Frist pro Prozess (z.B. Wiedervorlage) • Fristverlängerung mit Benachrichtigung
Zwingend nötig	• Fristen pro Aufgabe • als Berechtigung vergeben • Info per Mail
Kommentare der IT zur Umsetzbarkeit	• in vielen Workflow-Systemen vorhanden • evtl. nicht pro Aufgabe, sondern pro Ticket • evtl. durch alle Nutzer:innen einstellbar
Erfüllung Anbieter 1	• Fristen pro Ticket • keine Berechtigung (kann jede:r einstellen) • Benachrichtigung optional per Mail

Abb. 6.3 Vorlage eines Anforderungskatalogs für die Suche nach einer Software zur Prozessdigitalisierung

Hinterkopf, läuft man nicht Gefahr, unrealistische Erwartungen zu entwickeln – etwa die, dass die eigene Liste mit Funktionswünschen auch genauso umgesetzt werden kann.

Nachfolgend finden sich zum Abschluss dieses Abschnitts noch ein paar Anhaltspunkte, die dabei helfen können, die Anforderungen an eine Lösung zu formulieren:

- Welche Tätigkeiten beinhaltet der Prozess?
  - Daten aufnehmen, prüfen, bearbeiten, speichern, löschen
  - Daten weiterleiten oder exportieren

- Daten bestätigen durch Stempel/Unterschrift
- Daten kommentieren durch Stellungnahme/Entscheidung/Vermerk
- Kommunikation über Daten durch Nachforderung, Nachfrage, Einholen von Expertise
- Welche Schnittstellen zu Fachverfahren sind sinnvoll, welche nötig? Beispiele:
  - E-Akte/DMS (Dokumentenmanagementsystem)
  - Formularserver
  - Personalwirtschaftssoftware
  - Zahlungssystem
  - GIS (Geographisches Informationssystem)
  - Benutzerverwaltung
  - Datenbanken
  - Register
- Welche Kriterien sind für diesen Prozess besonders wichtig? Die Beantwortung auf einer Skala von 1 bis 5 oder von 1 bis 10 kann bei dieser Einschätzung helfen. Einige Beispiele:
  - Datenschutz
  - Benutzerfreundlichkeit
  - Medienbruchfreiheit
  - Funktionsumfang
  - Vorhandene Schnittstellen
  - Kosten und Beschaffungsmöglichkeiten
  - Automatisierungsoptionen
  - Betreuung (z. B. Support, Wartung)
  - Betrieb (durch eigene IT, als Cloud-Lösung)

6.4.2 Vorhandene Lösungen auf Einsetzbarkeit untersuchen

Sind die Anforderungen dokumentiert, sollte das Prozessteam mit der städtischen IT darüber in den Austausch gehen. Es mag nicht immer leicht sein, die richtige Ansprechperson dafür zu finden, immerhin gibt es auch dort eine Aufgabenverteilung: manche sind etwa für die Server-Wartung zuständig, andere für die Betreuung von Mail-Programm, Fachverfahren oder von der E-Akte. Wer aus der IT helfen kann, wird von Stadt zu Stadt variieren. Oft kann z. B. das Sekretariat eine solche Person ausfindig machen. Sollte sich niemand finden, muss die gemeinsame Analyse der Anforderungen wohl oder übel übersprungen und mit dem nächsten Schritt fortgefahren werden: der Betrachtung der Software, die bereits im Einsatz ist.

Viele Städte haben in den letzten Jahren begonnen, sich einen Überblick über ihre Fachverfahren zu verschaffen, indem sie diese in einer Liste zusammentragen. Hat die eigene IT eine solche, lässt sich meist auch die Person finden, die sie erstellt hat – oder zumindest die, die sich um die Liste kümmert. Nun geht es darum, herauszufinden, ob es bei den bestehenden Lösungen Überschneidungen mit den Funktionen gibt, die man für die Digitalisierung des Prozesses benötigt. Denn warum sollte man sich auf die lange und schwierige Suche nach einer Anwendung machen, wenn es vielleicht schon eine gibt, die man viel schneller und einfacher einsetzen könnte?

Findet man eine vielversprechende Lösung, sollte man in den entsprechenden Fachbereichen nachfragen, welche Erfahrungen sie damit gemacht haben und vor allem, ob sie das Programm gerne benutzen. Man sollte zudem herausfinden, für welche Aufgaben und Ziele die Software eingesetzt wird und wie wohl sich die Kolleg:innen bei der Nutzung fühlen. Schließlich können die Menschen, die häufig damit arbeiten, auch das beste Feedback zu ihrer Nutzerfreundlichkeit, möglichen Einsatzszenarien und den jeweiligen Vor- und Nachteilen geben. Man kann die Fachbereiche außerdem darum bitten, die Lösung im Detail zu zeigen und sie falls möglich auch selbst ausprobieren.

Mögliche Fragen zu vorhandener Software

- Für welche Szenarien setzt ihr die Lösung ein?
- Welche Funktionen benutzt ihr am häufigsten?
- Wie gut erfüllen diese eure Anforderungen?
- Was funktioniert aus eurer Sicht besonders gut?
- Wofür ist die Lösung eurer Erfahrung nach nicht gut geeignet?
- Was müsste daran noch verbessert werden?
- An welchen Stellen vereinfacht die Software eure Arbeit?
- Arbeitet ihr gerne damit?
- Wie nutzerfreundlich findet ihr die Lösung? Fühlt sich die Nutzung intuitiv an?
- Wie aufwendig war es, die Benutzung des Tools zu lernen?
- Welche Hilfestellungen (Schulungen, Handbuch) gibt es und wie hilfreich sind diese?

Wenn eine vorhandene Lösung auch für den jeweiligen Prozess funktionieren könnte, sollte man als nächstes mit der IT darüber sprechen, wie deren Einsatz dafür ermöglicht werden könnte (Kosten, Implementierungsaufwand etc.). An dieser Stelle sollte man auch erfragen, wie lange die Software voraussichtlich noch im Einsatz ist. Manchmal ist der IT schon bekannt, dass ein auslaufender Vertrag nicht verlängert oder eine Lösung ersetzt werden soll. In diesem Fall sollte im Voraus entschieden werden, ob es sich trotzdem lohnt, sie auszuprobieren.

Ein wichtiger Hinweis zum Thema „perfekte Lösung": Manchmal kann es sinnvoll sein, nur einen Teil des Prozesses zu digitalisieren oder mehrere Lösungen einzusetzen, die jeweils einen Teil der Anforderungen erfüllen. Der Fokus sollte darauf liegen, durch die Digitalisierung die größtmöglichen Mehrwerte zu schaffen. Existiert zum Beispiel eine Software in der Stadtverwaltung, die man schnell und einfach für digitale Unterschriftswege einsetzen kann, lohnt es sich, die Lösung auszuprobieren – auch wenn der restliche Prozess nicht mit digitalisiert wird. Eventuell gibt es ein anderes System für den Rest des Prozesses. Vielleicht eignet sich für die Digitalisierung der Formulare aus internen Antragsprozessen der städtische Formular-Server? Schließlich ist in vielen Kommunen ein solcher für die Digitalisierung von Bürger-Services im Einsatz. Oder vielleicht kann für die Abstimmung von Projektentwürfen statt einer Laufmappe eine Kollaborationsplattform eingesetzt werden, die die gleichzeitige Bearbeitung der Dokumente ermöglicht?

Hier sind viele Einsatzszenarien und Kombinationen denkbar, zu denen die IT meistens beraten kann. Natürlich ergeben sich Medienbrüche, wenn man mehrere Systeme verwendet, weil man zwischen verschiedenen Anwendungen und Formaten hin- und herspringen muss. Ein Beispiel für einen Medienbruch ist der Eingang eines Briefes, der eingescannt werden muss, damit er digital bearbeitet werden kann. Solche Wechsel sind zwar unangenehm, werden aber schnell alltäglich oder können durch Weiterentwicklungen oder Prozessanpassungen mit der Zeit vermieden werden. Es lohnt sich, Kompromisse einzugehen und dafür schnell in die Umsetzung und Digitalisierung des überarbeiteten Prozesses zu kommen, statt auf eine perfekte Lösung zu warten – die es leider nicht gibt.

6.4.3 Weitere Optionen zur Suche nach einer Software

Eine weitere Möglichkeit ist es, bei anderen Kommunen nachzufragen, welche Lösung sie für dieselben oder ähnliche Szenarien verwenden. Das ist auch dann sinnvoll, wenn man bereits passende Lösungen in der eigenen Stadt gefunden hat. Schließlich setzen Städte oft dieselben Lösungen ein, sodass weitere Erfahrungswerte zu diesen eingeholt werden können. So erhält man eine zweite Perspektive und ein umfassenderes Bild von den Möglichkeiten, als wenn man nur mit den eigenen Fachbereichen sprechen würde. Gerade beim Thema Benutzerfreundlichkeit weichen die Eindrücke erfahrungsgemäß voneinander ab, da sie stark von der Digitalkompetenz der Nutzer:innen abhängen. Jemand, der auch in der Freizeit viel mit Computern und Anwendungen umgeht, wird die Benutzung einer Lösung anders einschätzen als jemand, der nur eine Handvoll Programme kennt.

Auch ist es gut möglich, dass andere Kommunen dieselbe Software für andere Szenarien verwenden, sie an ihre Bedürfnisse angepasst haben oder sogar anders einsetzen, als sie eigentlich gedacht sind. Wir konnten in unserer Software Shift Studio zum Beispiel beobachten, dass die Kommentarfunktion, die eigentlich für den Austausch zwischen den Prozessbeteiligten gedacht ist, auch für persönliche Notizen verwendet wird. Viele ähnliche Szenarien sind denkbar, die Inspiration dafür bieten können, was außerhalb der angedachten Nutzung noch alles möglich ist.

Hinzu kommt, dass andere Städte oft Lösungen einsetzen, die der eigenen noch unbekannt sind. Dies erleichtert die Suche bzw. sorgt eventuell sogar dafür, dass diese überflüssig wird. Vor allem bekommt man so Eindrücke aus erster Hand, die meist hilfreicher sind als die Beschreibungen der Lösungsanbieter, die dazu neigen, die positiven Punkte hervorzuheben. Die Beschäftigten können zudem berichten, wie der Einsatz der Software im Arbeitsalltag funktioniert. Es lohnt sich also, mit anderen Kommunen in den Austausch zu gehen. Es ist aber manchmal schwierig, dafür geeignete Ansprechpartner:innen zu finden. Oftmals stehen die CDOs und/oder die Stadtspitzen verschiedener Städte miteinander im Austausch, können also ggf. bei der Vermittlung helfen. Gibt es noch keinen direkten Kontakt, bietet es sich an, passende Abteilungen (IT/EDV, Prozessmanagement, Beschaffung, Stabsstelle für Digitalisierung) zu adressieren. Die meisten Fachbereiche haben schließlich eine allgemeine Mail-Adresse oder Telefonnummer, die vom Sekretariat oder der Büroleitung betreut wird. Die Anfragen können von ihnen an die passenden Ansprechpersonen weitergeleitet werden.

Eine weitere Möglichkeit, Lösungen zu finden, ist die Nutzung von Suchmaschinen. Dies ist ein naheliegender Ansatz und wird deshalb nur kurz angesprochen. Dabei sollte man mit Begriffen arbeiten, die zusammenfassen, was für die Digitalisierung der wichtigsten Aspekte des Prozesses benötigt wird. So steigt die Wahrscheinlichkeit, Angebote zu finden, die den größtmöglichen Mehrwert liefern, wenn sie auch nicht alle Anforderungen erfüllen. Geht es hauptsächlich um digitale Unterschriftswege, empfehlen sich etwa Eingaben wie „digitale Laufmappe" oder „digitale Unterschriften". Möchte man die Abwicklung von Aufgaben und Arbeitsschritten digitalisieren, sucht man z. B. nach „Workflow Tool" bzw. „Workflow-Editor". Soll die gemeinsame Bearbeitung von Inhalten im Vordergrund stehen, eignen sich Begriffe wie „Collaboration Tool", „Kollaborationsplattform", „Live Editing" oder „Co-Authoring". Je mehr Suchergebnisse man betrachtet, desto besser versteht man, welche Bezeichnungen zu den eigenen Anforderungen passen. Dann kann man die Suchbegriffe entsprechend anpassen und noch bessere Ergebnisse erzeugen.

Viele Unternehmen, die keine exklusiven Lösungen für die Verwaltung entwickeln, haben sich mittlerweile datenschutzkonform aufgestellt und können daher auch von Städten eingesetzt werden. Meist lässt sich dies auf ihren Webseiten herausfinden. Es empfiehlt sich auch, sich nach Lösungen aus der GovTech-Branche[6] umzuschauen. Diese zeichnen sich für gewöhnlich dadurch aus, dass sie mit innovativen Ansätzen an die Herausforderungen der Verwaltung herangehen. Da es sich dabei oft um Quereinsteiger:innen handelt, bringen diese Unternehmen eine Perspektive „von außen" mit. Dadurch können sie Ideen entwickeln, auf die man nicht so leicht kommt, wenn man selbst innerhalb des Systems Verwaltung agiert. Start-ups sind per Definition junge Unternehmen (max. 10 Jahre alt) und ihre Produkte daher manchmal noch nicht komplett ausgereift. Das heißt aber auch,

---

[6] „GovTech, die Abkürzung von Government Technology, ist ein Sammelbegriff für digitale Lösungen im Bereich der öffentlichen Verwaltung". Definition auf der Webseite DE.DIGITAL vom Bundesministerium für Wirtschaft und Klimaschutz. https://www.de.digital/DIGITAL/Redaktion/DE/Stadt.Land.Digital/Initiativen/Zivilgesellschaft-Verbaende/govtech-campus-deutschland.html (letzter Aufruf: 03.02.2023, 17:39 Uhr).

dass es großes Potenzial zur Mitgestaltung gibt. Viele Start-ups suchen Pilotpartner, die ihnen Zugang zu ihrem Verwaltungswissen gewähren, ihr Produkt ausprobieren, Feedback dazu geben und an Nutzertests teilnehmen. Bei einer Zusammenarbeit können Lösungen kostengünstig ausprobiert und aktiv an deren Weiterentwicklung mitgearbeitet werden. Es kann zwar sein, dass Software aus dieser Branche noch nicht alle Anforderungen erfüllt oder noch eine Weile braucht, bis sie produktiv eingesetzt werden kann. Aber genau diese Phase können Kommunen nutzen, um sie für ihr Szenario zu testen und durch gezieltes Feedback dazu beizusteuern, dass das Programm an die eigenen Bedürfnisse angepasst wird.

Der Vollständigkeit halber soll hier noch kurz erwähnt werden, dass der Blick auf die Angebote kommunaler IT-Dienstleister lohnt. Da dies aber gang und gäbe in Verwaltungen ist, muss hierauf nicht weiter eingegangen werden. Ein viel interessanterer Ansatz kann es (abhängig von eigenen Entwicklungskapazitäten) sein, selbst eine Lösung zu entwickeln. Wird zum Beispiel eine einzelne Funktion benötigt, könnte sich intern ein Projektteam bilden, das in der Lage ist und Lust hat, einen Prototyp zu bauen. Selbstverständlich hat nicht jede IT die nötigen Ressourcen, selbst etwas aufzusetzen. Auch hier könnte die Zusammenarbeit mit anderen Kommunen eine Lösung sein. Ein Beispiel für dieses Szenario ist die Entwicklungspartnerschaft für die Open SmartCity App[7], vorangetrieben von Solingen, Kalletal, Lemgo, Dortmund, Oberhausen, Mönchengladbach und Remscheid. Dabei werden sowohl die Kosten als auch der Arbeitsaufwand unter den Kommunen aufgeteilt.

Für viele Kommunen wird die eigenständige Entwicklung einer solchen Lösung ein zu großes und zugleich zu spezifisches Projekt sein. Aber vielleicht finden sich Beschäftigte, die einen Prototyp entwickeln können, der als Grundlage für weitere Ausarbeitungen oder die Auseinandersetzung mit Anbietern dienen kann. Geeignete Kandidat:innen für eine solche Herangehensweise sind zum Beispiel Auszubildende in der IT oder Personen, die eGovernment oder ähnliche Fächer studieren. Diese sind oft versiert in modernen Technologien und motiviert, eigene Projekte umzusetzen und verantwortungsvolle Aufgaben zu übernehmen. Natürlich variiert dies von Mensch zu Mensch und von Stadt zu Stadt, doch fragen kostet nichts. Und selbst wenn ein solches Projekt gestartet wird und am Ende nichts Nutzbares dabei herauskommt, können die Beteiligten viel daraus lernen: wie man solche Vorhaben angehen kann, welche Ressourcen man dafür benötigt und mit wie viel Aufwand und Kosten zu rechnen ist. Außerdem bekommen Prozessteam und Projektbeteiligte durch einen ersten Prototyp einen Eindruck davon, wie ihr digitaler Prozess wirken könnte – selbst, wenn dieser nur in Ansätzen vorhanden ist.

---

[7] Interkommunales.NRW. Entwicklungspartnerschaft Open SmartCity App. https://interkommunales.nrw/projekt/entwicklungspartnerschaft-open-smartcity-app/ (letzter Aufruf: 22.07.2022, 18:57 Uhr).

Wie kann eine passende Software gefunden werden?

1. Einen **Anforderungskatalog** auf Basis des optimierten Prozesses erstellen. Nicht nur gewünschte Funktionen beschreiben, sondern auch, welches Ziel die Nutzer:innen damit erreichen wollen. Dafür können **User Stories** nach dem Muster „Als [Rolle] möchte ich [Aktion], damit ich [Ziel]" verwendet werden.
2. **Nicht dem Perfektionismus anheimfallen.** Wenn eine Software alle Mindestanforderungen komplett und die übrigen nur teilweise erfüllt, sollte man sich lieber darauf einlassen, als auf die „perfekte" Lösung zu warten. Den Fokus auf die Punkte legen, die **zwingend** für die Digitalisierung eines Prozesses gebraucht werden (z. B. Datenschutzniveau, benötigte Dateiformate).
3. **Mit der IT darüber sprechen, welche Anforderungen realistisch sind.** So bekommen auch Personen, die sich nicht gut mit Software auskennen, ein gutes Gefühl für das, was von einer Lösung erwartet werden kann.
4. **In Versionen arbeiten** und z. B. erstmal einen Teil des Prozesses digitalisieren oder mehrere Lösungen verwenden. Potenzielle Medienbrüche und unpraktische Aspekte können in künftigen Versionen verbessert werden.
5. **Fachverfahren betrachten, die bereits im Einsatz sind** und prüfen, ob sie die Anforderungen oder Teile davon erfüllen. Von den Fachbereichen, die sie einsetzen, erfragen, wofür sie eingesetzt und ob sie gerne genutzt werden.
6. **In den Austausch mit anderen Kommunen gehen.** Diese können weitere Erfahrungswerte zu Anbietern und Produkten bereitstellen und auf solche hinweisen, die in der eigenen Stadt noch unbekannt sind.
7. **Suchmaschinen nutzen, um Angebote zu finden**, die zu den Anforderungen passen. Dabei mit Begriffen arbeiten, die zusammenfassen, was man für die **Digitalisierung der wichtigsten Aspekte** des Prozesses benötigt.
8. In der **GovTech-Branche** nach jungen, innovativen Lösungen umschauen. Start-ups in diesem Bereich suchen oft noch nach Pilotpartnern, die ihnen dabei helfen, ihre Lösung an die Bedürfnisse der Verwaltung anzupassen.
9. Bei **kommunalen IT-Dienstleistern** nach passenden Angeboten suchen.
10. Abhängig von den Entwicklungskapazitäten **selbst eine Lösung entwickeln.** Geht es etwa um eine einzelne Funktion, könnte sich ein Projektteam finden, das bereit ist, einen Prototyp zu bauen. Dazu ggf. mit anderen Kommunen zusammenarbeiten.

„Das haben wir schon immer so gemacht" – Widerständen begegnen

7

> **Zusammenfassung**
>
> Es wäre unglaubwürdig zu behaupten, dass die Optimierung und Digitalisierung von Prozessen konfliktfrei verläuft. Veränderung fällt den Menschen oft schwer, vor allem, wenn sie von anderen eingefordert wird. Es sollte deshalb das Ziel der Treiber:innen des Wandels sein, die Beteiligten frühzeitig einzubeziehen und zu einem zentralen Teil der Umgestaltung zu machen. So können viele Widerstände vermieden werden – aber leider nicht alle: Es wird immer wieder Beschäftigte geben, die sich weigern oder kein Interesse daran haben, sich aktiv einzubringen. Doch auch diesen Menschen kann man sich annähern und gemeinsam einen Weg finden, der das weitere Vorgehen ermöglicht. Dieses Kapitel bietet Denkanstöße für ein besseres Verständnis der Gründe für Widerstand und Tipps für den Umgang mit diesem.

Welche Veränderungen man auch umsetzen möchte: Es gibt immer Menschen, die davon betroffen sind. Manchmal werden Neuerungen als positiv wahrgenommen, zum Beispiel wenn die Antragstellung eines Bürger-Services komplett digital möglich wird. Doch andere Beteiligte werden dabei weniger eindeutige Gefühle hegen, wie etwa die Sachbearbeitung, die Anträge nun in verschiedenen Formaten und über mehrere Kanäle bearbeiten muss.

Widerstand kann schon aufkommen, bevor überhaupt beschlossen wurde, wie sich die Dinge verändern sollen. Zunächst bedeutet Veränderung schließlich, dass viel Arbeit investiert und eine Umgewöhnung an das Neue geleistet werden muss. Wenn dann noch das Vertrauen darin fehlt, dass die Anpassungen tatsächlich Vorteile mit sich bringen, ist gut nachvollziehbar, weshalb manche sich gegen die Modernisierung ihrer Prozesse stellen. In diesem Kapitel wird es deshalb darum gehen, warum Widerstände entstehen, mit welchen bei der Prozessoptimierung zu rechnen ist und wie man ihnen begegnen kann. Außerdem wird darauf eingegangen, durch welche Herangehensweisen man die Wahrscheinlichkeit erhöhen kann, dass Widerstände erst gar nicht entstehen.

Zuvor noch ein wichtiger Hinweis: Widerstand ist nicht per se schlecht und muss auch nicht immer überwunden werden. Er entsteht zum Beispiel auch, wenn Entscheidungen durchgesetzt werden, ohne die Beteiligten zu involvieren; wenn Veränderungen beschlossen werden, die in der Praxis nicht funktionieren, oder wenn zu viel auf einmal verlangt wird. Die automatische Reaktion auf ein „Aber" sollte daher nicht sein, mit Gegenargumenten um sich zu werfen. Stattdessen sollte als Erstes nach dem „Warum" gefragt werden: Warum hältst du das für eine schlechte Idee? Warum glaubst du, dass das so nicht funktionieren wird? Warum würdest du diesen Teil des Prozesses lieber lassen, wie er ist? Nur, was man versteht, kann man angemessen adressieren. Deshalb ist es wichtig, die Personen und ihre Beweggründe ernst zu nehmen, offen zuzuhören und erst dann zu überlegen, wie man mit der jeweiligen Situation bestmöglich umgehen kann.

7.1 Widerstand ist ganz normal – und hat verständliche Gründe

Bevor es in diesem Kapitel darum geht, wie man Widerständen begegnen kann, gilt es zunächst, sich mit den Gründen dafür zu beschäftigen. Dieser Schritt ist wichtig, um zu verstehen, aus welcher Situation sich eine solche Einstellung ergibt. Auch sollte man sich bewusst machen, dass Böswilligkeit in den allerseltensten Fällen der Auslöser dafür ist, dass sich Menschen gegen Veränderung sperren. Für gewöhnlich entscheidet sich niemand dazu, das Vorankommen zu sabotieren, weil er Spaß daran hat. Stattdessen sind die meisten Beweggründe im Bereich der Angst oder Unsicherheit zu verorten und sollten damit gut nachvollziehbar sein – und auch nachvollzogen werden.

Denn nur, wer versteht, warum Menschen so handeln, wie sie handeln, kann die richtigen Verhaltensweisen und Argumente finden, um sie in eine andere Richtung zu lenken. Hier geht es aber nicht um Manipulation: Empathie heißt das Stichwort. Das Ziel ist es, sich in die Lage derjenigen zu versetzen, deren Arbeitsumfeld sich ungefragt verändert. Es geht darum, sich bewusst zu machen, dass Menschen durch die Konfrontation mit dem Neuen gezwungen werden, Fehler zu machen, wo sie vorher souverän agieren konnten, sich von Dingen zu verabschieden, mit denen sie sich wohlgefühlt haben, und dafür auch noch Mehraufwände in Kauf zu nehmen.

Vor dem Einstieg in den nächsten Abschnitt noch ein paar wichtige Hinweise. Erstens ist dies nicht der Versuch einer psychologischen Abhandlung, die Menschen und ihr Verhalten auf vereinfachte Gefühlszustände reduzieren will. Stattdessen bietet er den Leser:innen die Möglichkeit, in sich selbst hineinzuhorchen und sich an Situationen zu erinnern, in denen es ihnen ähnlich ging. So können sie anderen besser auf Augenhöhe begegnen, wenn sie ihre Widerstände adressieren.

Zweitens ist der Begriff „Angst", der nachfolgend mehrfach verwendet wird, weder bevormundend noch herablassend gemeint. Es geht nicht um eine Art von Angst, wie viele Kinder sie vor der Dunkelheit empfinden. Vielmehr meint Angst hier, dass Personen glauben vorherzusehen, dass sie durch Veränderung schlechter dastehen werden als zuvor oder ihr Arbeitsalltag dadurch schwieriger oder unangenehmer wird. Sie versuchen deshalb, die Veränderung zu verhindern. „Angst" ist also nicht als Emotion zu verstehen, die unkontrolliert aus jemandem herausbricht, sondern als Auseinandersetzung mit möglichen unerwünschten Konsequenzen.

Drittens ist davon auszugehen, dass vielen Menschen nicht bewusst ist, warum sie so reagieren, wie sie es tun. Sie handeln intuitiv oder auf Basis der Vorstellung, dass negative Folgen abgewendet werden müssen. Man sollte also nicht erwarten, dass sie ihr eigenes Verhalten genauso werten wie man selbst. Auch wird man bei der Einschätzung anderer oft falsch liegen – schließlich kann man nicht in ihre Köpfe schauen. Zudem sind die Gründe für Widerstand nie klar voneinander abzugrenzen. Ein bestimmtes Verhalten kann auf ein Gefühl hindeuten, aber ein ganz anderes als Ursprung haben, oder mehrere Gefühle können zusammenspielen. Es ist daher wichtig, nicht der Vereinfachung zum Opfer zu fallen, wo die Wahrscheinlichkeit für eine hohe Komplexität so groß ist.

Viertens ist es zwar sinnvoll, sich mit den Gründen für und Gefühle hinter den Widerständen auseinanderzusetzen. Es sollte aber zugleich vermieden werden, bei der Konfrontation mit Personen auf der Gefühlsebene zu argumentieren. Dies kann dazu führen, dass sich diese bloßgestellt oder mit unfairen Vorwürfen bedacht fühlen, gegen die sie sich schwer wehren können. Man sollte also auf die eigene Wortwahl achten und etwa nicht sagen, jemand habe „Angst vor XY", sondern lieber mit weniger gefühlsorientierten Formulierungen arbeiten, wie etwa, jemand „möchte nicht, dass XY passiert".

Die beste Strategie ist es, keine Vermutungen über die Beweggründe anderer zu äußern, sondern sie zu fragen, warum sie die jeweilige Ansicht vertreten. Das gibt dem Gegenüber die Gelegenheit, seine Bedenken in Worte zu fassen und über die eigene Motivation zu sprechen. Ein möglicher Bonus: Fragt man Menschen nach ihren Motiven, können sie diese manchmal gar nicht benennen. Durch die direkte Frage werden sie aber gezwungen, ihre eigene Einstellung zu reflektieren. Dabei stellen sie oft fest, dass sie gar keine validen Gründe für ihren Widerstand nennen können. Das kann zum Beispiel daran liegen, dass die Gründe, die sie tatsächlich haben, unsachlich oder egoistisch wirken würden, weshalb sie diese nicht aussprechen und stattdessen lieber nachgeben. Die Gefühle anderer sollten also nur bedacht werden, um sie besser zu verstehen und einen Weg zu finden, ihnen ihre Bedenken zu nehmen – und nicht, um sie vorzuführen oder dem eigenen Ärger Luft zu machen.

7.1.1 Angst vor mehr Arbeit

Wie schon mehrfach angesprochen, ist die Optimierung von Prozessen leider ein zeit- und arbeitsintensiver Prozess. Man sollte Bestehendes nicht „mal eben" umkrempeln, ohne sich mit den Beteiligten und ihren Bedürfnissen auseinanderzusetzen. Die Belastung ist bei vielen Beschäftigten bereits sehr hoch, weil zusätzlich zum Alltagsgeschäft viele komplexe Themen wie Klimawandel und Online-Zugangsgesetz bearbeitet werden müssen, während zugleich das so nötige Personal fehlt (vgl. Kap. 1). Die Beteiligung an der Prozessoptimierung und die anschließende Umgewöhnung an den neuen Ablauf versprechen dabei noch eine zusätzliche Belastung. Reagieren manche nicht mit Begeisterung, wenn sie Prozesse erheben, an Workshops teilnehmen und Veränderungen umsetzen sollen, kann das daran liegen, dass sie Sorge haben, das zusätzlich zu ihren eigentlichen Aufgaben nicht leisten zu können. In Folge sind sie möglicherweise zögerlich, Verbesserungsvorschläge zu äußern, aus Angst, diese dann selbst verantworten zu müssen. Oder sie wehren sich gegen große Veränderungen, weil sie sicher sind, dass sie die Konsequenzen tragen müssen.

Gerade die zuständige Sachbearbeitung liegt damit alles andere als falsch. Ihre Expertise wird häufig benötigt und Entscheidungen über den Prozess können für sie in Mehrarbeit, Umgewöhnung und der Auseinandersetzung mit Kolleg:innen resultieren. Hier ist also eine vollkommen nachvollziehbare Form von Selbstschutz am Werk. Was die Beteiligten zu diesem Zeitpunkt oft noch nicht sehen können, sind die Vorteile und Erleichterungen, die Verbesserungen auch ihnen auf lange Sicht bringen. An diese sollten sie deshalb immer wieder erinnert werden.

7.1.2 Angst davor, Fehler zu machen

Wenn man mit einem Prozess gut vertraut ist, kann man sich souverän durch diesen navigieren und selbstbewusst der eigenen Arbeit nachgehen. Man weiß, welcher Schritt wann an der Reihe ist, welche Aktion wie erfolgen muss und wie man mit Sonderfällen umgeht. Hat man Veränderungen nicht komplett selbst in der Hand, verschwindet diese Sicherheit und wird durch neue Abläufe und Verantwortlichkeiten ersetzt. Die Gewöhnung an etwas Neues beinhaltet zumindest zu Beginn immer eine große Wahrscheinlichkeit, Fehler zu machen. Natürlich kommt man mit der Zeit immer besser zurecht. Doch es kann schwer sein, dies als positive Entwicklung zu betrachten, wenn man doch bisher immer sehr genau wusste, was man tut. Und wer würde nicht das Vertraute vorziehen, wenn die Veränderung einen Verlust an Sicherheit bedeutet?

Es wird seit Jahren gerne und viel von der Notwendigkeit gesprochen, eine Fehlerkultur zu etablieren – egal, ob in der Verwaltung oder der Privatwirtschaft. Das Problem ist, dass niemand gerne Fehler macht. Zwar lernt man oft daraus, doch ist das in dem Moment, in dem man etwas falsch macht, kaum der erste Gedanke. Vielmehr dominieren

Selbstzweifel, Scham oder Unzufriedenheit. Es sollte also niemanden wundern, dass viele Menschen nicht begeistert sind, wenn etwas Vertrautes durch etwas Neues ersetzt werden soll.

7.1.3 Angst vor Bedeutungsverlust

Auch wenn man nicht alle Aufgaben gerne macht, kann es doch zumindest ein gutes Gefühl sein, gebraucht zu werden. Man hat klare Verantwortlichkeiten und eine Position innerhalb eines Prozesses, auf die man sich bisher verlassen konnte. Kommen im eigenen Kompetenzbereich Fragen auf oder müssen Probleme gelöst werden, ist man selbst die erste Anlaufstelle dafür. Sobald ein Prozess verändert werden soll, besteht die Gefahr, dass man dadurch weniger Mitspracherecht hat als zuvor oder die eigene Rolle minimiert wird. Die Angst davor, an Bedeutung zu verlieren, kann etwa auftreten, wenn eine aktuelle Beteiligung künftig nicht mehr erfolgen soll. Die Person mag froh sein, dass sie eine Aufgabe weniger hat. Aber es kann genauso gut passieren, dass es ihr nicht gefällt, aus einem Prozess ausgeschlossen zu werden, den sie zuvor mitverantwortet hat. Dadurch kann das Gefühl entstehen, Vertrauen und Relevanz einzubüßen, die man zuvor genossen hat.

Es ist keine Schande, Angst vor dieser Situation zu haben und sich dagegen zu wehren, dass sie eintritt. Man steckt schließlich viel Zeit und Arbeit in die eigenen Aufgaben, wird immer besser darin und bearbeitet sie im Idealfall sogar gerne. Nimmt man einer Person dann eine Aufgabe weg, ist es ganz natürlich, dass sie das Gefühl hat, an Bedeutung zu verlieren. Immerhin laufen die Prozesse einfach weiter – aber eben ohne sie. Diesen Grund für Widerstand gestehen sich die meisten Menschen nur ungern ein, weil er egoistisch wirken kann. Immerhin reagiert man anderen gegenüber auch eher negativ, wenn sie zugeben, dass sie sich wichtig und bedeutungsvoll fühlen wollen. Man sollte sich aber bewusst machen, dass es normal ist, gerne Wertschätzung für das zu erhalten, was man geleistet hat – und dass man diese Wertschätzung auch verdient hat.

7.1.4 Das Gefühl, die bisherige Arbeit wird nicht wertgeschätzt

Wenn Prozesse verändert werden, geschieht dies im Versuch, sie zu verbessern. Führt man diesen Gedanken weiter, kann man darauf kommen, dass der bisherige Ablauf für schlecht befunden wurde. Und wenn der bisherige Prozess schlecht sein soll, heißt das dann nicht auch, dass Kritik an der eigenen Arbeit geübt wird? Dabei haben sich die Beschäftigten doch jahrelang darum gekümmert, dass der Prozess bestmöglich abläuft und Aufgaben darin nach bestem Wissen und Gewissen erledigt werden. Oftmals mussten sie dabei selbst mit Schwachstellen im Ablauf kämpfen und haben erfolglos versucht, diese zu adressieren. Entscheiden dann andere, dass etwas verändert werden muss, ist eine negative Reaktion gut verständlich. Immerhin kennt man die eigene Arbeit am besten und weiß, was gut und was schlecht läuft. Vielleicht ist man auch sehr zufrieden mit dem Prozess – etwa, weil man ihn selbst immer weiter verbessert hat. Oder man ist so routiniert in der Bearbeitung geworden, dass die Schwachstellen kaum noch auffallen. Aus dieser Position heraus ist es manchmal schwer zu erkennen, dass die Veränderung einer Sache nicht automatisch bedeutet, dass sie vorher schlecht war – sondern nur, dass sie noch besser werden kann. Deshalb sollte den Beteiligten vermittelt werden, dass die Verbesserung eines Ablaufs ihre bisherige Beteiligung daran nicht rückwirkend schlecht machen soll.

7.1.5 Angst vor Kontrollverlust

Wenn man weiß, welche Aufgabe man wann und wie erledigen muss, bekommt man dadurch ein gewisses Gefühl von Kontrolle: Man hat die eigene Arbeit selbst in der Hand und kann meistens einschätzen und entscheiden, wie man mit einer bestimmten Situation umgeht. Sollen nun Abläufe verändert werden, an denen man beteiligt ist, kann dieses Gefühl der Kontrolle entgleiten. Das wird umso wahrscheinlicher, wenn andere beschließen, dass Veränderungen nötig sind und die Beteiligten nicht wissen, ob sie diese mitgestalten dürfen oder über ihre Köpfe hinweg Entscheidungen getroffen werden. Die entstehende Unsicherheit dürften die wenigsten Menschen gerne empfinden. Entsprechend versuchen sie, die Kontrolle zurückzugewinnen. Dazu sperren sie sich gegen die Veränderung oder versuchen, selbst über diese zu entscheiden und somit möglichst wenig Kontrolle abzugeben. Auch die Leser:innen haben sicherlich schon selbst erlebt, wie unangenehm es sich anfühlen kann, wenn andere entscheiden, dass sich etwas verändern muss. Das können zum Beispiel neue Aufgaben sein, die man von der Führungskraft zugeschoben bekommt, oder das Ende einer Beziehung, das jemand anderes eingeläutet hat. In solchen Situationen kann man sich gegen das Neue wehren oder versuchen, Bedingungen zu stellen, um zumindest ein wenig Kontrolle zu bewahren. Es gibt aber noch eine andere, zugegebenermaßen schwierigere Möglichkeit, damit umzugehen: die Unsicherheit auszuhalten, die Veränderung gemeinsam zu gestalten und dabei herauszufinden, wie man innerhalb der neuen Situation das Gefühl der Kontrolle zurückgewinnt.

7.1.6 Das Bedürfnis, andere zu schützen

Gerade, wenn man nicht nur für die eigene Arbeit, sondern auch für die anderer verantwortlich ist, betrachtet man eine anstehende Veränderung nicht nur aus einer Perspektive. Man malt sich aus, welche Auswirkungen diese für das eigene Team hat. Sind Führungskräfte in die Prozessoptimierung involviert, kann es daher passieren, dass sie Änderungen widersprechen, weil sie verhindern möchten, dass ihre Mitarbeitenden überlastet werden.

Diese Reaktion ist nicht nur verständlich, sondern auch ihre Aufgabe: Sie sollen sich um ihre Beschäftigten kümmern und sicherstellen, dass sie ihre Arbeit gut und unter zumutbaren Bedingungen erledigen können. Genauso kann es vorkommen, dass Beschäftigte sich gegen Veränderungen aussprechen, weil sie wissen, dass ihre Kolleg:innen damit nicht gut zurechtkommen oder sich weigern würden, unter diesen Voraussetzungen zu arbeiten. Derartige Bedenken zeigen ein tiefes Verständnis für mögliche Hindernisse und eine Sorge um die zukünftige Zusammenarbeit. Werden sie geäußert und dann adressiert, können potenzielle Konflikte verhindert werden.

7.2 Mit welchen Widerständen zu rechnen ist und wie man ihnen begegnen kann

Bei der Optimierung und Digitalisierung von Prozessen sind uns bei ShiftDigital viele Situationen begegnet, in denen sich Beteiligte aus verschiedenen Gründen gegen Veränderungen gewehrt haben. Der Widerstand kam von Führungskräften, der zuständigen Sachbearbeitung oder nur minimal oder auch gar nicht am Prozess Beteiligten. Es spielt keine Rolle, welche Position man innehat, wie offen man für Neues oder wie groß der Veränderungsdruck ist: Widerstände können jederzeit und bei jedem auftreten.

Aber genau diese Auseinandersetzung mit den Perspektiven und Bedenken der Beschäftigten macht den Kern der Prozessoptimierung aus. Die Einbeziehung der Prozessbeteiligten und die Beachtung ihrer Expertise sind die Grundvoraussetzung dafür, dass am Ende ein Prozess herauskommt, der tatsächlich besser ist. Immerhin hat niemand etwas davon, sich im stillen Kämmerlein den perfekten Prozess auszudenken, wenn dieser in der Praxis nicht funktioniert. Deshalb lohnt es sich, Zeit in die gemeinsame Arbeit zu investieren: Es steigert die Erfolgswahrscheinlichkeit um ein Vielfaches. Man sollte sich also darauf einstellen, viel mit den Beteiligten in den Austausch zu gehen und dabei auch Widerständen zu begegnen.

Im Folgenden werden einige Szenarien des Widerstands geschildert, die bei der Prozessoptimierung aufkommen können. Die Lösungsansätze haben sich entweder in unserer eigenen Arbeit bei ShiftDigital bewährt, oder wurden uns von Prozessteams aus verschiedenen Städten zugetragen. Leider werden diese Herangehensweisen nicht immer funktionieren. Denn eines darf man beim Umgang mit Widerständen nicht vergessen: Menschen sind sehr unterschiedlich, entsprechend reagieren sie auch unterschiedlich auf bestimmte Situationen. Was für die eine ein überzeugendes Argument ist, kann für den nächsten keine Bedeutung haben. Es ist deshalb wichtig, sich auf die Menschen einzustellen, die man tatsächlich vor sich hat – nicht auf die, die man gerne vor sich hätte.

7.2.1 Widerstände aus emotionalen Gründen

Im folgenden Abschnitt geht es zunächst um allgemeinere Formen von Widerstand. Sie treten unabhängig davon auf, um welchen Prozess es sich handelt und drehen sich mehr um eine grundlegende Haltung als um spezifische Punkte innerhalb der Prozessoptimierung. Der Umgang mit diesen Situationen ist nicht immer einfach und auch nicht immer von Erfolg gekrönt. Aber je mehr man sich mit ihnen auseinandersetzt, desto besser wird man mit der Zeit darin, Widerstände verschiedenster Art zu adressieren.

7.2.1.1 „Ich möchte nicht, dass sich etwas ändert"

Wie in Abschn. 7.1 ausführlicher beschrieben, gibt es viele Gründe, aus denen Menschen Veränderung ablehnen: Man erahnt die Mehrarbeit, die sich aus der Prozessanpassung ergeben würde oder fühlt sich überrumpelt, weil andere bestimmen wollen, wie die eigene Arbeit ablaufen soll. Man hat seine Arbeit jahrelang auf dieselbe Art erledigt, ohne dass sich jemand beschwert hätte, und jetzt soll man plötzlich alles umschmeißen. Oder man hat Angst davor, mit dem neuen Ablauf nicht gut zurechtzukommen. Solche Situationen können sich sehr unangenehm anfühlen. Daher ist es verständlich, dass es vielen lieber wäre, wenn alles so bliebe, wie es ist. Das ist aber leider keine Option, wenn ein Prozess verbessert werden soll. Deshalb ist es so wichtig, die Beteiligten so früh wie möglich zu involvieren und ihnen die Ziele und Gründe für die Veränderung zu verdeutlichen. Im ersten Schritt sollte die Person gefragt werden, warum sie nicht möchte, dass sich etwas verändert. Die Antwort sollte gute Anhaltspunkte dafür geben, wie man ihren Widerwillen adressieren kann. Befürchtet sie zum Beispiel, ihre Aufgaben im neuen Prozess nicht mehr so gut wie bisher erledigen zu können, sichert man ihr die aktive Unterstützung durch das Prozessteam zu. Findet sie den Prozess so gut, wie er ist, kann man offensichtliche Schwachstellen ansprechen und die Person fragen, ob sie diese nicht auch verbessern möchte. In diesem Fall kann man sie außerdem fragen, was sie selbst am Prozess aktuell am meisten stört. Oft kann man sie so dazu bewegen, einzugestehen, dass es durchaus Verbesserungspotenzial gibt. Die subjektive Sichtweise („was stört dich") ist der fruchtbarste Ansatzpunkt, da man meist eher bereit ist, Arbeit in etwas zu investieren, von dem man selbst profitieren kann.

Folgende Argumente und Hinweise können sonst noch dabei helfen, Beteiligte von der Prozessüberarbeitung zu überzeugen: „Es geht nicht darum, den Prozess irgendwie zu verändern, sondern gemeinsam echte Verbesserungen umzusetzen. Dafür brauchen wir deine Hilfe und deine Expertise. Als Prozessbeteiligte:r weißt du am besten, welche Dinge wir beachten müssen, wo die größten Schwachstellen liegen und wie wir sie angehen können. Wo immer möglich, wollen wir den Prozess auch für dich verbessern, sodass du weniger Arbeit damit hast. Wir hoffen sehr, dass wir auf dich zählen können!".

Manche lassen sich aber auch von derartigen Argumenten nicht überzeugen und beharren darauf, nicht mitzumachen. An dieser Stelle wird es schwierig, mit den Personen zusammenzuarbeiten. Was manchmal noch helfen kann, ist der Appell an die direkte

Führungskraft. Diese kann ihren Beschäftigten mitteilen, dass sie die Optimierung des Prozesses unterstützt und möchte, dass sie dabei mithelfen. Lehnen die Beteiligten die Mitarbeit dann immer noch ab, befindet man sich im Bereich der Arbeitsverweigerung. Dann ist es Aufgabe ihrer Führungskraft, sich damit auseinanderzusetzen, wie weiter vorzugehen ist. Zum Glück ist uns bei ShiftDigital diese Situation noch nicht begegnet.

Bei Menschen, die sich komplett verweigern, ist es besonders wichtig, sich auf deren Persönlichkeit einzulassen und verschiedene Ansätze auszuprobieren. Das bedeutet gegebenenfalls, auch über mehrere Gespräche hinweg einer Person gegenüber ruhig und freundlich zu bleiben, die die eigene Arbeit unnötig erschwert. Man sollte stets sachlich bleiben, die Weigerung nicht persönlich nehmen und die Person immer wieder um Hilfe bitten. Es kann eine nervenzehrende Aufgabe sein, Menschen zur Mitgestaltung zu bewegen. Dafür ist es umso schöner, wenn es am Ende mit Erfolg belohnt wird.

7.2.1.2 „Wir machen es, wie ich es will, oder wir machen es gar nicht"

Veränderung an eigene Bedingungen zu knüpfen ist der Versuch, die Kontrolle zu bewahren. Man möchte nicht, dass andere Entscheidungen treffen, die die eigene Arbeit beeinflussen oder so verändern, dass man sich damit nicht mehr wohlfühlt. Problematisch wird es, wenn mehrere Prozessbeteiligte diese Einstellung vertreten: Irgendjemand wird „verlieren". Deshalb ist es sinnvoll, Regeln für die Zusammenarbeit im Workshop aufzustellen, denen alle zustimmen müssen. Diese sollten beinhalten, dass der Prozess möglichst für alle Beteiligten verbessert werden soll – nicht nur für eine Person. Versucht jemand, die eigenen Interessen zum Nachteil anderer durchzusetzen, kann auf diese Regel verwiesen werden.

Es ist aber wichtig, sich die Ideen und Bedürfnisse aller anzuhören, auch wenn diese sich nur auf die jeweils eigene Prozessbeteiligung beziehen. Meistens sind diejenigen, die ungern die Kontrolle abgeben wollen, auch diejenigen, die die meiste Arbeit am Prozess haben (z. B. die zuständige Sachbearbeitung). Da sie den Ablauf und die verschiedenen Aspekte der Bearbeitung am besten kennen, können ihre Vorschläge zu Verbesserungen führen. Auch hier gilt: Man sollte die Beteiligten stets fragen, warum etwas auf eine bestimmte Art gemacht werden soll. Dadurch kann die Motivation hinter ihrer Einstellung nachvollzogen werden. Kann die Person zum Beispiel keine sachlichen Argumente dafür vorbringen, warum es so ablaufen sollte und nicht anders, wird es schwer für sie, ihren Vorschlag zu verteidigen. Dann ergibt sich eine gute Gelegenheit, um einen Kompromiss auszuhandeln oder Gegenvorschläge anzubringen.

Besteht eine Person hingegen auf einem Punkt, der keine oder nur sehr geringe Nachteile für die anderen Beteiligten oder den Prozess als Ganzes bringt, kann dem ggf. auch ohne überzeugende Argumente zugestimmt werden. Durch derartige Zugeständnisse kann die Bereitschaft der Person erhöht werden, sich an anderer Stelle auf Kompromisse einzulassen oder die Vorschläge anderer zu akzeptieren. Ist hingegen noch unklar, wie sich der Vorschlag auf den Prozess auswirkt, kann man diesen unter Vorbehalt akzeptieren. Dabei sollte man mit der Person ausmachen, dass man sich anschaut, wie der Vorschlag in der Praxis funktioniert, ihn aber verwirft, falls sich zeigt, dass er nicht geeignet ist.

Ansonsten kann im Prozessworkshop die Gegenwart der anderen Prozessbeteiligten genutzt werden, um Abstimmungen über Vorschläge durchzuführen. Dazu können zum Beispiel alle Anwesenden gefragt werden, ob ihnen etwas einfällt, was dagegenspricht. Falls ja, werden die jeweiligen Argumente und Bedenken diskutiert und gemeinsam nach einer Lösung gesucht, mit der sich alle abfinden können. Gruppendynamiken können sehr überzeugend sein. Sind die anderen Beteiligten gegen die Bedingung der einen Person, kann es diese ggf. davon abbringen, darauf zu bestehen. Falls keiner etwas einzuwenden hat, kann der Vorschlag wieder unter Vorbehalt akzeptiert und in der Praxis getestet werden.

Es ist auch möglich, dass eine Person Bedingungen stellt und hofft, dass diese nicht erfüllt werden. So könnte sie theoretisch erreichen, dass sich gar nichts verändert. Diese Einstellung ist uns bei ShiftDigital jedoch noch nicht begegnet. Sollte das Szenario auftreten, dürfte die gemeinsame Diskussion im Prozessworkshop ein sinnvoller Ansatz sein. Wird der Person bewusst, dass ihre Ansicht nicht von allen geteilt wird und die anderen Beteiligten auch Bedürfnisse haben, steigt die Wahrscheinlichkeit, dass sie ihre strikte Position aufgibt.

7.2.1.3 „Wir sollten erst anfangen, wenn wir direkt alles umsetzen können"

Hinter dieser Einstellung können zwei verschiedene Motivationen stecken. Die eine ist ein Perfektionismusanspruch, der in der Verwaltung recht verbreitet ist. Dafür kann es mehrere Gründe geben. Einer davon ist die hierarchische Struktur, in der Aufgaben eindeutig verteilt werden. Damit ist nämlich auch klar, wer dafür verantwortlich ist, wenn etwas nicht funktioniert. Die meisten möchten deshalb sicherstellen, dass die eigenen Aufgabengebiete möglichst reibungslos funktionieren. Damit ist auch die Bereitschaft geringer, etwas Unfertiges auszuprobieren und dann zu verbessern. Wo Dinge erst noch getestet werden müssen, ist schließlich die Wahrscheinlichkeit für Fehler viel größer. Stattdessen kann der Anspruch entstehen, alles komplett durchzuplanen und dann ohne Abweichungen umzusetzen. Das garantiert leider noch lange nicht, dass der Plan auch funktioniert. Die Wahrscheinlichkeit dafür ist viel höher, wenn man mit mehreren Versionen arbeitet und sich anhand der Realität an die beste Variante heranarbeitet. Dieser Ansatz erfordert aber ein Umdenken, das in einer hierarchischen Struktur nicht so einfach zu bewerkstelligen ist.

Ein weiterer möglicher Grund dafür, direkt alles umsetzen zu wollen, ist, dass dieser Anspruch die Umsetzung hinauszögert. Muss erst alles „fertig" sein, bevor man es in der Praxis anwendet, kann dies sehr lange dauern oder vielleicht sogar nie so weit kommen. Ein gutes Beispiel hierfür ist die Forderung, darauf zu warten, dass der Prozess in einer Software abgebildet ist. Eine Lösung zu finden, die alle Voraussetzungen erfüllt, dauert erfahrungsgemäß eine ganze Weile oder ist sogar gar nicht möglich. Und selbst wenn eine

7.2 Mit welchen Widerständen zu rechnen ist und wie man ihnen …

solche Anwendung gefunden wird, muss diese noch beschafft und implementiert werden. Wird mit der Bedingung der „perfekten Lösung" argumentiert, können sich die Beteiligten also erstmal zurücklehnen und müssen sich nicht mit den geplanten Veränderungen auseinandersetzen. Entweder wird einige Zeit ins Land gehen, bevor eine Lösung gefunden ist, oder die Suche dauert so lange, dass das Thema in anderen Projekten und Aufgaben untergeht und irgendwann nicht mehr aktiv verfolgt wird.

Das soll nicht heißen, dass Menschen, die so argumentieren, die Verbesserungen mutwillig sabotieren. Vermutlich steckt meistens ein anderer Gedanke dahinter: Wenn man sich schon umgewöhnen und Veränderungen in Kauf nehmen muss, dann sollten diese wenigstens direkt einwandfrei funktionieren. Hier ist der Wunsch spürbar, möglichst keine Mehrarbeit zu haben. Denn natürlich ist ein Prozess, der nur teilweise überarbeitet ist oder noch Medienbrüche enthält, umständlicher als einer, der komplett optimiert wurde.

Wie also mit einem solchen Perfektionismusanspruch umgehen? Zunächst sollte man zu Beginn des ersten Workshops klarstellen, dass kein perfekter Prozess, sondern realisierbare Verbesserungen erarbeitet werden sollen. Dies kann erneut über die Festlegung von Regeln erfolgen, denen alle Teilnehmenden zustimmen. Verlangt im Anschluss jemand „alles oder nichts", kann auf diese Verpflichtung verwiesen werden. Es kann auch sinnvoll sein, diesen Punkt noch zu vertiefen, indem die Vorgehensweise nach dem Pareto-Prinzip[1] vorgeschlagen wird: Man strebt eine 80 %-Lösung an, die zunächst nur Verbesserungen mit den größten Mehrwerten enthält. Diese Lösung wird so früh wie möglich getestet, um aus den Erfahrungen Verbesserungen abzuleiten. So fokussiert man sich auf die wichtigsten Punkte und größten Schwachstellen. Die restlichen 20 % der Überarbeitung sind Detailarbeit für spätere Versionen, die viel Aufwand bedeuten, aber weniger Mehrwerte liefern. So können von Anfang an realistische Erwartungen und ein pragmatischer Tonfall für die Arbeit am Prozess gesetzt werden.

Weigern sich die Beteiligten vehement, Veränderungen umzusetzen, bis eine Software vorliegt, gibt es zwei Punkte, die für die zukünftige Bereitschaft ausgespielt werden können. Erstens sind in der Stadtverwaltung eventuell bereits Lösungen im Einsatz, die ohne viel Aufwand für erste Verbesserungen verwendet werden können. Viele Kommunen verwenden mittlerweile zum Beispiel Microsoft 365[2] und können dadurch gemeinsam

---

[1] Benannt nach Ökonom und Soziologe Vilfredo Pareto. Besagt, dass viele Bereiche statistisch gesehen eine 80–20-Aufteilung aufweisen: ca. 20 % der Bevölkerung besitzen ca. 80 % des Reichtums; 20 % der Kund:innen machen bei vielen Unternehmen etwa 80 % des Umsatzes aus usw. In Bezug auf investierten Arbeitsaufwand: 80 % eines Ergebnisses lassen sich oftmals mit 20 % des Einsatzes erzielen; die letzten 20 % machen hingegen 80 % des Arbeitsaufwandes aus. Die Detailarbeit, die für die komplette Erledigung einer Aufgabe nötig ist, verursacht also viel mehr Aufwand als der Rest. Siehe z. B.: Pareto-Prinzip: Beispiele, 5 Risiken & 7 Tipps für mehr Effizienz. Artikel von Lennart Stahlberg auf lernen.net. https://www.lernen.net/artikel/pareto-prinzip-8338/ (letzter Aufruf: 24.02.2023, 18:58 Uhr).

[2] Webbasierte Anwendung, die ortsunabhängiges und gleichzeitiges Arbeiten an denselben Dateien ermöglicht, z. B. im Textverarbeitungsprogramm Microsoft Word. Siehe z. B. https://de.wikipedia.org/wiki/Microsoft_365 (letzter Aufruf: 27.01.2023, 11:34 Uhr).

an Dokumenten arbeiten. Dies kann es ermöglichen, einige der geplanten Änderungen schnell und einfach umzusetzen, zum Beispiel indem Arbeitsschritte, die bisher nacheinander abgelaufen sind, nun parallel bearbeitet werden können.

Und zweitens kann man von den Beteiligten das Versprechen einholen, die Veränderungen ohne Murren umzusetzen, sobald eine Software bereitsteht, und dabei falls nötig auch Zwischenlösungen oder Medienbrüche zu akzeptieren. Sie werden erfahrungsgemäß bereit sein, dieses Versprechen einzugehen – vermutlich, weil sie die Hoffnung haben, dass es lange dauert oder vielleicht nie dazu kommt. Das Prozessteam sollte diese Hoffnung nutzen, um sich die Mitarbeit der Beteiligten für die Zukunft zu sichern.

7.2.1.4 „Ich kann jetzt schon sagen, dass das nichts wird"

Die Veränderung von Vorgängen ist besonders aufwendig, wenn diese schon lange auf dieselbe Art ablaufen und es viele Beteiligte gibt. Wandel ist in der Verwaltung ein langwieriger Prozess, nicht zuletzt wegen gesetzlicher Vorgaben und einer Hierarchie, die nicht auf schnelle Entscheidungsfindung, sondern auf eindeutige Verantwortung ausgelegt ist. Das ist auch den Beschäftigten bewusst, die innerhalb dieser Strukturen agieren, und die oft selbst schon einmal auf die Grenzen der städtischen Wandelbarkeit gestoßen sind.

Entsprechend ist ihr Zweifel wenig überraschend, dass die komplette Überarbeitung eines Prozesses tatsächlich funktionieren kann. Diese Haltung kann also aus den eigenen Erfahrungen stammen und muss nicht zwingend damit zusammenhängen, dass die Person selbst Veränderungen ablehnt. Aber wer nicht glaubt, dass etwas gelingen kann, ist wenig geneigt, Zeit und Arbeit darin zu investieren. Uns sind bei ShiftDigital viele Beschäftigte begegnet, die sich nach einer modernen Verwaltung sehnen, aber zugleich davon überzeugt sind, dass eine solche unter den gegebenen Umständen nicht möglich ist. Sie glauben, dass Verbesserung im großen Rahmen nicht gelingen kann und Prozesse nur in kleinen Schritten verändert werden können – wenn überhaupt. Meistens handelt es sich dabei um Menschen, die selbst schon öfter Dinge verbessern oder wirkungsvolle Projekte aufsetzen wollten, für die keine Ressourcen bereitgestellt oder die von Kolleg:innen geblockt wurden.

Wie also umgehen mit dieser Einstellung? Ein wichtiges Argument ist die Art und Weise, wie man die Prozessoptimierung angeht. Wird ein Prozessmanagement etabliert, das viel Freiraum erhält und alle Prozessbeteiligten von Anfang an einbezieht, ist die Wahrscheinlichkeit des Erfolgs viel höher, als wenn eine Person allein versucht, Veränderung herbeizuführen. Die Betonung dieses vielversprechenden Setups kann desillusionierte Veränderungswillige davon überzeugen, dass es den Versuch wert ist: Man kann gemeinsam daran arbeiten, Verbesserungen herbeizuführen und hat dabei die Unterstützung oder sogar den Auftrag der Stadtspitze.

Dabei ist es wichtig, ehrlich zu sein und kein unrealistisches Bild der zu erwartenden Ergebnisse zu zeichnen. Man sollte betonen, dass nicht mit einer perfekten Umsetzung zu rechnen ist und man bereit sein muss, Kompromisse einzugehen. Aber so kann man erreichen, dass erste Verbesserungen zeitnah in die Nutzung kommen, denen dann weitere folgen können. Denn kleine Erfolge zeigen, dass sich die Arbeit lohnt und Veränderung möglich ist. Warum also nicht damit weitermachen?

Die Ansicht, dass sich sowieso nichts ändern wird, kann aber auch auf anderen Hintergründen basieren. Manche wollen damit vielleicht zeigen, dass sie die Situation besser einschätzen können als andere; dass sie mehr Verständnis vom Prozess haben als etwa das Prozessteam. Die Ursache kann das Gefühl sein, dass die eigene Expertise und Arbeit nicht wertgeschätzt wird, weil andere entscheiden, dass sich etwas ändern muss. Genauso kann es sich um eine Äußerung von Unwillen handeln, dass sich etwas verändert. Denn wenn allen bewusst gemacht wird, dass das Unterfangen von Vornherein zum Scheitern verurteilt ist, wird es vielleicht gar nicht erst versucht.

Für diese Szenarien eignet sich dieselbe Vorgehensweise wie bei der Komplettverweigerung: Man sollte die entsprechenden Personen nach den Gründen fragen, weshalb sie glauben, dass das Vorhaben scheitern wird und sie bitten, dabei zu helfen, diese aus dem Weg zu räumen. Die Bitte um ihre Hilfe kann Menschen zur Mitarbeit bewegen, weil es ihnen die Wertschätzung zeigt, die sie zu vermissen glauben. Sie kommen sich ggf. egoistisch vor, wenn sie um Hilfe gebeten werden, die nur sie leisten können, sich aber weigern, diese beizusteuern.

7.2.1.5 „Ich kann das nicht"

Die wenigsten freuen sich darüber, aufgrund der „Veränderungswut" Außenstehender in Unsicherheit gestürzt zu werden, wo sie sich zuvor sicher gefühlt haben. Immerhin verlangt die Prozessoptimierung Beteiligten fast immer eine Umgewöhnung oder die Entwicklung von neuen Fertigkeiten ab, wie zum Beispiel den Umgang mit neuer Software. Gerade, wenn ihre Arbeit seit langer Zeit auf dieselbe Art abläuft, sie sich also lange nichts Neues beibringen mussten, ist die Furcht meist umso größer, dem nicht gewachsen zu sein. Und die Angst vor dem Scheitern kann ein starker Motivator sein.

Genau deshalb sollte ein zentrales Team etabliert werden, das jederzeit für Fragen und Unterstützung bereitsteht. Die Angst davor, Fehler zu machen oder nicht zu wissen, was man tun muss, ist viel leichter auszuhalten, wenn man weiß, dass andere helfen können. Man sollte also möglichst früh betonen, dass die Prozessbeteiligten nicht alleine gelassen werden, wenn es an die Umsetzung der Veränderungen geht und es ganz normal ist, dabei Fehler zu machen. Sie sollten wissen, dass man sich gemeinsam darum kümmert, wenn es dazu kommt und nichts auf eine Art verändert wird, mit der man nicht umgehen könnte.

Hier ist wie so oft beim Thema Wandel zwischenmenschliches Fingerspitzengefühl gefragt: Es ist Aufgabe des Prozessteams zu erkennen, wenn Menschen Angst davor haben, hinter der Veränderung zurückzubleiben und das Selbstbewusstsein zu verlieren, das sie bisher bei ihrer Arbeit an den Tag legen konnten. Letztlich muss ein Gefühl der Sicherheit mit den Veränderungen etabliert werden, bevor diese in die Umsetzung kommen.

Und natürlich darf es nicht bei diesen Versprechungen bleiben. Das Prozessteam sollte stets zur Stelle sein, wenn jemand Hilfe braucht. Dabei ist Geduld häufig die größte

Tugend. Menschen, die große Angst davor haben, etwas falsch zu machen, werden zum Beispiel auch dann um Unterstützung bitten, wenn sie eigentlich schon wissen, was zu tun ist. In diesem Fall geht es mehr um eine Art Absicherung als um tatsächliche Hilfe. Auch für derartige Situationen sollte das Prozessteam jederzeit bereitstehen.

Zwei Tipps dafür: Die Person sollte jedes Mal mehr selbst machen und nur noch für Rückfragen auf das Prozessteam zugreifen. Irgendwann wird sie so selbstverständlich durch die Bearbeitung gehen, dass sie die Absicherung durch das Prozessteam nicht mehr benötigt. Es kann außerdem sinnvoll sein, einen „Spickzettel" zu erstellen, auf dem genau steht, was die Person wann und wo tun muss, um den Vorgang abzuwickeln. Diesen kann sie sich auf den Schreibtisch legen und nachschauen, wenn sie mal nicht mehr weiterweiß.

7.2.1.6 „Ich gehe in 5 Jahren in Rente, ich lerne doch jetzt nichts Neues mehr"

Diesen Spruch haben wir in verschiedenen Städten als satirische Äußerung, aber auch als ernst gemeinte Aussage gehört. Er fällt immer dann, wenn Veränderungswillige mit Beschäftigten konfrontiert sind, die sich sehr an die bestehenden Abläufe gewöhnt haben. Nun ist es verführerisch (und sehr einfach), sich darüber lustig zu machen. Immerhin bieten mehrere Jahre ausreichend Zeit, um etwas Neues zu lernen, und damit ist die Aussage ein denkbar schwaches Argument gegen Veränderung.

Man darf dabei aber nicht vergessen, dass die entsprechenden Personen meist jahrzehntelang in der Verwaltung gearbeitet und enormes Wissen über ihre Strukturen und Abläufe angesammelt haben. Auch muss man zugeben, dass die Art und Weise, wie sie den Prozess bearbeitet haben, lange Zeit gut funktioniert hat. Sonst wären die Abläufe schließlich viel früher verändert worden. Auch ist der Ruf nach Veränderung vor allem in den letzten Jahren laut geworden – ausgelöst durch neue Gesetze und gesellschaftliche sowie technologische Entwicklungen. Die Reaktion der älteren Generationen ist also alles andere als verwunderlich: Sie haben jahrzehntelang gute Arbeit geleistet, ohne sich groß umgewöhnen zu müssen und stehen kurz vor der wohlverdienten Rente. Kann man von ihnen verlangen, sich jetzt noch einmal ins Zeug zu legen, nur weil irgendjemand es so entschieden hat? Die Antwort ist natürlich: Ja.

Die Übernahme neuer Aufgaben und das Erlernen neuer Fertigkeiten waren schon immer ein fester Bestandteil der Arbeitswelt. Das Konzept von „ausgelernt haben" ist ein beruhigendes Märchen, das noch nie gestimmt hat. Wir Menschen lernen alle ständig dazu. Das passiert meistens jedoch eher schleichend als explizit und plötzlich. Manchmal entdeckt man zum Beispiel eine Funktion, die die Arbeit mit Programmen erleichtert, die man bereits kennt. Oder man lernt, mit neuen Situationen umzugehen oder bekannte Situationen besser zu navigieren. Lernen geschieht nicht nur in der Schule, der Ausbildung, dem Studium oder bei Fortbildungen. Gleichzeitig sind das die Szenarien, die wir am ehesten mit dem Lernen verbinden. Das liegt schlichtweg daran, dass es dort so explizit gemacht wird. Die Aussage, man wolle nichts Neues mehr lernen, ist nicht haltbar, weil auch langjährige Beschäftigte automatisch dazulernen – ob sie wollen oder nicht. Diesen

Hinweis kann man als Argument vorbringen. Das funktioniert umso besser, wenn man ein Szenario benennen kann, in dem die Person sich in der Vergangenheit umgewöhnen musste und dies erfolgreich getan hat.

Auch hier ist es sinnvoll, nach den Gründen zu fragen, weshalb die Person nichts Neues lernen möchte, oder warum die Jahre direkt vor der Rente anders sein sollten als die bisherigen. Es kann aber auch sein, dass die Person schon mit der Arbeit abgeschlossen hat, obwohl sie diese noch eine Weile erledigen muss. Ist dies der Fall, wird sie sich vermutlich nicht von Argumenten überzeugen lassen. Es ist sehr schwierig, einen Umgang mit dieser Situation zu finden. Was funktionieren kann, ist wieder die Bitte um ihre Hilfe und Expertise. Vielleicht ist die Person bereit, ihre Erfahrungswerte beizusteuern, wenn sie merkt, dass sie gebraucht wird. Lässt sie sich gar nicht überzeugen, muss nun mal auf ihre Mitarbeit verzichtet werden. Schließlich kommt der Punkt, an dem es sich nicht mehr lohnt, Energie in eine Person zu investieren, die sich aktiv dagegen wehrt, einbezogen zu werden.

7.2.2 Prozessbezogene Widerstände

Während es im vorigen Abschnitt um allgemeine Situationen von Widerstand ging, wird der nachfolgende sich mit eher prozessspezifischen Szenarien beschäftigen. Die Herangehensweise ist jedoch dieselbe: Es gilt zu verstehen, weshalb die Person die jeweilige Aussage trifft, was ihre Motivation dahinter ist, und wie man ihr zeigen kann, dass es sich lohnt, in die Verbesserung zu investieren und Neues zu wagen.

7.2.2.1 „Das kann ich nicht entscheiden"

Wir von ShiftDigital sind in unserer Arbeit mit Verwaltungsprozessen häufig mit der Schwierigkeit konfrontiert, die Person zu finden, die eine Entscheidung über einen bestimmten Punkt treffen kann oder möchte. Von derselben Problematik haben uns auch viele Beschäftigte berichtet. Die hierarchische Struktur ist darauf ausgelegt, Entscheidungen möglichst „nach oben" zu delegieren. So ist stets nachvollziehbar, wer für welches Thema verantwortlich ist und im jeweiligen Kontext adressiert werden muss. Dadurch wird unter anderem sichergestellt, dass keine Dokumentationslücken über die Verwendung von Steuergeldern entstehen. Dies wäre sicherlich schwieriger, wenn alle Beschäftigten die Erlaubnis hätten, Entscheidungen zu treffen.

Dieser Umstand erschwert jedoch die Entscheidungsfindung, wenn es darum geht, Neues zu implementieren. Oftmals wurde für diese Bereiche noch keine Verantwortlichkeit festgelegt. Auch sind die Führungskräfte bereits mit ihren bestehenden Themen ausgelastet – oder gar überlastet – und stehen für die Aushandlung neuer Zuständigkeiten nicht immer zur Verfügung. Von den Beschäftigten wird aber zugleich erwartet, dass sie Rücksprache mit den Führungskräften halten, anstatt selbstständig Entscheidungen zu treffen. So kann es passieren, dass man im Workshop zu Einigungen über Prozessverbesserungen kommt, aber keiner der Anwesenden diese final „absegnen" kann. Genauso gut kann es sein, dass diese Situation als Strategie eingesetzt wird, um die Umsetzung von Veränderungen hinauszuzögern. In beiden Fällen muss nämlich erst nach der Person gesucht werden, die die Befugnis hat, eine Entscheidung zu treffen – und diese Suche kann lange dauern. Geht es zum Beispiel um einen Prozess, der stadtweit im Einsatz ist, werden Führungskräfte innerhalb eines Fachbereiches sich nicht wohl damit fühlen, stellvertretend für alle anderen zu agieren. Manchmal ist es auch erst nötig, andere Parteien wie den Personalrat, die IT oder die Datenschutzbeauftragten hinzuzuziehen. Und diese müssen oftmals noch weitere Personen involvieren, um eine Entscheidung herbeizuführen.

Sagt also die Sachbearbeitung oder eine Führungskraft im Prozessworkshop, dass sie nicht in der Lage sei, eine Entscheidung zu treffen, ist dies für gewöhnlich nicht als Widerstand zu deuten. Diese Reaktion entspricht vielmehr der normalen Funktionsweise der Verwaltung. Manchmal basiert sie aber auch auf negativen Erfahrungen – etwa, wenn die Person schon einmal unerlaubt Entscheidungen getroffen hat und dafür abgemahnt wurde oder für Konsequenzen geradestehen musste.

Der einzig sinnvolle Umgang mit dieser Situation ist es, die Person zu finden, die zuständig ist. Das bedeutet leider häufig auch, jemanden zu involvieren, der sich mit dem Prozess nicht auskennt und möglicherweise auch nicht die Zeit oder Muße hat, sich damit zu beschäftigen. Für solche Personen ist es dann meist einfacher, die Veränderungen abzublocken oder die Verantwortung wiederum auf jemand anderen abzuwälzen. Es kann leider auch passieren, dass sie uninformierte Entscheidungen treffen, die die bisherige Arbeit beschneiden oder gar zunichtemachen, ohne eine Begründung dafür zu haben. Dieses Szenario kann auftreten, ist aber zum Glück selten. Es wird am besten verhindert, indem das Prozessteam und seine Arbeit offiziell von der Stadtspitze gefördert werden. Es ist außerdem hilfreich, wenn man sich möglichst früh ein großes internes Netzwerk mit Ansprechpersonen in den relevanten Fachbereichen und Institutionen (Personalrat, IT, Führung usw.) aufbaut. Wissen Führungskräfte und Ansprechpersonen, dass die Stadtspitze die Vorhaben des Prozessteams unterstützt, steigt die Wahrscheinlichkeit, dass sie die mit ihrer Hilfe erarbeiteten Veränderungen genehmigen.

7.2.2.2 „Ich muss aber einbezogen werden"

Bei der Überarbeitung von Prozessen kann es passieren, dass bisherige Arbeitsschritte für unnötig befunden werden. Grund dafür ist zum Beispiel, dass Prozesse oder Prozessteile digitalisiert werden und Aufgaben, die vorher händisch erledigt werden mussten, nun automatisiert erfolgen können. So kann zum Beispiel die Prüfung bestimmter Daten durch den automatischen Abgleich mit einer verknüpften Datenbank erledigt werden.

Auf der einen Seite werden es viele begrüßen, wenn ein Prozess vereinfacht und den Beteiligten Arbeit abgenommen wird, vor allem, wenn es sich um ungeliebte Aufgaben handelt. Derartige Verschlankungen bedeuten allerdings auch, dass Personen, die bisher beteiligt waren, künftig nicht mehr involviert sein werden. Dies kann bei manchen zu

Erleichterung führen – immerhin haben sie nun einen Punkt weniger, um den sie sich kümmern müssen. Andere werden es hingegen als negativ empfinden, nicht mehr einbezogen zu werden. Das kann mehrere Gründe haben. Die Person kann der Überzeugung sein, ein Mitspracherecht zu haben, oder sie benötigt Informationen aus dem Prozess für ihre weitere Arbeit. Auch hier ist die Rückfrage sinnvoll, warum die Beteiligung für die Person wichtig ist. Was steuert sie zur erfolgreichen Bearbeitung bei? Welche Informationen benötigt sie und wie arbeitet sie mit diesen weiter? Gibt es andere Wege für sie, die Daten zu erhalten; zum Beispiel, indem sie Einsicht in die Vorgänge erhält, ohne direkt daran beteiligt zu sein? In welchen Situationen wird sie beteiligt? Wie häufig kommt dies vor? Wäre sie einverstanden, nur einbezogen zu werden, wenn es der Einzelfall erfordert? Durch die Auseinandersetzung mit diesen Fragen erlangt man ein besseres Verständnis davon, was die Person aus welchen Gründen benötigt, und kann gemeinsam eine Lösung erarbeiten.

Ein anderer Grund dafür, dass eine Beteiligung gewünscht wird, obwohl diese nicht mehr nötig ist, kann die Angst sein, an Bedeutung zu verlieren. Die Person konnte bisher mitreden, wenn es um das Thema ging. Sie hat ggf. viele Jahre lang einen Beitrag dazu geleistet. Deshalb kann sich die Beendigung ihrer Beteiligung für sie wie ein Ausschluss oder mangelnde Wertschätzung ihrer bisherigen Arbeit anfühlen. Die meisten Menschen kennen diese Situation. Wir sind soziale Wesen, die gerne Teil von Gemeinschaften sind und es genießen, gebraucht zu werden. Nimmt man uns diese Erfahrung weg, reagieren wir manchmal und ganz verständlicherweise mit Widerstand.

Wir konnten für dieses Szenario leider bisher keine gute Lösung finden. Es ist nicht sinnvoll, die Person weiter einzubeziehen, obwohl es dafür keinen Grund gibt (abgesehen von dem Wunsch, sie zufriedenzustellen). Man kann sie ebenfalls fragen, warum sie weiterhin einbezogen werden sollte und hoffen, dass sie keine gute Antwort darauf geben kann. So oder so sollte man in dieser Situation behutsam vorgehen. Es gilt, ehrliche Wertschätzung für die vergangene Leistung zu zeigen, durch die viele Vorgänge erfolgreich abgeschlossen werden konnten.

An dieser Stelle muss noch kurz ein Thema adressiert werden, das durch die Prozessoptimierung und -digitalisierung zunehmend aufkommen wird: Je mehr Arbeit automatisiert oder vereinfacht wird, desto mehr werden bestimmte Aufgabengebiete an Relevanz verlieren. Das kann auch bedeuten, dass die Arbeit, die bisher Beschäftigte erledigt haben, nicht mehr händisch erfolgen muss. Aktuell gibt es zum Beispiel in manchen Städten Mitarbeitende, deren Aufgabe es ist, Akten zu sortieren und abzuheften. Sobald nur noch mit digitalen Akten gearbeitet wird, fällt diese Aufgabe weg. Für diese Situation müssen möglichst früh Lösungen entwickelt werden. Die naheliegendste ist es, diese Personen auf andere Aufgabengebiete zu setzen. Schließlich gibt es in der Verwaltung genug Arbeit – vor allem mit Blick auf den zunehmenden Personalmangel und die komplexen Aufgaben, die in den nächsten Jahren sicherlich nicht weniger werden. Aber dieser Umbruch muss vorbereitet werden. Es braucht verschiedene Angebote für Weiterbildung und Umschulung, die es den Beschäftigten leicht machen, in andere Aufgabenbereiche zu wechseln.

Es wird Aufgabe der jeweiligen Verwaltung sein herauszufinden, wie dabei vorgegangen werden kann und welche Lösungsansätze am besten funktionieren.

7.2.2.3 „Der Dienstweg muss eingehalten werden"

Die Tätigung von Unterschriften auf dem Dienstweg ist ein wichtiger Bestandteil der Zuordnung von Verantwortung innerhalb der Verwaltung. Die Führungskräfte prüfen Vorgänge nacheinander und unterzeichnen sie, wenn sie mit ihnen einverstanden sind. Sind sie dies nicht, geben sie den Vorgang zur Korrektur zurück an den/die Auslöser:in oder lehnen ihn ab. Wir konnten bei ShiftDigital von den Beschäftigten und den in unserer Software umgesetzten Prozessen viel über diesen Vorgang lernen. Bis zu welcher Führungsebene eine Beteiligung erfolgt, hängt vom jeweiligen Prozess ab: Manchmal muss die Dezernatsleitung einbezogen werden, weil die Vorgänge sie direkt betreffen (wie zum Beispiel bei der Änderung der Dienstverteilung), manchmal endet die Kette bei der Hierarchieebene darunter.

Die Verkürzung solcher Wege könnte die Abwicklung von Prozessen gerade bei der analogen Bearbeitung beschleunigen. Immerhin müssen die Unterlagen jedes Mal durch die Hauspost zur nächsten Führungskraft gebracht werden. Diese hat oft aber schon viele Akten auf dem Tisch, sitzt den ganzen Tag in Meetings, arbeitet vom Home Office aus oder ist auch mal krank. Dann liegt der Vorgang eine Weile auf dem Tisch oder muss zur Stellvertretung gebracht werden. Ist die Unterschrift getätigt, geht das Ganze von vorne los. Die Signatur eines Antrags kann damit Tage, wenn nicht gar Wochen in Anspruch nehmen.

Hinzu kommt, dass uns Beschäftigte (auch Führungskräfte) aus verschiedenen Städten mitgeteilt haben, dass einige Führungskräfte Dokumente signieren, ohne sie sich angesehen zu haben. Das kann daran liegen, dass sie gar kein Interesse an den Inhalten haben, weil der Prozess keinen Einfluss auf ihre Arbeit hat. Es kann auch sein, dass sie in so viele Vorgänge involviert werden, dass sie kaum dazu kommen, andere Aufgaben zu erledigen. Sie verlassen sich darauf, dass die anderen Beteiligten die Prüfung übernehmen.

Ein Beispiel: Der Prozess für eine Änderung der Dienstzeit sieht vor, dass alle Führungskräfte einschließlich der Amtsleitung den Antrag unterschreiben. Die Abteilungsleitung geht davon aus, dass die Führungskraft darunter sich den Antrag genau angesehen hat. Immerhin geht es dabei um Mitarbeitende, die ihr direkt unterstellt sind. Somit hat die direkte Führungskraft ein großes Interesse daran, wer seine Dienstzeit wie anpassen möchte. Für die Abteilungsleitung hat der Vorgang hingegen keine direkten Auswirkungen. Sie muss aufgrund der Vorgaben aber trotzdem ihre Unterschrift daruntersetzen. Also tut sie das, ohne den Antrag gelesen zu haben.

In solchen Situationen sollte man sich fragen, welchen Mehrwert eine Unterschrift bringt, die blind getätigt wurde – nur, um den Richtlinien zu entsprechen. Der fehlende Nutzen kann ein Hinweis darauf sein, dass es an der Zeit ist, diese Vorgaben anzupassen. Versucht man, Unterschriftswege zu kürzen, wird oft betont, dass der Dienstweg unbedingt eingehalten werden muss. Hier geht es entweder darum, dieses Grundprinzip der

Verwaltung aufrechtzuerhalten, oder um das im letzten Abschnitt thematisierte Bedürfnis, beteiligt zu werden. Ein möglicher Umgang mit der zweiten Situation wurde bereits geschildert. Geht es hingegen um den Dienstweg an sich, kann man versuchen zu verhandeln: Genügt es für bestimmte Prozesse, wenn die direkte Führungskraft einbezogen wird? Dies ist besonders sinnvoll, wenn es um Themen geht, die ihre Arbeit betreffen, aber nicht die der anderen Führungsebenen. Die direkte Führungskraft weiß am besten, welche Auswirkungen ein solcher Vorgang haben kann und benötigt die Informationen, um die Aufgabenverteilung in ihrem Team zu planen. Manchmal kann man sich darauf einigen, dass sich die anderen Führungskräfte auf die Einschätzung der direkten Vorgesetzten verlassen. Dabei sollte möglichst eine stadtweite Entscheidung herbeigeführt werden. Denn es macht einen Prozess nicht weniger kompliziert, wenn manche Führungskräfte involviert werden müssen, weil sie darauf bestehen, andere aber nicht. Hier zeigt sich ein weiterer Vorteil davon, wenn das Prozessteam möglichst von Beginn an eine eindeutige Ansprechperson für Entscheidungen dieser Art bekommt.

Als Quereinsteiger:innen in der Verwaltung war uns das Prinzip des Dienstwegs zunächst unbekannt. Unsere erste Reaktion darauf war der Vorschlag, diese Unterschriftswege zu verkürzen, was jedoch auf Widerstand gestoßen ist. Entsprechend wurden sie bei der Umsetzung der Prozesse in unserer Software genauso abgebildet, wie sie bisher analog abgelaufen sind. Es war interessant zu beobachten, dass sich diese Einstellung mit der Zeit geändert hat: Nach ein paar Monaten der digitalen Abwicklung haben immer mehr Führungskräfte den Wunsch geäußert, nicht länger in bestimmte Prozesse einbezogen zu werden. Es kann daran gelegen haben, dass die Unterschriften als digitale Signaturen eine andere Wirkung haben. Immerhin fühlt es sich anders an, eine Signatur auf ein Blatt Papier zu setzen, als auf einen Button zu klicken, auf dem „Unterschreiben" steht. Vielleicht fiel den Führungskräften auch stärker auf, wie oft sie eine solche Unterschrift tätigen müssen, weil sie jedes Mal per Mail darüber informiert wurden. Jedenfalls hat die digitale Abwicklung dabei geholfen, die Bereitschaft zur Veränderung zu steigern. Bei manchen digitalisierten Prozessen unterschreibt nun nur noch die direkte Führungskraft. Die Bearbeitungszeit ist dadurch gesunken, und damit auch die Zufriedenheit der Führungskräfte, da sie nun schlichtweg weniger Arbeit und weniger Kontextwechsel zwischen ihren verschiedenen Aufgaben haben. Weigern sich Führungskräfte zunächst, den Dienstweg zu verkürzen, ist es also gut möglich, dass sie ihre Einstellung aufgrund ihrer eigenen Erfahrungen später ändern. Hier kann Geduld der richtige Weg sein.

7.2.2.4 „Bei uns funktioniert das anders"

Manche Prozesse werden in mehreren, wenn nicht gar allen Fachbereichen abgewickelt: in jedem Sachgebiet müssen Anträge auf bezahlten Sonderurlaub bearbeitet oder neue Mitarbeitende mit Arbeitsmaterialien ausgestattet werden. Jeder Fachbereich, der Projektarbeit betreibt, muss Projektskizzen und -berichte verfassen. Besonders in technischen Fachbereichen werden viele Fortbildungen durchgeführt, an die wiederum Antragsprozesse geknüpft sind. Dies ist einer der Gründe, weshalb man mit der Optimierung interner

Vorgänge viel bewirken kann: Man überarbeitet einen Prozess und kann damit für viele Beschäftigten Mehrwerte schaffen.

Das heißt aber leider nicht, dass man sich „nur mal mit einem Fachbereich zusammensetzen" muss, um die perfekte, standardisierte Lösung für alle zu entwickeln. Fachbereiche arbeiten schließlich unterschiedlich, weil sie auch für unterschiedliche Themen verantwortlich sind. So benötigen neue Mitarbeitende im Gesundheitsamt zum Beispiel andere Zugänge und Arbeitsmaterialien als in der Grünflächenpflege. Und während die meisten Fachbereiche auf Server zugreifen, die von der IT betreut werden, haben manche Tiefbauämter eigene Server, über die sie die Überwachung des Kanalsystems abwickeln.

Generell ist es zwar zu bevorzugen, Prozesse über die Stadtverwaltung hinweg einheitlich zu gestalten. So kommt es seltener zu Verwirrungen, die weitere Verbesserung und Anpassung der Prozesse wird erleichtert und auch die Implementierung digitaler Lösungen erzeugt geringere Aufwände. Gleichzeitig ist es nicht immer möglich, einen Prozess für alle vorzugeben, weil die Bedürfnisse der Fachbereiche voneinander abweichen. In diesen Fällen ist es nicht sinnvoll, auf der Vereinheitlichung zu bestehen, weil für manche so keine Verbesserungen, sondern sogar Verschlechterungen entstehen würden.

Es kann aber auch vorkommen, dass Fachbereiche oder Beschäftigte verlangen, dass auf ihre spezifischen Vorgaben eingegangen wird, obwohl diese fachlich nicht relevant sind. Das kommt etwa daher, dass sich mit der Zeit in einem Fachbereich der Ablauf verändert, während er in den anderen gleichbleibt. Zum Beispiel kann es sein, dass ein Fachbereich einen längeren oder kürzeren Dienstweg vorschreibt als die anderen, weil eine Führungskraft dies einmal so eingeführt hat. Solange wenig Austausch zwischen den Fachbereichen stattfindet, fallen solche Abweichungen im Zweifelsfall jahrelang nicht auf. In dieser Zeit gewöhnen sich die Mitarbeitenden daran, dass es auf eine bestimmte Art abläuft. Nun sollen sie nicht nur akzeptieren, dass sich der Prozess ändert, sondern auch, dass dies auf Basis der Beteiligung anderer Fachbereiche geschieht, die ganz anders arbeiten.

Man kann nicht alle Fachbereiche in die Überarbeitung eines stadtweiten Prozesses einbeziehen. Trotzdem sollten sie zeitnah darüber informiert werden, dass Veränderungen in Arbeit sind. Ob man ihnen die Gelegenheit gibt, ihre Änderungswünsche einzubringen, oder sich auf eine kleine Gruppe an Beteiligten begrenzt, liegt ganz beim jeweiligen Prozessteam. Unabhängig davon dürften sich die Fachbereiche wohler damit fühlen, frühzeitig über das Vorhaben informiert zu werden, als vor vollendete Tatsachen gestellt zu werden.

Äußern Fachbereiche dann Sonderwünsche, sollte man untersuchen, ob diese auf fachlichen Spezifika oder nur auf strukturellen Abweichungen basieren. Die Frage nach dem Warum kann auch hier hilfreich sein. Oftmals kann man an den Sonderwünschen auch schon erkennen, ob es wirklich einer Änderung des standardisierten Prozesses bedarf oder kein Nachteil entsteht, wenn dieser übernommen wird. Notfalls kann wieder auf eine hohe

Führungskraft zurückgegriffen werden, die befugt ist, stadtweit Entscheidungen zu treffen. Wichtig ist es in jedem Fall, die Fachbereiche anzuhören und den Prozess an ihre Bedürfnisse anzupassen, wenn ihre Arbeit dies erfordert.

7.2.2.5 „Bei dem Blödsinn mache ich nicht mit"

Der Einsatz von Methoden zur Ideengenerierung, Entscheidungsfindung oder produktiven Zusammenarbeit kann dabei helfen, Workshops erfolgreich zu gestalten. Sie zielen zum Beispiel darauf ab, die Kreativität zu fördern, die bestmögliche Lösung zu finden oder Diskussionen in konstruktive Bahnen zu lenken. Welche Methoden zur Anwendung kommen, hängt vom jeweiligen Prozess, dem Prozessteam und den Umständen ab. Es empfiehlt sich allen, die sich mit der Prozessoptimierung beschäftigen, verschiedene Methoden selbst auszuprobieren und anhand ihrer eigenen Erfahrungen zu entscheiden, welche davon in Workshops eingesetzt werden können.

Für viele Beschäftigte ist der Einsatz agiler oder kreativer Methoden etwas Neues. Sie empfinden es bisweilen als befremdlich, plötzlich zur Teilnahme an spielerischen Formaten aufgefordert zu werden. Die meisten reagieren mit Neugier oder sind zumindest offen dafür, Methoden auszuprobieren. In seltenen Fällen kann es aber passieren, dass sich Menschen grundlegend weigern, mitzumachen. Wahrscheinlich haben sie sich daran gewöhnt, dass Meetings und Workshops nach einem bestimmten Schema ablaufen: Alle sitzen an einem Tisch und sprechen miteinander. Vielleicht zeigt jemand mal eine Präsentation oder benutzt ein Whiteboard zur Veranschaulichung einzelner Punkte. Wer bisher nur in diesen oder vergleichbaren Formaten gearbeitet hat, mag es vielleicht albern finden, zum Beispiel für einen Check-In im Kreis zu stehen und über die eigene Befindlichkeit zu sprechen. Der Kontrast zum gewohnten Ablauf ist groß und der Zweck mancher Methoden nicht auf den ersten Blick erkennbar – vor allem, wenn man nicht mit agilen oder kreativen Ansätzen vertraut ist. Was kann es schon bringen, wenn alle am Anfang eines Workshops sagen, wie es ihnen geht und was sie sich von der Veranstaltung erhoffen? Immerhin kostet das nur Zeit und hat nichts mit der eigentlichen Arbeit zu tun.

Deshalb ist es so wichtig zu erklären, warum man eine Methode einsetzt und welche positiven Effekte sie haben kann. Zum Beispiel zeigt man durch einen Check-In Wertschätzung, indem man die anderen als Personen wahrnimmt statt nur als Arbeitnehmer:innen. Auch erfährt man, welche Bedenken sie mitbringen und kann im Anschluss darauf eingehen. Wer noch nicht selbst erlebt hat, wie sich Stimmung und Zusammenarbeit durch solche Methoden verändern können, wird es vermutlich nicht glauben. Deshalb sollte versucht werden, die Zweifelnden zum Mitmachen zu bewegen. Weigert sich jemand mitzumachen, kann man die Person fragen, welche Bedenken sie hat. Oft fällt es ihr schwer, diese in Worte zu fassen oder sie hat gar keine greifbaren Gründe. Gesteht sie sich dies ein, könnte sie bereit sein, die Methode auszuprobieren.

Auch kann man die Person bitten, sich erst einmal darauf einzulassen und danach gemeinsam darüber zu sprechen, wie alle Teilnehmenden die Methode wahrgenommen haben. Für gewöhnlich gibt es mehr als eine Person, die positive Effekte feststellen konnte und dies auch offen äußert. Das erhöht die Wahrscheinlichkeit, dass Verweigerer einlenken oder sich zumindest nicht mehr dagegen wehren, sich zu beteiligen. Finden sie hingegen, die Methode hätte ihnen nichts gebracht, kann man entgegnen, dass sie die positiven Erfahrungen der anderen hoffentlich anerkennen und deshalb auch weiterhin bereit sind, mitzumachen. In jedem Fall sollte man sich dafür bedanken, dass sie es ausprobiert haben.

Haben andere Beteiligte darüber gesprochen, dass sie der Verwendung einer agilen Methode etwas abgewinnen konnten, kann dies auch für den weiteren Verlauf positive Effekte haben. Dann werden sich skeptische Personen nämlich bei der Verwendung von anderen Methoden mit der Äußerung von Missmut eher zurückhalten: Sie wissen nun, dass sie es den anderen sonst unnötig schwer machen oder die Stimmung negativ beeinflussen. Es gibt auch Menschen, die sich davon nicht abschrecken lassen und immer wieder Beschwerden über ein Vorgehen äußern, über das sich die anderen einig sind. Als Prozessbeteiligte müssen sie trotzdem einbezogen werden, da ihre fachliche Expertise benötigt wird. Selbst wenn ihr Anteil an der Prozessbearbeitung nicht groß ist, sollten sie beteiligt werden. So kann auch verhindert werden, dass sie sich im Nachgang über die beschlossenen Veränderungen oder darüber beschweren, dass sie nicht involviert wurden.

Zum Glück kommt es selten vor, dass Teilnehmende nach der Anwendung der oben aufgeführten Strategien nicht bereit sind, die Methoden zumindest auszuprobieren. Aber wie geht man mit denen um, die sich partout nicht darauf einlassen wollen? Ein Fachbereich hat uns von einer Strategie berichtet, die er mit Erfolg eingesetzt hat: Die Personen, die sich gegen sämtliche Vorgehensweisen wehren, müssen auch nicht aktiv mitmachen. Wenn sie keine Ideen auf Metaplankarten sammeln wollen, können sie diese stattdessen auf ein Blatt Papier schreiben oder der Moderation direkt mitteilen. Wenn sie beim Check-Out am Ende nicht dabei sein wollen, werden sie übergangen, wenn sie an der Reihe wären. Wenn sie keinen Stuhlkreis machen wollen, sollen sie sich so hinsetzen, wie sie sich wohlfühlen. Dies sollte nur unter der Voraussetzung gewährt werden, dass sie die anderen Teilnehmenden auf ihre Art arbeiten lassen, ohne die Methoden zu kritisieren oder sich anderweitig zu beschweren. Natürlich können sie sich so weniger aktiv einbringen, als wenn sie mitmachen würden. Aber immerhin bekommen sie das, was sie wollen, und stören die anderen nicht durch ihre Negativität. Auch kann dieser selbstgewählte Ausschluss mit der Zeit dazu führen, dass sich ihre Einstellung ändert. Immerhin ist es nicht besonders angenehm, als einziger nicht an den Aktivitäten einer Gruppe teilzunehmen, die das gleiche Thema bearbeitet. Falls sich eine solche Person irgendwann entscheidet, mitzumachen, ist es wichtig, Wertschätzung dafür zu zeigen, dass sie ihren Widerstand überwunden hat.

7.3 Widerständen vorbeugen – Miteinbeziehung und Wertschätzung

Es ist eine wichtige Kompetenz des Prozessteams, Widerständen selbstbewusst zu begegnen. Schließlich ist immer mit Bedenken, Ängsten und Zweifeln zu rechnen, wenn es um Veränderung geht. Gleichzeitig gibt es auch verschiedene Dinge, die man tun kann, um die Wahrscheinlichkeit für das Entstehen von Widerständen zu verringern. Man kann also nicht nur versiert auf diese reagieren, sobald sie auftreten, sondern auch proaktiv daran arbeiten, ihr Aufkommen zu verhindern. Viele Empfehlungen in diesem Buch sollen genau das unterstützen – zum Beispiel, indem die Prozessbeteiligten so früh wie möglich in die Gestaltung einbezogen werden. Nachfolgend findet sich eine knappe Erläuterung bereits erwähnter sowie zusätzlicher Strategien, die helfen können, Widerständen vorzubeugen.

7.3.1 Verständnis erzeugen – warum machen wir das?

Die Aussage „Das haben wir schon immer so gemacht" ist eine gängige Redewendung in der Verwaltung geworden. Man hört sie von Beschäftigten, die damit erklären möchten, warum Strukturen so sind, wie sie sind, und man sie nicht verändern sollte. Sie wird auch häufig sarkastisch verwendet, um Mitarbeitende zu beschreiben, die sich gegen Veränderungen sperren. Der Gedanke dahinter ist der, dass Dinge, die schon lange auf dieselbe Art ablaufen, so offensichtlich gut funktionieren. Denn wenn sie nicht funktionieren würden, hätte man sie ja geändert. Spätestens, wenn man selbst versucht, Veränderungen voranzutreiben, wird man feststellen, dass es häufig einen anderen Grund dafür gibt, dass Prozesse lange nicht verändert wurden: Es kostet viel Überzeugungsarbeit an vielen Fronten. Die Beteiligten haben sich an den Ablauf gewöhnt, und je größer deren Anzahl, desto schwieriger wird es, selbst kleine Anpassungen vorzunehmen. Nun hat die Stadtverwaltung beschlossen, ihre Prozesse zu optimieren. Die Personen, die dies umsetzen sollen, sehen sich mit der Herausforderung konfrontiert, auch mit Beschäftigten zusammenzuarbeiten, die gar nicht wollen, dass sich etwas ändert. Die Mitteilung, dass es einen Beschluss von der Stadtspitze dazu gibt, mag zwar dafür sorgen, dass sich die Prozessbeteiligten nicht aktiv dagegen wehren. Doch ist der Hinweis „ihr habt keine andere Wahl" selten ein guter Motivator.

Stattdessen sollte man klar kommunizieren, warum die Entscheidung getroffen wurde, die städtischen Prozesse zu überarbeiten: die Arbeit der Beschäftigten soll erleichtert werden, um diese zu entlasten und sich an den Fachkräftemangel anzupassen. Warte- und Bearbeitungszeiten sollen minimiert werden, um die Servicequalität zu erhöhen und zu verhindern, dass Vorgänge lange liegen bleiben oder gar vergessen werden. Die Abläufe sollen vereinfacht und wo möglich digitalisiert werden, um Komplexitäten zu verringern, die Effizienz zu steigern und Kosten zu sparen. Die Transparenz soll erhöht und die Zusammenarbeit zwischen den Fachbereichen erleichtert werden.

Das sind nachvollziehbare und sinnvolle Gründe für Veränderung, die mit den Prozessbeteiligten geteilt werden sollten. Wichtig ist dabei, den Fokus auf die Punkte zu legen, aus denen sich auch Vorteile für die Beschäftigten ergeben. Zwar sind eine höhere Effizienz und geringere Kosten sicherlich relevant für die Stadtverwaltung als Ganzes, doch tragen sie eher selten zur persönlichen Motivation der Prozessbeteiligten bei. Von einer Arbeitserleichterung und erhöhter Transparenz profitieren hingegen auch diejenigen, die direkt an der Prozessabwicklung beteiligt sind.

7.3.2 Beteiligte zur Mitgestaltung motivieren – was habt ihr davon?

Wie in vorigen Kapiteln angesprochen, ist es ein wichtiger Schritt in der Prozessoptimierung, die Beteiligten zu fragen, welche Schwachstellen ihnen aufgefallen sind. Sie kennen die Abläufe am besten – wenn jemand weiß, wo man Verbesserungen erreichen kann, dann sie. So schlägt man mehrere Fliegen mit einer Klappe: man zeigt ihnen, dass man sich für ihre Meinung interessiert und auf ihre Expertise vertraut. So fühlen sie sich ernst genommen und wertgeschätzt. Man gibt ihnen zugleich die Möglichkeit, Probleme anzusprechen und zu lösen, die sie ggf. schon seit Jahren stören. Sie sehen, dass es Vorteile hat, sich aktiv in die Prozessüberarbeitung einzubringen. Dies erhöht die Bereitschaft, Zeit und Arbeit zu investieren und auch Vorschläge und Veränderungen zu akzeptieren, gegen die sie sich in anderen Szenarien vielleicht wehren würden. Zugleich sorgt ihre Beteiligung dafür, dass die größten Schwachstellen im Prozess schnell identifiziert und auf eine Art gelöst werden können, die in der Praxis funktionieren kann. Die Beteiligten haben eine viel bessere Vorstellung davon, was tatsächlich machbar ist als jemand, der nicht in den Prozess involviert ist. Immerhin kann man sich Lösungen ausdenken, die mit der Arbeitsrealität nichts zu tun haben, wenn man diese nicht selbst kennt. Die Einbeziehung der Prozessbeteiligten wird es zwar erfordern, Kompromisse zu schließen, die weniger Optimierungen zulassen, als theoretisch möglich wären. Doch erhöht sie zugleich die Wahrscheinlichkeit, dass die Verbesserungen, auf die man sich einigt, tatsächlich in der Realität ankommen.

7.3.3 Mit motivierten Beschäftigten anfangen

Für die stadtweite Prozessoptimierung empfiehlt sich wie gesagt die Etablierung eines Prozessteams, das die Fachbereiche bei der Überarbeitung ihrer Prozesse unterstützt.

Das Prozessmanagement muss aber nicht nur aufgebaut und mit den nötigen Ressourcen ausgestattet werden: die Fachbereiche müssen auch darüber informiert werden, dass

7.3 Widerständen vorbeugen – Miteinbeziehung und Wertschätzung

es existiert, zu welchem Zweck es eingerichtet wurde und wie die Zusammenarbeit aussehen soll. Über eine interne Kampagne können z. B. die Beschäftigten und in der nächsten Führungskräfteversammlung die Führungskräfte informiert werden.

Zuvor sollte jedoch festgelegt werden, wie bei der Auswahl der Prozesse vorgegangen wird. Können sich Beschäftigte melden, wenn sie Interesse daran haben, an ihren Abläufen zu arbeiten? Wählt die Stadtspitze Themenkomplexe aus, z. B. interne Antragsprozesse? Geht es mit einem Fachbereich los, bei dem man sich schnelle Erfolge verspricht? Oder kann das Prozessteam eigenständig vorgehen und Prozesse aussuchen? Diese Entscheidung sollte gefällt werden, bevor das Projekt stadtweit beworben wird.

Eine Herangehensweise ist in Bezug auf die Vermeidung von Widerständen besonders empfehlenswert: Prozesse danach auszuwählen, wie motiviert die Beteiligten sind, diese zu überarbeiten. Das hat zwei Gründe. Erstens sind gerade am Anfang viele Strategien und Methoden noch unerprobt. Die Mitglieder des Prozessteams haben vielleicht noch keine Erfahrung mit Workshops, oder zumindest noch keine mit Workshops für die Prozessoptimierung. Sie müssen sich als Team erst einspielen und erarbeiten, wie sie am besten mit verschiedenen Situationen umgehen (z. B. mit widersprüchlichen Wünschen der Beteiligten). Wird diese anfängliche Arbeit mit Beschäftigten durchgeführt, die kein Interesse an der Verbesserung ihrer Prozesse haben, sondern dazu gezwungen werden, ist die Wahrscheinlichkeit groß, dass vermeidbare Konflikte entstehen. Denn wer Veränderung ohnehin nur widerstrebend begegnet, wird sich vermutlich in seinem Widerstand bestätigt sehen, wenn es keine klare Struktur gibt oder die Teammitglieder noch nicht das sichere Auftreten an den Tag legen können, dass nun mal nur durch Erfahrung entsteht. Personen, die hingegen Lust darauf haben, ihre Prozesse zu überarbeiten, werden sich auch eher damit abfinden, wenn die Zusammenarbeit mit dem Prozessteam noch nicht perfekt läuft.

Der zweite Grund dafür, mit motivierten Personen oder Fachbereichen zu beginnen, ist der, dass man dadurch die Wahrscheinlichkeit erhöht, die Kommunikation rund um das neue Prozessmanagement so früh wie möglich positiv zu prägen. Denn wer an den eigenen Prozessen arbeiten möchte, dafür Unterstützung erhält und am Schluss echte Verbesserungen erzielen kann, wird wesentlich positiver darüber sprechen als jemand, der von vornherein kein Interesse an der Zusammenarbeit hatte.

Um diese Vorteile auszuspielen, können die ersten Prozessüberarbeitungen als Pilotprojekte[3] angegangen werden. Findet man einen Fachbereich, der seine Prozesse verbessern möchte, aber bisher z. B. nicht die nötigen Ressourcen dafür hatte, kann man gemeinsam mit diesem erarbeiten, wie man bei der Prozessoptimierung am besten vorgeht. Es gibt viele Beschäftigte, die schon lange etwas verändern wollen und dankbar sind, wenn sie unterstützt werden – auch, wenn diese Unterstützung noch nicht nach einem etablierten Schema verläuft. Allein die Erlaubnis zur Veränderung und die Bereitschaft anderer, dabei zu helfen, wird bei ihnen für eine positive Einstellung sorgen. Manche Kolleg:innen

---

[3] Projekte, über die im kleinen Rahmen Strategien oder Vorgehensweisen ausprobiert werden, um sie zu verbessern und bei Erfolg anschließend in weiteren Bereichen anzuwenden.

finden es möglicherweise auch reizvoll, „die Ersten" zu sein und so eine Vorreiterrolle einzunehmen.

Warum ist es sinnvoll, die ersten Prozesse als Pilotprojekte aufzusetzen? So kann man den Beteiligten von Anfang an deutlich machen, dass es auch darum geht, gemeinsam Thesen zu überprüfen und Herangehensweisen auszuprobieren. So wissen sie genau, worauf sie sich einlassen und können ihre Erwartungen anpassen. Die Erfahrungen aus diesen ersten Testläufen kann man dann verwenden, um den Ablauf der kommenden Workshops zu verbessern. Zudem kann man bei der internen Vorstellung des Prozessmanagements dann schon von ersten Erfolgen berichten und die Wahrscheinlichkeit erhöhen, dass sich weitere Fachbereiche freiwillig melden. Und dadurch, dass man mit motivierten Beschäftigten anfängt, schafft man im besten Fall Multiplikator:innen: Menschen, die positiv von ihren Erfahrungen und Erfolgen mit dem Prozessteam berichten.

Wie wertvoll dies sein kann, wird deutlich, wenn man sich das gegenteilige Szenario ausmalt: Es wird ein Prozess bestimmt, der als erstes umgesetzt werden soll. Die Beteiligten möchten nicht, dass sich etwas ändert, werden aber dazu gedrängt, sich in die Umgestaltung einzubringen. Es ist recht unwahrscheinlich, dass sie mit dem neuen Prozess zufrieden sind – immerhin wollten sie von vornherein nicht, dass sich etwas ändert. Wie werden diese Personen wohl Kolleg:innen gegenüber über das Prozessmanagement und seine Vorgehensweisen sprechen? Welche Erwartungen werden sie in anderen auslösen? Der Start für das Prozessteam dürfte kein leichter werden, wenn die ersten Erfahrungen von Beschäftigten geteilt werden, die dem Vorhaben von Beginn an negativ gegenüberstehen. Deshalb empfiehlt es sich, mit Fachbereichen anzufangen, die Lust auf Veränderung haben. So schafft man nicht nur die ersten zufriedenen „Kund:innen" des Prozessmanagements, sondern auch positive Werbung für die anderen Fachbereiche.

7.3.4 Offene Kommunikation und Erwartungsmanagement

Das Thema Erwartungsmanagement wurde im letzten Abschnitt bereits kurz angesprochen. Dabei geht es darum, von Beginn an realistische Erwartungen an den Ablauf und die Ergebnisse der Prozessoptimierung zu erzeugen. Die Betonung liegt auf „realistisch", und nicht etwa auf „besonders gut". Natürlich ist es das Ziel der Überarbeitung, den Prozess bestmöglich zu gestalten. Trotzdem gibt es viele Gründe, weshalb dies nicht immer so vonstattengeht, wie man es sich wünscht. Es genügt zum Beispiel, dass sich eine zentrale Person im Prozess weigert, bestimmte Änderungen umzusetzen. Deshalb ist es wichtig, offen zu kommunizieren, was machbar ist und was nicht. Kann ein Wunsch einer beteiligten Person nicht oder noch nicht umgesetzt werden? Dann sollte man dies direkt ehrlich aussprechen. Das mag in dem Moment unangenehm sein oder negative Reaktionen hervorrufen, wird auf lange Sicht jedoch die bessere Wahl sein. Lässt sich eine Person etwa nur auf Änderungen ein, weil sie davon ausgeht, dass ihre Bedingungen erfüllt werden, wird sie vermutlich zum Störfaktor, wenn sie später erfährt, dass dies gar nicht möglich war.

Als Anbieter einer Software haben wir die Erfahrung gemacht, dass es sinnvoll ist zu erklären, warum ein Wunsch nicht umsetzbar ist und wenn möglich Alternativen vorzuschlagen oder gemeinsam zu erarbeiten. Ist noch unklar, ob ein Wunsch umsetzbar ist oder nicht, sollte man dies ebenfalls offen ansprechen und das Thema im Nachgang mit jemandem besprechen, der die Lage besser einschätzen kann. Das Ergebnis sollte – egal, wie es ausfällt – im Anschluss wiederum mit den Prozessbeteiligten geteilt werden.

Beim Erwartungsmanagement geht es aber nicht nur um die Wünsche der einzelnen Beteiligten, sondern auch um den Prozess als Ganzes. Wie in Abschn. 4.5 thematisiert, sollte man sich so früh wie möglich von der Vorstellung verabschieden, den „perfekten Prozess" zu gestalten. Stattdessen lohnt der Fokus auf die größten Schwachstellen und offensichtlichen Optimierungsmöglichkeiten des jeweiligen Prozesses. Über diese können für gewöhnlich schnell Mehrwerte geschaffen und Erfolge erzielt werden. Versucht man hingegen, jedes kleine Detail des Prozesses durchzusprechen und zu perfektionieren, ist das einerseits sehr zeitintensiv und kann andererseits bei der Umsetzung für Enttäuschung sorgen. Denn selten funktionieren Ansätze, die man in der Theorie entwickelt, auch genauso in der Praxis. Die besseren Ergebnisse verspricht der Ansatz, eine erste Version zu entwickeln und zu testen, die zunächst die größten Schwachstellen adressiert. Viele Probleme im Ablauf werden erst ersichtlich, wenn man diesen durchspielt. Auf Basis der Erfahrungen aus dem Testlauf kann die nächste Version erarbeitet werden. Wird diese Vorgehensweise gewählt, sollte dies den Prozessbeteiligten zu Beginn mitgeteilt werden. So wird verhindert, dass sie falsche Erwartungen an die gemeinsame Überarbeitung und den optimierten Prozess entwickeln.

Warum spielt offene Kommunikation eine so große Rolle? Wenn man versuchen möchte, Widerständen vorzubeugen und auch widerwillige Beschäftigte zur Mitgestaltung zu bewegen, ist Vertrauen ein wichtiger Faktor. Die Beteiligten müssen spüren, dass sie und ihre Zweifel oder Ängste ernst genommen und adressiert werden. Sie wollen nicht, dass Dinge über ihre Köpfe hinweg entschieden werden. Sie möchten wissen, was sich an ihrer Arbeit verändert und warum. Diese Wünsche sind absolut gerechtfertigt und sollten beachtet werden. Zu dieser Offenheit gehört auch, die Ehrlichkeit der Beschönigung vorzuziehen. Nur so können die Beteiligten Vertrauen darin fassen, dass „Mitgestaltung" nicht nur ein Begriff ist, der Widerwillige beruhigen soll, sondern dass diese tatsächlich erwünscht ist.

7.3.5 Kennzahlen erheben und Verbesserungen messen

Die Begriffe „Verbesserung" und „Optimierung" sind in diesem Buch schon häufig gefallen. Aber wie wird eigentlich darüber entschieden, was einen Prozess besser macht?

Immerhin kann eine Veränderung für eine Person eine Verbesserung sein – zum Beispiel, weil sie jetzt mehr Transparenz über den Bearbeitungsstand hat. Für eine andere Person kann derselbe Punkt hingegen mehr Arbeit bedeuten, etwa, weil sie andere nun händisch über den Prozessfortschritt informieren muss. Ein guter Ansatz für die Einschätzung von Erfolgen ist es, Kennzahlen zu erheben, über die festgestellt werden kann, was sich im Vergleich zum vorigen Ablauf verändert hat. Eine gute Kennzahl für viele Prozesse ist die Bearbeitungsdauer: Wie lange hat es bisher durchschnittlich gedauert, bis ein Vorgang fertig bearbeitet war? Wie lange dauert es nach der Optimierung? Dasselbe kann auch für einzelne Arbeitsschritte ermittelt werden, etwa für Unterschriften auf dem Dienstweg. Lag die durchschnittliche Bearbeitungszeit eines Vorgangs zum Beispiel vorher bei zwei Wochen und liegt sie nun bei einer, werden die Verbesserungen für alle Beteiligten sichtbar. Hier helfen schon grobe Richtwerte, die anhand von ein paar Dutzend Einzelfällen ermittelt werden können. Weitere Kennzahlen könnten die Zufriedenheit mit den bereitgestellten Informationen, die Komplexität des Prozesses (z. B. die Anzahl von Arbeitsschritten oder Abzweigungen), die Qualität der Daten (z. B. die Anzahl von Nachforderungen) oder die Arbeitslast für Einzelne sein (z. B. die Zeit, die Beteiligte pro Vorgang investieren müssen).

Derartige Kennzahlen sind nicht nur für Statistiken, die Stadtspitze oder andere Fachbereiche interessant, sondern stellen zudem greifbare Erfolge der Prozessbeteiligten dar und sollten deshalb unbedingt mit ihnen geteilt werden. Wer sich etwa nicht sicher war, ob eine bestimmte Entscheidung die richtige war, kann dadurch in ihr bestärkt werden. Auch zeigen diese konkreten Ergebnisse den Beteiligten, was durch ihre Mitgestaltung und Zusammenarbeit erreicht werden konnte. Natürlich kann es passieren, dass Kennzahlen nicht das gewünschte Ergebnis verzeichnen. Das sollte dann zum Anlass genommen werden, sich den Prozess aufs Neue anzuschauen und die nächste Version zu erarbeiten. Die Kennzahlen helfen dabei, gezielt an einzelnen Punkten zu arbeiten. Je mehr Versionen man dann in der Praxis testet, desto besser erkennt man, welche Veränderungen jeweils die einzelnen Kennzahlen beeinflussen.

7.3.6 Wertschätzung zeigen – Erfolge feiern

Es fühlt sich gut an, wenn unsere Arbeit gewürdigt wird. Wir Menschen sind zu Recht stolz auf unsere Erfolge und freuen uns, wenn andere sie bemerken. Solche positiven Reaktionen motivieren und geben uns das Gefühl, gesehen zu werden. Leider gehen die großen und kleinen Erfolge oft im Lärm des Alltags unter. Lob kostet zwar nicht viel Kraft oder Arbeit, aber sie ist kein integraler Bestandteil der Arbeit – im Gegenteil zur Kritik. Diese ist nun mal das Mittel, das man hat, wenn Ergebnisse (noch) nicht so sind, wie sie sein sollen. Dadurch kann es passieren, dass die aktive Wertschätzung auf der Strecke bleibt, während die Kritik zugleich ein Standardelement des Arbeitsalltags ist. Dabei kann mit der Zeit das Gefühl entstehen, dass man „nichts richtig machen" kann oder immer nur mehr gefordert wird, während das eigene Engagement nicht gewürdigt wird.

Umso wichtiger ist es, anderen gegenüber aufmerksam zu sein und ihnen Anerkennung entgegenzubringen. Im Kontext der Prozessoptimierung kann man viele verschiedene Erfolge beobachten: Die Überwindung dazu, Neues auszuprobieren oder Veränderungen zu akzeptieren, obwohl man es eigentlich nicht möchte. Die Bereitschaft, zusätzlich zu den eigentlichen Aufgaben Zeit und Arbeit zu investieren. Der Versuch, andere davon zu überzeugen, mitzugestalten, obwohl man selbst mit den Herausforderungen kämpft. All das sind Anlässe, anderen Wertschätzung zu zeigen. Dies ist auch generell eine sinnvolle Einstellung, die viel zu einer guten Unternehmenskultur und einem angenehmen Arbeitsklima beitragen kann.

Deshalb sollte man es sich möglichst früh angewöhnen, Erfolge und positive Einstellungen offen anzusprechen. Ein ehrlicher Dank ist die beste Herangehensweise. Hat sich zum Beispiel jemand nach einigem Zögern darauf eingelassen, eine agile Methode auszuprobieren, kann man etwa mit „Danke, dass du mitmachst!" oder „Ich finde es schön, dass du trotz deiner Zweifel dabei bist" darauf reagieren. So erkennt die Person, dass ihre Bereitschaft nicht als selbstverständlich hingenommen wird. Auch sehen die anderen Teilnehmenden dadurch, dass nicht einfach davon ausgegangen wird, dass alle immer sofort bei jedem Vorhaben dabei sind. Dass es sich lohnt, Neues auszuprobieren, mal etwas zu wagen und auch mal zu handeln, wenn man sich nicht sicher ist, wie das Ergebnis aussehen wird. Und vielleicht helfen solche positiven Erlebnisse ja sogar dabei, dass man einander in Zukunft mit mehr Wertschätzung begegnet.

8 Fazit: Verwaltungsmodernisierung durch Prozessoptimierung

Die Kommunalverwaltung hat mit vielen Herausforderungen zu kämpfen, die in absehbarer Zukunft nicht weniger werden. Der Umgang mit Krisen, die Umsetzung gesetzlicher Vorgaben und die Erfüllung der Bedürfnisse der Bürger:innen verlangen ihr viel ab. Zugleich gehen in den nächsten Jahren viele Beschäftigte in Rente und nehmen ihr gesammeltes Wissen mit. Die Verbesserung und Digitalisierung von Verwaltungsprozessen wird zwar von vielen als weitere Herausforderung gesehen, kann aber zugleich bei der Bewältigung der verschiedenen Aufgaben helfen. Schlanke, effiziente Prozesse helfen beim Abbau von Bürokratie, vermindern die Arbeitslast der Beschäftigten und ermöglichen die schnelle und einfache Zusammenarbeit über Themen und Fachbereiche hinweg.

Damit die Prozessoptimierung strategisch und flächendeckend erfolgen kann, sollte ein Team etabliert werden, das die Fachbereiche bei der Arbeit an ihren Prozessen unterstützt, die Kommunikation mit den Entscheider:innen übernimmt und mit der Zeit Best Practices entwickelt. Dieses Team muss durch die Stadtspitze legitimiert werden und ausreichend finanzielle und personelle Ressourcen erhalten. Außerdem sollte es aus Beschäftigten zusammengestellt werden, die Lust darauf haben, stetig dazuzulernen und zwischen den Beteiligten zu vermitteln. Für die Erhebung der Prozesse sollten alle Prozessbeteiligten einbezogen werden. Das Prozessteam hilft ihnen durch gezielte Fragestellungen dabei, ihr Fachwissen zu dokumentieren und Ungewissheiten zu beseitigen. Anschließend führt es das Prozesswissen in einer übersichtlichen, verständlichen Abbildung zusammen, auf deren Basis die Optimierung erfolgen kann.

Bei der Beschäftigung mit den Prozessen sollten einige Grundlagen bedacht werden, zum Beispiel, dass sich viele Aufgaben und Tätigkeiten über Fachbereiche und Themenwelten hinweg ähneln. Dadurch kann man Erkenntnisse aus bereits überarbeiteten Prozessen auf andere übertragen, auch wenn sie inhaltlich stark voneinander abweichen.

Betrachtet man die Daten, die im Prozess bearbeitet werden müssen, als Datenpunkte statt als fixe Dokumente, kann man viel flexibler mit ihnen arbeiten. Dabei sollte auch die Möglichkeit in Betracht gezogen werden, automatisiert Metadaten zu erheben. Zu guter Letzt ist es nicht empfehlenswert, den „perfekten" Prozess anzustreben. Der Fokus sollte vielmehr darauf liegen, die größten Schwachstellen zu beseitigen und so möglichst schnell Mehrwerte zu schaffen. Dazu kann man eine neue Version des Prozesses erstellen, testen und auf Basis der Erkenntnisse wiederum die nächste Version ableiten. So kommen die Verbesserungen schnell in die Umsetzung und ihre Praxistauglichkeit wird direkt überprüft.

Bevor es an die gemeinsame Optimierung des Prozesses geht, sollte dieser zunächst im Detail analysiert und kritisch hinterfragt werden. Dazu setzt man sich mit den Beteiligten, den erforderlichen Daten und Dokumenten und den verschiedenen Arbeitsschritten auseinander. Auch der Schutz der involvierten Daten sollte dabei bedacht werden. Ein Fragenkatalog und die neutrale Perspektive des Prozessteams können dabei helfen, auch Aspekte infrage zu stellen, die als gesetzt gelten.

Im Anschluss an die Analyse des Prozesses erarbeiten die Beteiligten im Workshop eine erste, verbesserte Version. Es ist sinnvoll, Regeln und Rollen festzulegen, um der Zusammenarbeit eine klare Struktur zu geben. Der Einsatz agiler Methoden und Mittel kann dabei helfen, kreative Lösungsansätze zu entwickeln und die Diskussion und Entscheidungsfindung in konstruktive Bahnen zu lenken. Das Prozessteam übernimmt die Moderation und führt die Teilnehmenden durch die wichtigen und kritischen Punkte im Prozess. Wurden diese durchgesprochen und soweit möglich verbessert, werden Aufgaben verteilt und im Nachgang des Workshops erledigt. Nun kann es an die Umsetzung bzw. den Test der ersten Verbesserungen gehen und falls gewünscht nach einer Software für die Digitalisierung des Prozesses gesucht werden. Dazu lohnt es sich, einen Blick auf die Lösungen zu werfen, die in der eigenen und anderen Kommunen bereits im Einsatz sind und gerne benutzt werden.

Während der Arbeit am Prozess wird das Prozessteam immer wieder mit Widerständen konfrontiert sein. Dabei ist es besonders wichtig, sich in die andere Person hineinzuversetzen und zu verstehen, woher ihr Widerwille kommt. Dann kann man ihr auf Augenhöhe begegnen und gemeinsam versuchen, ihre Bedenken zu adressieren. Die Frage nach dem „Warum" ist hier das beste Mittel, da es die Person dazu zwingt, sich mit den Gründen für ihren Widerstand auseinanderzusetzen. Auch kann man sich oft darauf einigen, vorgeschlagene Änderungen erstmal auszuprobieren und im Nachgang zu entscheiden, ob sie in der Praxis funktionieren. Um Widerständen vorzubeugen, ist es sinnvoll, offen mit den Prozessbeteiligten zu kommunizieren, ihnen die Gründe für die Prozessoptimierung mitzuteilen und sie eng in diesen Vorgang einzubeziehen. Dabei sollte man ihnen stets Wertschätzung für ihre Expertise, ihre Arbeit und die Bereitschaft zum Wandel zeigen. So sehen sie, dass sie und ihre Bestrebungen ernst genommen und gesehen werden.

Wie man an dieser Zusammenfassung der Aufgaben und Herausforderungen im Kontext der Prozessoptimierung sehen kann, ist diese mit viel Arbeit verbunden. Aber der

Aufwand lohnt sich: durch die Verbesserung und Digitalisierung von Prozessen kann die Verwaltung den Anforderungen an eine moderne Kommune gerecht werden. Sie kann ihre Attraktivität als Arbeitgeberin steigern, die Arbeitslast ihrer Beschäftigten senken und so dem Personalmangel entgegenwirken. Zugleich steigt die Qualität der internen und externen Services und damit auch die Zufriedenheit der Beteiligten. Gerade durch die digitale Abwicklung können Beschäftigte künftig flexibler zusammenarbeiten und besser auf neue Herausforderungen reagieren. Und natürlich werden auf lange Sicht auch jede Menge Kosten eingespart, wenn Prozesse effizienter ablaufen.

Dies sind nur einige der vielen Gründe, aus denen sich die Überarbeitung der eigenen Prozesse lohnt. Je früher sich die Kommunen auf den Weg machen und je höher ihre Bereitschaft, in die Optimierung zu investieren, desto schneller können sie, ihre Beschäftigten und auch ihre Bürger:innen davon profitieren. Deshalb wünschen wir von ShiftDigital nun ganz viel Erfolg bei der Entwicklung moderner, nachhaltiger Prozesse!

 springer-gabler.de

Kluge Bücher für die Öffentliche Verwaltung

Weitere Titel unter springer-gabler.de – Fachbereich Öffentliche Verwaltung

 **Springer** Gabler springer-gabler.de

Kluge Bücher für die Öffentliche Verwaltung

Weitere Titel unter springer-gabler.de – Fachbereich Öffentliche Verwaltung

The manufacturer's authorised representative in the EU is Springer Nature Customer Service Centre GmbH, Europaplatz 3, 69115 Heidelberg, Germany. If you have any concerns regarding our products, please contact ProductSafety@springernature.com

Printed and bound by CPI Group (UK) Ltd, Croydon, CR0 4YY

25/03/2026

02078185-0020